Jürgen Dollase

Kochuniversität

Schwein

Für Bärbel, Sophie und Sheila

Tre Torri

Kochuniversität – Schwein
von Jürgen Dollase, Mönchengladbach

Herausgeber: Ralf Frenzel

www.tretorri.de

Umsetzung: CPA! Communications- und Projektagentur GmbH, Wiesbaden
www.cpagmbh.de

Die CPA! ist Mitglied der Deutschen Akademie für Kulinaristik und fördert Slow Food Deutschland e.V.

Gestaltung: Guido Bittner, Wiesbaden
Fotografie: Photo CGD GmbH, Wiesbaden
Reinzeichnung: Peter Winkelmann, Wiesbaden
Reproduktion: Lorenz & Zeller, Inning

Printed in Slovakia

ISBN 978-3-937963-44-0

Inhalt

Die fettgedruckten Begriffe innerhalb des Texts finden Sie mit einer Erläuterung am Ende des Buchs in der Produktliste bzw. im Stichwortregister.

Wie funktioniert die Kochuniversität?

Die Kochuniversität ist anders als andere Kochbücher. Schon beim ersten Durchblättern werden Sie merken, dass es sich hier nicht um ein „normales" Kochbuch handelt, in dem eine Reihe von Rezepten abgebildet ist und am Ende vielleicht ein paar Grundzubereitungen dargestellt sind. Was nützt es Ihnen, wenn Sie das ein oder andere Rezept „schaffen", aber nicht wirklich wissen, was beim Kochen passiert und was man wie und warum macht.

Man kann das Problem vielleicht an einem einfachen Beispiel erläutern. Es ist möglich, einige Sätze in englischer Sprache auswendig zu lernen und damit zum Beispiel in London ein Ticket für die U-Bahn oder eine Postkarte zu kaufen. Englisch sprechen kann man damit noch lange nicht. Ganz ähnlich funktioniert das normalerweise mit den Rezepten. Man liest die Anweisungen und entscheidet erst einmal, ob das zu schwierig klingt oder ob man das vielleicht schaffen kann. Dann führt man die Anweisungen aus und kann sich normalerweise noch nicht einmal sicher sein, ob man das nun richtig gemacht hat. Nehmen wir an, Ihr Schweinebraten sieht so ähnlich aus wie auf dem Foto im Buch, aber aus irgendwelchen Gründen schmeckt es nicht gerade so, wie Sie das erwarten. Eigentlich sind Sie sogar mit dem Ergebnis überhaupt nicht zufrieden. Was werden Sie machen? Schieben Sie alles auf das Buch oder auf Ihre eigenen Fähigkeiten? Wie dem auch sei, das ist jedenfalls nicht der richtige Weg, um wirklich **kochen** zu lernen. **Wer kochen lernen will, muss lernen zu verstehen, was eigentlich beim Kochen passiert.** Wenn Sie wissen, durch welche Eingriffe eine Suppe ein schönes, tiefes Aroma bekommt oder wie ein Stück Fleisch wunderbar zart wird, werden Sie nicht nur die entsprechenden Rezepte korrekt ausführen, sondern bald auch ohne Rezepte improvisieren können oder Ihre eigenen Rezepte entwerfen. Sie werden sogar vielleicht in der Lage sein, vorhandene Rezepte etwas anders zu machen, weil Sie wissen, wie etwas besser funktioniert, als es dort geschrieben steht.

Hier setzt die Kochuniversität an. Ihr **Ziel** ist der **Aufbau kulinarischer Kompetenz**, die den Leser in die Lage versetzen soll, sehr viel selbstständiger zu denken und so das Beste aus seinen Möglichkeiten zu machen. Das geschieht auf eine ganz spezielle und neuartige Art und Weise:

Die Kochuniversität beginnt so einfach, dass buchstäblich jeder Interessierte sofort mit der Arbeit beginnen kann. Sie bleibt aber nicht auf diesem Niveau stehen, sondern führt in sieben präzise ermittelten Stufen bis zu richtig guten Kochleistungen. Sie ist also eine Art Lernprogramm, das wirklich etwas erreichen will und ganz natürlich davon ausgeht, dass das Erreichen auch anspruchsvollerer kulinarischer Ziele jedem möglich ist – vorausgesetzt, er hat ein echtes Interesse am Kochen und will sich wirklich verbessern.

Ein solches Ziel kann nicht mit der üblichen Aneinanderreihung von mehr oder weniger einfachen Rezepten erreicht werden. Deshalb arbeitet die Kochuniversität mit vielen Varianten von Rezepten, bei denen es vor allem um präzise kulinarische Erläuterungen geht. Diese Erläuterungen reichen von der Küchentechnik bis zu Produktinformationen und einem ebenfalls neuartigen Element, der Sensorik des Essens. Sie werden verstehen, was passiert, warum es passiert, wo die Schwierigkeiten liegen oder was man sonst noch alles versuchen kann, um aus einfachen Dingen zuerst gute und am Ende sogar spektakuläre Gerichte zu machen.

Aber keine Angst! Der Begriff „Kochuniversität" bezieht sich vor allem auf die systematische Erarbeitung des Kochens und bedeutet nicht automatisch, dass es kompliziert wird oder in sinnlose Details geht. In den Beispielen wird immer Wert darauf gelegt, nicht allzu seltene und schlecht zu findende Produkte zu verarbeiten und trotzdem mit guten Ideen auch eine spannende Küche zu machen. Und noch etwas: Als langjähriger professioneller Restaurantkritiker habe ich eine klare Vorstellung von gutem Geschmack. Diesen Geschmack habe ich in einer Unzahl von Essen in den besten Restaurants der Welt geschult. Natürlich geht diese geschmackliche Vorstellung an vielen Stellen selbst in kleine Beispiele ein. Auf diese Weise geht es also nicht nur um die Kochtechnik, sondern auch um das systematische Erforschen eines guten Geschmacksbilds. Auch dazu gibt es eine große Menge von Tipps und Tricks.

Nun aber zu den **sieben Stufen der Kochuniversität**. Die einzelnen Stufen entsprechen in etwa einem Lernprogramm und bauen aufeinander auf. Sie folgen bei allen Bänden der Kochuniversität einem bestimmten Schema, sind aber je nach Produkt etwas abgewandelt. Beim ersten Band über die Tomate war es zum Beispiel sinnvoll, eine Reihe von Zubereitungen mit rohen Tomaten zu machen. Hier beim Schwein, gibt es zwar auch kalte Zubereitungen (zum Beispiel mit Schinken), aber natürlich nicht in dem Maße rohe Zubereitungen wie bei der Tomate.

Die bei der Erläuterung der sieben Stufen verwendeten Beispiele stammen aus dem vorliegenden Band.

Level I: Assemblagen, kalt, unbearbeitet, ohne Vorkenntnisse realisierbar und einfachste warme Zubereitungen

Beispiele: Toast mit Serrano-Schinken, Parmesan und Majoran, Wurstsalat, Blutwurst-Burger

Unter „Assemblagen" werden hier Gerichte verstanden, die man quasi ohne weitere Behandlung (Zerschneiden oder Zurechtschneiden einmal ausgenommen) zusammenstellen kann. Das Beispiel Wurstsalat meint in diesem Zusammenhang das Zerschneiden von Wurst und das Zusammenstellen eines Salats ohne jegliche kochtechnische Voraussetzung. Für diese Stufe sind keinerlei Vorkenntnisse erforderlich.

Alle Einzelheiten zum Zustandekommen der einfachen Gerichte auf diesem Level werden erklärt. Auch wenn es sich hier um einfache Zubereitungen handelt, wird das „Abarbeiten" dieser Stufe für alle empfohlen, die sich mit diesem Buch befassen. Die detaillierte Diskussion aller möglichen Details kann ohne Weiteres auch für fortgeschrittene Leser von Interesse sein. Insbesondere die regelmäßigen Erläuterungen zur Sensorik sind neuartig und eröffnen eine deutlich veränderte Sicht auf die Entstehung von Qualität in der Küche.

Level II: Einfache Garungen und warme Verwendungen

Beispiele: Bratwurstscheiben mit Linsengemüse und Senf-Vinaigrette, Schweinefilet mit Meersalz und Nussbutter, Schnitzel „Wiener Art"

Die einfachen Garungen bezeichnen den Übergang vom rohen zum gegarten Ausgangsprodukt und das in einer Form, die in vielerlei Hinsicht leicht zu realisieren ist. Das Zusammentreffen erster ergänzender Zubereitungen mit dem Ausgangsprodukt findet in einem handwerklich gut zu bewältigenden Bereich statt. Die ersten typischen Küchenarbeiten und Garungen laufen auf einem unkomplizierten und jederzeit einfach zu realisierenden Level ab.

Wieder sind die Erläuterungen dazu allerdings so, dass sie auch für etwas fortgeschrittene Leser interessante Perspektiven bieten. Darüber hinaus haben die Beispiele immer auch Aspekte, die grundsätzlich kulinarisch interessant sind.

Level III: Würzungen/Aromatisierungen, warm/kalt

Beispiele: Saltimbocca vom Schwein, Schweinegeschnetzeltes aus dem Wok mit Ingwerkonfit, Sprossen und Akazienhonig, diverse Saucen, z. B. Chorizo-Sauce

Auf diesem Level geht es nicht nur um „Würzen" im Sinne von salzen oder pfeffern, sondern auch ganz allgemein um verschiedene Formen der Übertragung von Aromen auf das gewählte Hauptprodukt. Aber das ist noch nicht alles. Mindestens genauso wichtig ist, dass man lernt, wann etwas als „gut gewürzt" zu bezeichnen ist. Zutatenlisten und Mengenangaben sind nur eine Hilfestellung und ein ungefährer Wert. Erst die genaue Beobachtung der Entwicklung von Aromen zusammen mit einem Stück Fleisch, in einer Sauce oder Flüssigkeit und die daraus gezogenen Konsequenzen (also zum Beispiel die Überlegung, mehr oder weniger zu würzen) ermöglichen den wesentlichen Schritt zur eigenen kulinarischen Entscheidung. Diese größere Selbstständigkeit ist der Schlüssel zu weiteren Steigerungen der Küchenleistungen. Neben der Arbeit mit dem Schweinefleisch lernt man durch die Beispiele auch verschiedene grundsätzliche Techniken kennen – in diesem Fall etwa das Kochen mit dem Wok oder bei den Saucen die Funktionsweise von Infusionen.

Level IV: Komplexe Garungen und Aromen/ Typische Verwendungen

Beispiele: Senf-Sahne-Filet mit Lauchgemüse, Schweinekoteletts, am Stück gebraten mit Gemüse-Lavendel-Nage, Krustenbraten mit Trockenfrüchten, Schweinshaxe mit Weizenbier und Kräutern

Die Entscheidungen auf dieser Stufe werden zahlreicher und differenzierter, weil sie verschiedene

Zusammenhänge betreffen und nicht mehr nur das Fleisch allein. Texturen und diverse sensorische Komponenten beginnen eine Rolle zu spielen. Bei den Garungen wird es wichtig, ein im Vergleich zu anderen Fleischsorten völlig überzeugendes, zartes Endprodukt zu erzielen und damit dem oft üblichen Bild vom Schweinefleisch zu widersprechen. Dazu kommen die Erfahrungen mit ganz unterschiedlichen Aromenwelten, die die Vielseitigkeit des Schweinefleischs unterstreichen. Bei den „typischen Verwendungen" geht es um bekannte Klassiker bis hin zur Schweinshaxe.

Level V: Aggregatzustände/ Transformationen

Beispiele: Konfierter Schweinebauch, getrockneter Schinken, gebackene Bratwurstkroketten mit Bohnenkraut und Walnuss, Speckeis, Speck-Geleekugeln

Auf dieser Stufe kommt es neben der traditionelleren Zubereitung auch zu verschiedenen Begegnungen mit der moderneren Küche, bei der die Veränderung der Aggregatzustände (also des ursprünglichen Zustands eines Produkts entlang der Skala von getrocknet bis flüssig oder von warm bis kalt) eine große Rolle spielt. Es wird deutlich, wie vielfältig man mit dem Ausgangsprodukt umgehen kann und welche Vielzahl von Verwendungen in Gerichten mit ihnen möglich sind. Modernere und teilweise sehr neue Techniken der zeitgenössischen Küche werden vorgestellt und in ihren kulinarischen Zusammenhang eingeordnet. Mit diesem Kapitel ist ein deutlicher Zuwachs an Möglichkeiten verbunden, der auch für andere Bereiche der Küche nützlich sein kann. Wie bei vielen Beispielen werden auch hier relativ originelle Lösungen und Aromen präsentiert.

Level VI: Kreative Ansätze

Beispiele: Warmes Carpaccio vom Schweinefilet mit Bohnengemüse, Schweinefilet mit Gewürzlack und Pilzen, Gebackene Blutwurstterrine mit Kräuterinfusion und Aprikosenkompott

Die Möglichkeiten zur kreativen Arbeit sind bei den meisten Produkten sehr viel größer, als man es normalerweise vermutet. Auf Stufe VI wird vermehrt auf solche kreativen Beispiele eingegangen, und zwar sowohl aus dem modernen als auch aus dem eher klassischen Bereich.

Am Beginn steht mit dem warmen Carpaccio eine Zubereitung, die das Schweinefleisch völlig von seinem Brauhaus-Image befreit. Der Sinn der Stufe VI ist die gedankliche Öffnung für neue Formen aromatischer Kombinationen. Über die Öffnung für Neues und Ungewöhnliches soll darüber hinaus aber auch eine Öffnung für den Mut zu eigenen Ideen erreicht werden. Dabei soll klar werden, dass neue Ideen nicht unbedingt schwierige handwerkliche Arbeitsschritte zur Folge haben, sondern in erster Linie eine Sache des schon etwas fortgeschrittenen kulinarischen Denkens sind.

Level VII: Komplexe Konstruktionen

Beispiele: Variation vom Schwein mit 6 Elementen, Warm mariniertes, dann mit Rippchen nachgebratenes Schweinefilet mit Speck-Rosmarin-Vinaigrette und Salbei, Törtchen von geräuchertem Schweinefilet mit Rosenkohl-Air und Sojabröseln

Die höchste Stufe der Kochuniversität schafft den Anschluss an einen Typus von Gerichten, wie man ihn von der zeitgenössischen Spitzengastronomie her kennt. Die Beispiele dieser Stufe vereinen eine spektakuläre Optik des Gerichts mit einer Vielzahl von Details, die man erst realisieren kann, wenn man über die Vorkenntnisse aus den anderen Stufen verfügt. Die Komplexität der Beispiele liegt aber nicht allein in einem gewissen handwerklichen Aufwand, sondern in der Anforderung an das kulinarische Verständnis größerer Zusammenhänge. Bei den „Komplexen Konstruktionen" wird es notwendig, die Details so zu gestalten, dass sie in einen größeren Zusammenhang passen und perfekt ihre Rolle spielen. Wer dieses Wissen sicher anwenden kann, wird in Zukunft wesentlich anders kochen und hat alle Chancen, auch zu einer eigenen kulinarischen Sprache zu finden.

Die Sensorik: Ein neuer Schwerpunkt beim Kochen und Essen

Seit vielen Jahren redet man beim Geschmack immer davon, dass der Mensch bestimmte Grundaromen wie süß, salzig, sauer, bitter und „umami" (Geschmack des Natriumglutamats, das vor allem in der chinesischen Küche oft benutzt wird) unterscheiden kann. In der modernen Küche und vor allem durch die Arbeit des spanischen Avantgarde-Kochs Ferran Adrià ergab sich etwa seit den 90er Jahren des letzten Jahrhunderts plötzlich ein völlig anderes Bild. Man achtete nun nicht mehr allein auf die Aromen im engeren Sinne, sondern auf das, was sich tatsächlich beim Essen alles im Mund abspielt. Es stellte sich schnell heraus, dass die Textur (also hart, weich, flüssig, elastisch usw.) oder die Temperatur eines Elements mindestens ebenso wichtig ist wie sein Aroma. Um auf diesen Zusammenhang hinzuweisen, befasste Adrià sich vor allem damit, die Texturen zu verändern, um damit die Erwartungen an ein bestimmtes Essen gezielt nicht zu erfüllen. Also gab es bei ihm zum Beispiel die Gemüsesuppe in Form von Gelees der einzelnen Bestandteile oder das Eis in Pulverform. Kurz: Adrià hat mit seinen Forschungen auf die große Bedeutung der kompletten Sensorik (wozu im Grunde auch noch das Riechen und das Gehör zählen) hingewiesen. Im Jahre 2005 habe ich in meiner „Geschmacksschule" ein System zur Beschreibung von geschmacklichen Verläufen beim Essen vorgestellt, das erstmals das, was beim Essen im Mund passiert, konkret grafisch erfasst und beschrieben hat. Meine Geschmackskurven zeigen ganz deutlich, welch vielfältige Vorgänge beim Essen zu beobachten sind und wo der Grund für bestimmte Geschmackserlebnisse (wie zum Beispiel Überlagerungen von Aromen) zu finden ist. Sie zeigen auch, warum etwas gut funktioniert und welche Fehler man als Esser und als Koch, der das Essen so zusammengestellt hat, begehen kann. Ausgangspunkt ist die Erkenntnis, dass jedes einzelne Produkt im Mund einen bestimmten Verlauf der geschmacklichen Wahrnehmung hat. Wer also auf einen Kartoffelchip beißt, wird zuerst ein großes Krachen im Mund haben, das Aroma des Chips aber noch gar nicht wahrnehmen können. Andere Produkte, wie etwa Fleisch, verursachen zu Beginn keinen so großen Effekt wie ein Kartoffelchip. Ihr Aroma entwickelt sich erst durch das Zerkauen, bleibt dann eine Zeit lang präsent, bevor es wieder nachlässt und man im Mund nur noch den leicht faserigen Eindruck des zerkauten Fleischs hat. Eine solche Geschmackskurve hat einen typischen Verlauf, der von vier Abschnitten geprägt ist. Die folgende Abbildung zeigt für A („Attack") den Bereich, in dem sich der Effekt entwickelt. P („Plateauphase") beschreibt den Bereich, in dem der Effekt voll wirksam ist. D („Decay") steht für das Nachlassen des Effektes und S („Sustain") für den Nachhall nach dem Schlucken. Den allgemeineren Begriff „Effekt" benutze ich hier, weil es nicht nur um die Entwicklung des Aromas geht, sondern eben auch um sensorische Ereignisse mit den unterschiedlichen Texturen oder Temperaturen.

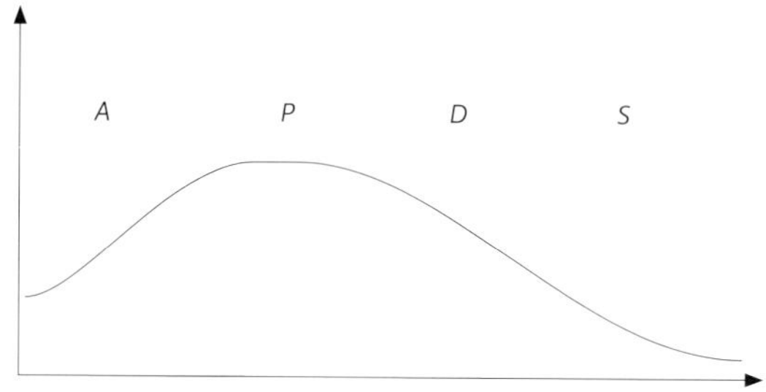

Die folgende Kurve zeigt nun die Abläufe der beiden genannten Effekte gleichzeitig, also eine recht steil abfallende Kurve für den Kartoffelchip und eine ansteigende und später wieder flacher werdende Kurve für das Fleisch.

Zur Interpretation der Kurve hier nur ein kleiner Hinweis: Es wird zum Beispiel deutlich, dass das Krachen des krossen Kartoffelchips den Beginn des Kauens auf dem Fleisch überlagert. Etwas später ist dann das Krachen so wenig geworden, dass das Fleisch – bei dem dann die Plateauphase erreicht ist, die uns das eigentliche Aroma bringt – sich durchsetzt.

Wenn man sich nun vorstellt, in welcher Weise ein Gericht, bei dem wir fünf oder sechs Elemente auf der Gabel haben, dargestellt werden könnte, wird klar, wie komplex das Geschehen ist. Es wird aber auch klar, dass die Ereignisse im Mund sehr davon bestimmt sind, wie wir die Elemente eines Gerichts auf der Gabel oder einem Löffel zusammenstellen und welche Elemente überhaupt in einem Gericht angeboten werden.

Bei der Kochuniversität finden sich zu fast allen Rezepten sensorische Erläuterungen, die sowohl auf Zusammenhänge hinweisen als auch dafür sensibilisieren anders zu essen und bei der Konzipierung von Gerichten die sensorischen Aspekte nicht außer Acht zu lassen.

Produktvorstellung: Schwein

Das Image von Schweinefleisch ist völlig unterschiedlich und wird normalerweise den wirklichen kulinarischen Perspektiven dieses Produkts nicht gerecht. In Imbissstuben alten Stils liegt es gekühlt und paniert oft tagelang in der Kühltheke bis es dann unter Umständen im gleichen Fett, das für alle anderen Zubereitungen auch benutzt wird, ohne besondere Sorgfalt gebacken wird. Es ist dann meist viel zu zäh und schmeckt fade oder nach altem Fett. Die Schweinshaxe in einem bayerischen oder rheinischen Brauhaus lässt manchen Leuten das Wasser im Mund zusammenlaufen, ist aber für manch andere das absolute kulinarische Feindbild. Schnitzel gibt es in jeder Form und nicht selten halten wir sie dann für besonders gelungen, wenn man vor lauter Sauce (wie zum Beispiel beim beliebten „Jägerschnitzel") nichts mehr vom Fleisch schmeckt. Bratwurst, Schweinerippchen oder Speck gelten als Billigprodukte und Synonyme für eine Art „alte" Ernährung, und es wundert kaum jemanden, dass in der Spitzengastronomie Schweinefleisch oft gar nicht erst vorkommt. Zu allem Überfluss gilt das Fleisch auch noch als „fett" und damit automatisch als „ungesund", man assoziiert Massentierhaltung und wässriges Turbo-Fleisch aus der Schnellmast, das in der Pfanne zu steinharten Klumpen austrocknet.

Es hat wenig Zweck, sich mit all den unlogischen, uninformierten oder schlicht dummen Einschätzungen im Detail auseinanderzusetzen. Nur ein Beispiel: Was soll die ganze Diskussion mit dem Fett? Ist das nicht in erster Linie ein Mengenproblem? Niemand zwingt den Kunden dazu Unmengen von Fett zu essen. Wer aber sensibel und vernünftig isst und zum Beispiel ab und zu ein hervorragend konfiertes und kleines Stück Schweinebauch isst, hat auch keinerlei gesundheitlichen Probleme zu erwarten.

Selbstverständlich gibt es hervorragendes Schweinefleisch aus besten Zuchten, von Tieren die langsam aufgewachsen sind, unter Bio-Standards erzeugt wurden. Und von Rassen wie dem Schwäbisch-Hallischen-Schwein stammen, das seit langem für ausgezeichnete Fleischqualität bekannt ist. Was für die Grundqualität des Schweinefleischs gilt, gilt natürlich auch für die Verarbeitung des Fleischs. Wenn das Schweinefleisch einmal nicht so grob verarbeitet wird, sondern präzise versucht wird, das Beste aus dem jeweiligen Stück zu machen, kann man zu ganz erstaunlich guten Ergebnissen kommen. Im Grunde steht das Schweinefleisch qualitativ ohne Weiteres auf einer Höhe mit dem Rindfleisch, dem Kalbfleisch oder auch dem Lamm. Und nicht nur das. Wenn man sieht, was man mit dem Schweinefleisch wegen seiner größeren Fetteinlagerungen an verschiedenen Stellen alles machen kann, hat es sogar Vorteile im Variantenreichtum der möglichen Zubereitungen.

Die Rezepte in diesem Band der Kochuniversität lassen sich mit einer „normalen" Fleischqualität, wie sie in guten Fachgeschäften zu finden ist, ohne Weiteres realisieren. Voraussetzung ist und bleibt natürlich in jedem Fall die Beachtung der grundsätzlichen Qualitätsmerkmale beim Einkauf (siehe unten). Wenn eben möglich, sollte man sich um eine gute Produktqualität bemühen, um frühzeitig einen klaren Eindruck von den kulinarischen Perspektiven des Schweinefleischs zu bekommen. Neben der guten Produktqualität ist aber noch etwas anderes bei der Zubereitung von Schweinefleisch besonders wichtig. Man sollte sich – speziell bei den Rezepten, bei denen man das Fleisch während der Garung „behandelt" (also etwa mit einer Sauce überglänzt) – wirklich Zeit nehmen. Das Schweinefleisch wird bei sorgfältiger Behandlung ganz entscheidend besser und verträgt Unachtsamkeiten in den meisten Fällen nicht besonders gut. Dafür dankt es die Sorgfalt mit ganz exquisiten Ergebnissen (mit denen man übrigens immer wieder überraschen kann).

Qualitätsmerkmale beim Einkauf:

Es ist illusorisch, nur immer von absoluten Spitzenprodukten aus allerbester Zucht zu reden, wenn es diese an vielen Orten einfach nicht zu kaufen gibt. Die Realität ist in der Regel so, dass man versuchen muss, sich mit einigen Grundkenntnissen so zu orientieren, dass man ein ordentliches Fleisch in einem ordentlichen Zustand bekommt. Wichtigste Hilfe ist und bleibt ein Metzger des Vertrauens. Dabei geht es noch nicht einmal so sehr darum, dass man irgendwie „das Gefühl hat", in einem Geschäft gut bedient zu werden. Das Wichtigste ist eine dauerhaft gute Beziehung zu einem

Metzger. Nur auf diese Weise wird man genau das bekommen, was man will, nur auf diese Weise kann sich eine Kommunikation zum Vorteil des Kunden entwickeln. Wenn er weiß, was Sie wollen, wird er Ihnen sicherlich helfen und auf Ihrem weiteren Weg sehr nützlich sein. Sprechen Sie also den Metzger an, bitten Sie um Informationen etc. Was aber macht man im Supermarkt? Sich nach dem aufgedruckten Mindesthaltbarkeitsdatum orientieren? Das wäre beim Schwein nicht besonders gut, weil Schweinefleisch im Prinzip am besten so frisch wie möglich verarbeitet werden sollte und nicht – wie etwa das Rindfleisch – eine mehr oder weniger lange Reifezeit braucht.

Exkurs: Man kann auch mit länger gereiftem Schweinefleisch arbeiten und damit sogar ganz hervorragende Ergebnisse erzielen, die unter Umständen alles übertreffen, was Sie bisher an Schweinefleisch-Qualitäten erlebt haben. Ein solches Material ist aber aus lebensmittelrechtlichen Gründen normalerweise im Handel nicht erhältlich. Die Reifung von Fleisch (also das sogenannte „Abhängen") ist nur unter präziser Beachtung von Temperatur und Belüftung möglich und sollte zu Hause gar nicht erst versucht werden. Außerdem eignen sich zu einem so kontrollierten Reifen nur Stücke von bestens produzierten Tieren, deren Fleischqualität in keiner Weise durch chemische Manipulationen aller Art beeinträchtigt ist.

Wegen dieser Schwierigkeiten wird hier nur von einer „normalen", handelsüblichen Fleischqualität ausgegangen.

Beim Einkauf sollte man einige kleine Punkte beherzigen, um von der Optik des Fleischs auf den inneren Zustand zu schließen. Das Fleisch sollte eine durchgehend klare rosa Farbe haben, leicht glänzend vom noch vollständig im Fleisch enthaltenen Saft sein und fast etwas transparent wirken. Der Farbton sollte nicht zu dunkel ausfallen und das Fleisch sollte keinerlei trockene Stellen aufweisen. Wenn es um einzelne Koteletts geht, die flach in der Auslage liegen, so sollte das Fleisch nicht konkav vom Knochen nach unten „durchhängen". So etwas signalisiert bereits Austrocknung. Allgemein gilt für Koteletts, dass man sie sich am besten frisch vom Rücken schneiden lässt und auf die bereits aufgeschnittenen verzichtet – es sei denn, sie würden einen überragend frischen Eindruck machen. Unbedingt vermeiden sollte man alles Fleisch, das schon in einer Pfütze von eigenem Saft liegt. Kann man das Fleisch anfassen, so empfiehlt sich ein kleiner Druck. Wirklich frisches Fleisch ist immer eher elastisch. Wenn es schon älter und ausgetrocknet ist, bleibt der Fingerabdruck deutlich sichtbar. Am besten ist es übrigens, man riecht am Fleisch – und zwar aus einer sehr geringen Entfernung. Gutes und frisches Schweinefleisch riecht sehr wenig und auf keinen Fall irgendwie unangenehm. Ein wichtiger Indikator ist auch das Aussehen des Fetts. Ist das Fleisch frisch, sieht das Fett klar weiß aus und nicht etwa gelblich oder gräulich. Das Fett ist dabei gleichmäßig fest. – Die möglichst frische Verarbeitung schließt natürlich nicht aus, dass man das Fleisch zu Hause noch ein oder zwei Tage im Kühlschrank lagert. In diesem Fall empfiehlt sich eine Lagerung bei etwa 1–2 Grad. Das Fleisch sollte in keinem Fall in einer Plastiktüte oder einer Aluminiumfolie gelagert werden, weil es sonst nicht genügend Luftzufuhr hat, „schwitzt" und durch das dann von außen wieder auf das Fleisch einwirkende Kondenswasser schnell einen unangenehmen Geruch entwickelt. Gut ist zum Beispiel das lose Einschlagen des Fleischs in Butterbrotpapier oder ein ähnliches Material wie etwa das nicht mit Plastik beschichtete Papier des Metzgers. Einfrieren sollte man sich grundsätzlich so weit wie möglich abgewöhnen. Wenn überhaupt, ist es nur für eine kurze Zeit (also wenige Tage) sinnvoll, damit die Struktur des Fleischs nicht so stark durch das Eis zerstört wird.

Noch einmal zum Thema „Fett":

Aus kulinarischer Sicht ist die Abneigung mancher Menschen gegen das „schwabbelige" Fett kaum zu verstehen. In den meisten Fällen hat Fett weder eine unangenehme Textur noch einen unangenehmen Geschmack. Ganz im Gegenteil. Die mitten im Fleisch liegenden Fettschichten wie etwa bei einem konfierten Schweinebauch (siehe unter Nummer 13) schmecken ausgesprochen rein und haben eine eher schmelzende als elastischweiche Textur.

Die außenliegenden Fettschichten können beim Braten unter dem Einfluss der Entwicklung einer Bratkruste ein ganz hervorragendes, leicht nussig schmeckendes Aroma bekommen.

Außerdem ist ganz allgemein das eigene Fett das beste Bratfett. Ein Schweinebraten ohne Fett wird bei weitem nicht so gut wie einer, bei dem man zum Beispiel das beim Braten schmelzende Fett mit einem Löffel immer wieder über das Fleisch gibt. Ein anderes Beispiel: Bei besonders gutem Schweinefleisch gibt es Koteletts, die deutlich sichtbar von feinen Fettadern durchzogen sind. Wenn man ein solches Fleisch brät, lösen sich diese Adern auf und geben ihren Saft an das umliegende Fleisch ab. Das wiederum verliert auf diese Weise seine Saftigkeit beim Braten nicht und wird unglaublich zart. Auf diese Weise kann das Schweinefleisch ohne Weiteres so zart wie das zarteste Kalbsfleisch, also buchstäblich butterweich, werden.

Anmerkung zu den bei den Rezepten verwendeten Materialien:
Es kommen in diesem Band der Kochuniversität nicht alle Teile des Schweins vor, mit denen man arbeiten könnte. Die Innereien wurden ausgespart, weil die ganz besonders sensibel zu behandelnden Innereien insgesamt ein eigenes Thema für die Kochuniversität sind und hier den Rahmen sprengen würden. Auch ungewöhnlichere Dinge wie das Schweineohr oder die Schweineschnauze wurden nicht einbezogen. Aus Gründen der besseren Verwendbarkeit der Rezepte sind sie mit Stücken hergestellt, die zu den am häufigsten verkauften gehören, also Filet, Kotelett, Braten, Bratwurst usw.

Roher Schinken und Salami … und ein erstes Experiment

Allgemeine Erläuterungen: Auf den ersten Blick könnte man meinen, dass man beim **„Kochen"** mit Schweinefleisch eigentlich nicht ohne Vorkenntnisse beginnen kann. Das ist sicherlich richtig, wenn es um größere Braten, ein gut gemachtes Schnitzel „Wiener Art" oder um ein zartes Kotelett am Stück aus dem Ofen geht. Tatsächlich haben sehr viele Leute natürlich sehr viel mit Schweinefleisch zu tun, zum Beispiel wenn sie Freunde verschiedener Würste, Schinken oder auch Pasteten sind. In diesem Sektor finden sich nicht nur merkwürdige Kreationen wie Fleischwurst mit einem Gesicht-Muster, sondern auch hervorragende Produkte wie italienische **Salami, San Daniele-Schinken, Parma-Schinken** oder auch die stark gewürzte **Chorizo** oder der Serrano-Schinken aus Spanien. Dies alles sind Produkte, die in ihren besten Versionen höchsten kulinarischen Ansprüchen genügen und jederzeit – auch ohne großartige Beilagen – für jeden Kenner ein Genuss sind. Dennoch können auch die besten „Fertigprodukte" Teil eines Gerichts werden und das durchaus auf verschiedene Weise – von Salaten und kleinen Assemblagen bis zu ihrem Einsatz in getrockneter Form (der später unter der Nummer 13 noch eine Rolle spielen wird). Der Begriff **„Kochen"** wird hier übrigens als das Zubereiten von Essen in einem weiteren Sinne verstanden und hat nicht nur etwas mit der warmen Küche im engeren Sinne zu tun.

Toast mit Serrano-Schinken, Parmesan und Majoran

Für 1 Toast / 1 Person

Zutaten:

1 große Scheibe Toastbrot
1 EL Olivenöl
4 dünne Scheiben Serrano-Schinken (aus einer handelsüblichen Packung)
Parmesan am Stück
2 grüne Oliven
2 große, ganze Kapernbeeren (aus dem Glas)
1 TL Majoranblättchen

Zubereitung: Die Scheibe Toast im Toaster zu einer mittleren Farbe rösten. Das Brot sollte keine dunklen oder schwarzen Stellen haben. Den fertigen Toast zu einem länglichen Stück von etwa 10×4 cm schneiden. Das Olivenöl oben auf dem Toast verteilen. Die Schinkenscheiben ungefähr auf die Breite des Brots schneiden und zu fingerdicken Rollen aufrollen. Nebeneinander auf den Toast setzen. Mit einem Messer Späne vom Parmesan abschneiden, die Oliven in dünne längliche Spalten und die Kapernbeeren in Scheiben schneiden. Den Toast mit den aromatischen Elementen wie auf dem Foto dekorieren.

Erläuterungen zum Rezept: *Für dieses Rezept empfiehlt sich die Verwendung der etwas größeren* ***Toastscheiben****, die aus der englisch-amerikanischen Sandwich-Kultur zu uns gekommen sind. In diesem Fall kann die Kruste zunächst an der Toastscheibe bleiben, weil die Scheibe erst später in die endgültige Form geschnitten wird. Die einfachste Form, das Brot schön kross zu rösten, ist natürlich das* ***Toasten*** *im Toaster, den man wie gewünscht einstellen kann. Der Toast aus einem Toaster hat immer noch einen weichen bzw. elastischen Kern und wird nur dann durch und durch kross, wenn er an der Oberfläche schon verbrannt ist. Es gibt noch zwei weitere Methoden, ein Toastbrot kross zu bekommen, die jeweils einen etwas anderen Schwerpunkt haben. Will man das Brot einfach nur sehr kross bekommen und das ohne es an der Oberfläche zu „verbrennen", kann man dies im Backofen machen. Dazu wird der Ofen auf etwa 90 Grad vorgeheizt und das Brot auf einem Backrost hineingelegt. In etwa 15 Minuten (den genauen Zeitpunkt muss man je nach Dicke und Feuchtigkeitsgehalt der Scheiben ausprobieren) ist das Brot an der Oberfläche trocken, fühlt sich aber noch etwas elastisch an. Wenn man es nun aus dem Ofen herausnimmt, wird es an der Luft in wenigen Sekunden kross. Ein möglicher Grund für die Wahl dieser Technik ist die Vermeidung der Röstaromen beim klassischen Toast. Wenn diese Röstaromen bei unserem Beispielrezept zu kräftig sind, können sie die Entfaltung des Schinken-Aromas so empfindlich stören, dass man dessen Qualität kaum erkennen kann. Eine etwas aufwendigere Technik ist das Herstellen einer Art „Buttertoast" in einer*

antihaftbeschichteten Pfanne. Dazu werden etwa 15 Gramm Butter in der Pfanne bei etwas mehr als **mittlerer Hitze** geschmolzen. Wenn die Butter beginnt ganz leicht zu schäumen, legt man die Brotscheibe hinein. Sie wird nun in relativ kurzer Zeit erst die Butter komplett aufnehmen und danach Farbe annehmen. Diese **Kolorierung** sollte man sorgfältig überwachen, weil eine zu starke Röstnote bitter schmeckt. Den Anteil der Butter im Toast kann man übrigens erhöhen, wenn man noch einmal Butter nachgibt. Die Aufnahmefähigkeit des Brots für Butter ist ziemlich hoch, und der Geschmack leidet dabei durchaus nicht.
Als **Butter** benutzt man übrigens bis auf wenige Ausnahmen am besten eine ungesalzene und auch sonst möglichst naturbelassene Butter. Mit gesalzener Butter kann es passieren, dass man den Salzanteil nicht richtig im Griff hat. Das Trennen von Butter einerseits und Salz andererseits ist kulinarisch ausgesprochen wichtig.

Das **Olivenöl** sollte von guter bis sehr guter Qualität sein, weil in diesem Fall das pure Olivenöl ein recht neutral schmeckendes Element wie die Toastscheibe aromatisiert, also keine große aromatische Konkurrenz hat. Man wird es beim Essen – eine gute, prägnante Qualität vorausgesetzt – deutlich herausschmecken. Am besten wirkt hier ein Olivenöl mit einer mittleren Fruchtigkeit.
Beim Serrano-Schinken ist eine frisch vom ganzen Schinken geschnittene Scheibe in der Qualität im Prinzip immer den fertig abgepackten Produkten vorzuziehen. Diese Scheiben haben bei der Verwendung in einem Rezept allerdings unter Umständen den Nachteil, dass sie durch ihre oft unregelmäßige Dicke im Zusammenspiel mit den anderen Elementen etwas unberechenbar sind. Dieses Problem würde sich auch in unserem Rezept stellen. Es könnte

▶▶

dann sein, dass der Schinken so dick ist, dass die anderen Aromen kaum zum Zuge kämen. Deshalb sind hier die normalerweise extrem dünn geschnittenen Scheiben aus den fertig portionierten Packungen im Handel eingesetzt. Auch sie gibt es natürlich in besseren Qualitäten. In unserem Fall spielt die bessere „Berechenbarkeit" der handelsüblichen Scheiben einfach eine große Rolle.

Beim **Parmesan** *sollte man allerdings sehr konsequent sein. Hier ist der in kleinen Tütchen abgepackte, geriebene Parmesan die weitaus schlechtere Wahl gegenüber Spänen von einem Stück Parmesan. Der geriebene Parmesan ist in der Regel von jungem, noch aromatisch eher schwachen Käse gewonnen und hat in diesem Zusammenhang zu wenig Aroma. Die Späne von einem gut gereiften Parmesan (der ruhig 2 Jahre und mehr alt sein darf) sind eines der schönsten Würzmittel überhaupt und lohnen in jedem Fall die Anschaffung. Man gewinnt die* **Späne vom Parmesan** *mit einem Käsehobel, einem Trüffelhobel (das ideale Gerät, weil die Späne ein sehr passendes, eher kleines Maß bekommen) oder notfalls auch mit einem Messer. Sie sollten etwa 4–5 cm lang und etwa 2 cm breit sein. Im Fall unseres Rezepts ist der gemahlene Parmesan als Aroma zu dünn, während die festen Späne durch ihre Konzentration ein wesentlich deutlicheres Aroma abgeben.*

Bei den **Oliven** *braucht man in diesem Fall (aber nur in diesem Fall ...) nicht so wählerisch zu sein. Eine normale handelsübliche Qualität reicht hier aus.*

Anders ist der Fall bei den großen **Kapernbeeren**. *Obwohl sie nicht sehr teuer sind, zählen sie in den meisten Küchen zu den etwas selteneren Produkten – ganz im Gegensatz zu den wesentlich kleineren, „normalen" Kapern, die es meist in kleinen Gläschen eingelegt zu kaufen gibt. Tatsächlich sind die Kapernbeeren, die immer mit Stiel in den Gläsern sind, eine äußerst vielseitig einzusetzende Zutat, die speziell in der mediterranen Küche für ein typisches Geschmacksbild mit einer angenehmen Würze sorgt. Der große Vorteil gegenüber den kleinen, eingelegten Kapern ist ihre bessere Dosierbarkeit. Die kleinen Beeren haben oft ein so starkes Aroma, dass sie im Zusammenspiel mit anderen Aromen schnell alles übertünchen. Die großen Kapernbeeren dagegen kann man problemlos in dünne Scheibchen schneiden und dadurch präzise dosieren.*

Damit kommt man automatisch zu den wichtigsten Punkten beim Aufbau eines Gerichts, den **Proportionen** *und dem* **Akkord**. *Der Begriff „Akkord" hat sich auch bei kulinarischen Fragen mittlerweile durchgesetzt. Beim Zusammenspiel von* **Wein** *und Essen wird er schon länger benutzt. Er ergibt sich aus der Grundannahme, dass jeder kulinarischen Komposition normalerweise ein mehr oder weniger durchdachtes Konzept zugrunde liegt, das davon ausgeht, dass bestimmte Zutaten oder Elemente „zusammenpassen". In der Musik ist es zum Beispiel völlig klar, dass ein Dreiklang nur dann ausgewogen ist, wenn die drei Töne gleich laut sind. Wenn einer der Töne – sagen wir: die Quinte – deutlich lauter als die anderen ist, kann das zwar immer noch so harmonisch zusammenklingen, dass man nicht den Eindruck eines „falschen" Tones hat. Einen Zusammenklang, also einen Akkord, wird man aber nicht mehr wahrnehmen. Beim Essen ist das ganz ähnlich. Erinnern wir uns an die Bemerkungen über die Kapern im vorigen Abschnitt. Wenn wir eine unserer Schinkenröllchen mit einer oder gar zwei kompletten Kapernbeeren kombinieren und essen würden, wäre das Kapernaroma so kräftig, dass das Schinkenaroma kaum eine Entfaltungsmöglichkeit hätte. Haben wir dagegen nur ein dünnes Scheibchen von der Kapernbeere, gibt es keine Probleme: Der Schinken wird von dem Aroma begleitet oder gewürzt, und es entsteht beim Kauen im Mund ein Gesamtgeschmack, der beiden Elementen gerecht wird. Die Proportionen der Elemente untereinander sind also für die Akkordbildung sehr wichtig. Jetzt, zu Beginn des Buchs, sollten wir uns mit dieser Feststellung begnügen und noch nicht weiter darüber grübeln, ob es nicht auch ein interessanter Akkord sein kann, wenn man nicht gleichberechtigt mit den Elementen umgeht, sondern mit Absicht von einem Element nur einen Hauch einsetzt.*

Sensorische Erläuterungen: Auch wenn wir uns gerade erst am Anfang des Buchs befinden, sollte man doch sofort noch etwas anderes bedenken, nämlich die Sensorik. Wann und wie sich die erwähnten Akkorde beim Essen einstellen, hängt ganz entscheidend von der **Mechanik** der **kulinarischen Konstruktion** ab. Wie im allgemeinen Teil beschrieben, nehmen unsere Sinne

Wurstsalat, anders gedacht. Ein Experiment.

beim Essen weit mehr auf, als nur Aromen. Die Aromen mögen wichtig sein, ihre Wirksamkeit wird aber immer davon abhängen, in welcher Textur oder Temperatur sie „verpackt" sind und vor allem, welche Texturen und Temperaturen andere Elemente des Gerichts haben. Das mag im ersten Moment etwas kompliziert klingen, ist aber bei jedem von uns tägliche Realität, und zwar sowohl beim Verzehr, als auch bei der Herstellung von Essbarem. In unserem Beispiel ist etwa die Textur der Toastscheibe außerordentlich wichtig. Wäre diese Scheibe – wie oben beschrieben – im Backofen hart wie ein Zwieback getrocknet, würde beim Essen zusammen mit einer der Schinkenrollen Folgendes passieren: Es würde nicht nur mit dem ersten Bissen kräftig krachen, sondern es würde so lange kräftig in unserem Mund krachen, bis wir das gesamte Stück Brot zerkleinert haben. Für die Wahrnehmung des Schinkens hätte das fatale Folgen. Wir würden ihn zwar gleichzeitig mit dem Brot zerkauen, würden sein Aroma aber nicht wahrnehmen können, weil unsere Wahrnehmung von dem krachenden Zerkauen des Brots so gut wie blockiert ist. Je nach Dicke der Schinkenscheibe könnte es höchstens sein, dass sich gegen Ende, also wenn der Toast zerkleinert ist und nur noch leicht im Mund knirscht, das Schinkenaroma „durchblendet". Es wird also klar, dass es nicht nur um die Proportionen geht, sondern auch um die Texturen. Die Temperaturen spielen bei diesem Beispiel keine große Rolle. Sie würden aber eine Rolle spielen wenn man zum Beispiel zusätzlich eine Kugel Eis einsetzen würde. Auch das Eis hat als eine der extremeren sensorischen Ereignisse die Angewohnheit, viele andere Wahrnehmungen zunächst zu blockieren. Wenn man sich also einmal die Kombination von Pilzeis und Schinken vorstellt, wäre der Ablauf ganz ähnlich wie bei der Kombination von Toast und Schinken: Auch in diesem Fall würde die Wahrnehmung des Schinkens zunächst blockiert. Weil aber das Eis schneller schmilzt und damit seine sensorische Wirksamkeit eher verliert als der Toast, würde sich der Schinken etwas schneller „durchblenden".

Die ersten Gedanken zur so wichtigen sensorischen Logik beim Essen lassen sich in einem ebenso einfachen wie effektiven Selbstversuch noch weiter konkretisieren. Es handelt sich dabei um einen Wurstsalat der etwas besonderen Art. Dieser Salat kann ohne kochtechnische Vorkenntnisse hergestellt werden und sehr interessante Erfahrungen mit der Sensorik und allgemein der sensiblen Annäherung an Essen bringen. Hier eine Liste der möglichen Zutaten mit Hinweisen darauf, wie sie im Zusammenhang wirken können:

Salami: Salamiwürfel von etwa 8×8 mm Größe. Die Salami sollte aus Frankreich oder Italien kommen und nicht zu fest sein. Sind die Würfel zu hart, wirken die anderen Zutaten nicht mehr richtig, weil man viel zu lange auf der Salami kaut und dabei kaum ein Zusammenspiel mit den anderen Zutaten zustande kommt.

Nüsse: Am besten Pinienkerne oder Walnusshälften, die man etwas zerkleinert. Die Pinienkerne kann man roh einsetzen – dann haben sie vor allem eine texturelle Wirkung. Man kann sie auch in einer Pfanne oder einem Topf (am besten mit Antihaftbeschichtung) kurz anrösten bis sie leicht braune Stellen bekommen. Die Pinienkerne haben dann nach wie vor die gleiche Textur, schmecken aber deutlich intensiver. Bei den Walnusshälften kann man ruhig beides verwenden, also einmal die kompletten Hälften und einmal kleinere Stückchen. Im Zusammenhang wirken die Hälften sehr dominant, weil man sehr lange auf ihnen kaut, bis sie völlig zerkleinert sind. Die kleineren Stücke liefern eine etwas zurückhaltendere Begleitung.

Apfelstücke: Würfel von einem eher sauren Apfel, also zum Beispiel **Granny Smith**, in einer Größe wie die Salami-Würfel (8×8 mm). Die Würfel müssen nicht völlig gleichmäßig sein und die Schale sollte nicht entfernt werden. Im Zusammenhang haben die Apfelstücke eine eher mittelfeste Textur, die man aber wegen ihrer Frische sehr deutlich wahrnimmt. Man kann den Effekt noch dadurch unterstützen, dass man die Apfelstückchen bis

▶▶

zur Fertigstellung des Salats kühlt. Um das Braunwerden (**„Oxidation“**) zu verhindern, legt man die Stückchen in eine Schale mit Wasser, in das man etliche Spritzer **Zitrone** gibt. Man kann die Wirkung des Apfels noch weiter verfeinern, wenn man statt der Würfel dünne, etwa streichholzdicke Stäbchen schneidet.

Curryquark: Dazu nimmt man ganz normalen Magerquark, der im Kühlschrank gelagert war, fügt einige Spritzer **Milch** hinzu und rührt ihn mit einem Löffel gut durch. Während dieses Vorgangs wird der Quark immer wieder dezent mit Currypulver bestäubt bis eine deutliche, aber nicht penetrante Currynote zu erkennen ist. Bis zur Fertigstellung des Salats abermals kalt stellen. Eine kalte Creme wie Quark hat ebenfalls eine deutliche sensorische Funktion. Während man auf den festeren Elementen kaut und sich deren Aroma dadurch langsam entwickelt, **„schmilzt“** der Quark im Hintergrund und lässt im Nachhall sein Aroma zurück.

Toastwürfel, kross: Den Toaster so einstellen, dass man möglichst durchgehend krosse Scheiben erhält, die sich einfach in Würfel oder kleine Streifen schneiden lassen. Das funktioniert am besten, wenn man die Scheiben zweimal toastet. Sie dürfen in keinem Fall dunkelbraune oder gar schwarze Spuren haben, weil sie sonst zu starke Bitternoten entwickeln. Die Toaststückchen sind ein sehr auffälliges Element, dessen Wahrnehmung zunächst alles andere mehr oder weniger blockiert. Weil sie aromatisch fast neutral sind, eignen sie sich als krosses Element für viele Kombinationen.

Salatstücke: Am besten sind hier innere Stücke von einem eher jungen Salat, auch Salatherzen genannt. Es geht um Salatstücke, die raschelnd frisch und knackig sind und nicht um die festen, weißen Blattstiele bzw. Strünke. Kurz vor der Zusammenstellung werden die zu einer Größe von etwa 3–4 cm gerissenen Stücke in etwas Olivenöl gewendet, sodass sie ganz knapp davon aromatisiert werden.

Tomatenwürfel: In diesem Fall sind keine besonders reifen Exemplare nötig, sondern eher feste Strauchtomaten. Die Würfel werden ausschließlich vom Rand hergestellt und sind dann etwa 5×5 mm dick (oder minimal mehr). Sie sollen fest sein und werden hier wegen ihrer Frische und ihrer leicht elastischen Textur eingesetzt.

Parmesanspäne: Gemeint sind dünne Späne, die man von Parmesanstücken mit einem scharfen Messer abschneidet. Sie sollten nicht länger als etwa 2–3 cm sein und von einem Käse stammen, der nicht zu bröckelig ist. Solche Parmesanspäne sind im Zusammenhang mit Salaten eher **nachhaltige** Elemente, die zwar sensorisch in diesem Umfeld nicht besonders auffällig sind, dafür aber wegen ihres kräftigen Aromas eine wichtige Rolle spielen.

Es ist nun nichts anderes zu tun, als aus diesen Elementen einen Salat herzustellen und einfach einmal darauf zu achten, wie sie im Zusammenhang wirken. Dazu stellt man – die besten **Proportionen** kennen wir ja noch nicht – eine einigermaßen ausgewogene Mischung aller Elemente her, bildet einen eher flachen „Haufen“ und gibt ein wenig von der Curryquark-Creme so rundum, dass die äußeren Elemente ein wenig davon abbekommen. Beim Essen stellen sich dann einige Fragen. Welche Kombinationen löschen sich gegenseitig aus? Wann kommt eine besonders elegante, harmonische Verbindung zustande? Wie lange kaut man eigentlich auf bestimmten Elementen und was schmeckt man dabei im Hintergrund? Wann und wie vermischen sich die einzelnen Aromen? Wie kann man die Dominanz bestimmter Elemente durch die Veränderung der Zusammenstellung auf Gabel oder Löffel so ausgleichen, dass alles zusammen eine Art neue Qualität ergibt, also echte Akkorde bilden?

Ein großer Teil des Fortschritts, den man beim Kochen und Essen machen kann, basiert ganz einfach auf dem konzentrierten Hinschmecken und aus einer Art Training der Wahrnehmung. Auf diese Weise erschließen sich in kürzester Zeit Kenntnisse von aromatischen und sensorischen Zusammenhängen, die ganz automatisch das kulinarische Denken und Handeln beeinflussen.

Gekochter Schinken, Orangen-Mayonnaise und Aprikosenkompott

Allgemeine Erläuterungen: Eine Zusammenstellung wie die von **gekochtem Schinken** und **Mayonnaise** erinnert sofort an die Schinkenröllchen mit Spargel, etwas Dekoration und Mayonnaise auf den traditionellen kalten Büfetts, die auch heute noch überall zu finden sind. Dass diese Kombination auch hier zur Sprache kommt, hat natürlich etwas damit zu tun, dass man möglichst schnell erkennen sollte, dass klischeehafte Vorstellungen und Vorurteile beim Lernen wenig nützlich sind. Wir werden sehen, dass auch dieser Standardsnack erheblich an Qualität gewinnen kann.

Auch die Anfertigung einer Mayonnaise zu so einem frühen Zeitpunkt des Buchs mag etwas verwunderlich erscheinen, weil es allgemein als schwierig gilt, eine Mayonnaise selbst herzustellen. Tatsächlich ist auch das nur ein Klischee, und wir werden sehen, dass man mit einem minimalen „Trick" die Technik ohne Probleme in den Griff bekommt.

Toast mit gekochtem Schinken, Orangen-Mayonnaise und Aprikosenkompott

Für 4 Personen

Aprikosenkompott

Zutaten:

300 g Aprikosen
15 g Butter
1 EL Zucker
1 EL Honig (z. B. Akazienhonig)
1 EL Zitronensaft
1 gehäufter EL Korinthen
handelsüblicher Pfeffermix
1 Prise Kardamompulver

Zubereitung: Die Aprikosen sorgfältig waschen und entsteinen, dann grob würfeln. In einem kleinen Topf von etwa 12–15 cm Durchmesser bei mittlerer Hitze die **Butter** schmelzen lassen. Aprikosen dazugeben und unter regelmäßigem Umrühren die Aprikosen anschmelzen. Wenn die Aprikosenstückchen beginnen ihre Form zu verlieren, die anderen Zutaten ebenfalls in den Topf geben. Bei geschlossenem Deckel etwa 30 Minuten langsam köchelnd kompottieren lassen. Dabei mehrere Male kurz umrühren. Das fertige Kompott in eine Schüssel geben, abkühlen lassen und dann in den Kühlschrank stellen.

Erläuterungen zum Aprikosenkompott: *Beim Aprikosenkompott sollte man nach Möglichkeit frische Aprikosen einsetzen, weil die frischen Aprikosen in der Regel ein wesentlich besseres Süße-Säure-Verhältnis haben, als die in Zuckersirup eingelegten, konservierten Exemplare. Dabei gibt es eine Schwierigkeit: Gute, vollreife Aprikosen, die auf Druck leicht elastisch reagieren, haben eine deutliche Süße und schmecken klar nach Aprikose. In den meisten Fällen werden allerdings Aprikosen angeboten, die weder süß sind noch deutlich nach Aprikosen schmecken. Da wir es hier mit einem Kompott zu tun haben, in dem die Aprikosen mit weiteren Aromen vermischt werden, sind die „normalen" eingelegten Aprikosenhälften aus der Dose aber durchaus nutzbar. Um den Zuckersirup unter Kontrolle zu bekommen, sollte man die Früchte kurz abwaschen.*

Der ***Akazienhonig*** *eignet sich hier besonders gut, weil er ein mildes Aroma hat, das in seiner Leichtigkeit und Transparenz eine schöne Ergänzung für die Aprikosen ist. Stark parfümierte* ***Honige*** *wie etwa Lavendelhonig oder Kastanienhonig wären hier zu dominant. Die* ***Zitrone*** *dient dem Ausgleich der Süße. Wir empfinden Süße immer als sehr viel angenehmer, wenn ihr etwas Säure entgegengestellt wird. Auch die weiteren Zutaten dienen der Verbreiterung des Aromas der Aprikose. Der* ***Pfeffer****mix, den man in vielen Supermärkten in Gläsern mit integriertem Mahlwerk bekommen kann, ist aus dem gleichen Grund einem einfachen schwarzen oder weißen Pfeffer vorzuziehen. Die kleinen Mühlen haben außerdem noch einen weiteren Vorteil, der gerade darin liegt, dass sie als Mühlen nicht so besonders gut sind. Sie mahlen nämlich den Pfeffer etwas grob und erzeugen auf diese Weise Stückchen, die man später noch herausschmecken kann. Auch so etwas ist bei einem Kompott ein Mittel, um das Geschmacksbild leicht aufzulockern.*

▶▶

Entscheidend für den speziellen Geschmack dieses Kompotts sind die Korinthen und das ***Kardamompulver****. Letzteres bringt eine sehr charakteristisch schmeckende, frische Note in das Geschmacksbild. Bei der Dosierung von Kardamom sollte man allerdings vorsichtig sein: Wenn man ihn deutlich herausschmeckt, ist es bereits zuviel. Ist er gut dosiert, bekommt man ein sehr feines Aroma, bei dem kaum jemand weiß, wie es zustande gekommen ist.*

Bei der Zubereitung geht es zunächst um das Anschmelzen der Aprikosenwürfel. Unter ***Schmelzen*** *versteht man in der Küche nicht nur das Schmelzen von Eis oder auch das Schmelzen von Butter, sondern im übertragenen Sinne auch das Auflösen von Frucht- oder Gemüsestückchen unter Hitzeeinwirkung. Bei den Aprikosen ist zu beobachten, dass sie ihre ursprüngliche Form zunehmend verlieren und sich langsam auflösen. Dabei geben sie auch etwas von ihrem Saft ab, sodass man nach kurzer Zeit im Topf ein Gemisch aus noch so gerade eben erkennbaren Aprikosenstückchen und dem Saft, den sie abgegeben haben, hat. Das leichte Umrühren beschleunigt diesen Vorgang und verhindert gleichzeitig, dass die Aprikosen anbrennen. Nachdem man die anderen Zutaten hinzugegeben hat, dient das Schließen des Deckels der Erzeugung eines geschlossenen Kreislaufs, in dem nichts von der Flüssigkeit verloren geht und sich die Aromen gut vermischen können. Die Hitze muss bei einem solchen Vorgang (den die Franzosen* ***„Mijotage“****, also „Vermischung“ nennen) niedrig sein, um Anbrennen ebenso zu verhindern, wie einen hohen Dampfdruck, der unter Umständen Dampf (also Flüssigkeit) aus dem Topf drücken könnte.*

Unter ***„Köcheln“*** *versteht man nicht sprudelndes* ***Kochen*** *mit großen Blasen, sondern eine Hitze, bei der sich an der Oberfläche nur ab und zu kleine Blasen bilden. Die angegebene Garzeit ist eine praktikable Größe, in der der Vorgang des Kompottierens sinnvoll abgeschlossen werden kann. Eine kürzere Zeit ist wenig sinnvoll, eine längere Zeit ohne Weiteres möglich.*

Das fertige Aprikosenkompott hält sich im Kühlschrank auch über Nacht – kann also vorbereitet werden.

Orangen-Mayonnaise

ZUTATEN:
1 Eigelb von einem sehr frischen Ei
1 Messerspitze Zucker
1 Messerspitze Salz
1 EL Weinessig (besser: Sherry-Essig)
1 TL Dijon-Senf
1 ½ EL Orangensaft
etwa 80–100 ml Sonnenblumenöl

ZUBEREITUNG: Die Zutaten bis auf das Sonnenblumenöl in eine hohe Rührschüssel geben. Mit dem Mixstab auf niedriger Geschwindigkeitsstufe (etwas mehr, als die unterste Stufe) sorgfältig miteinander vermischen, bis eine homogene Flüssigkeit entstanden ist. Dann bei etwas höherer Geschwindigkeit etwa die Menge von einem Teelöffel Öl hinzufügen und sorgfältig vermischen. Nach etwa 15–20 Sekunden ungefähr die Menge von einem Esslöffel dazugeben und nochmals 15 Sekunden verrühren. Danach den Rest des Öls in zwei Gaben zugeben und zu einer leicht dickflüssigen Creme verrühren. Die Orangen-Mayonnaise sollte nicht zu fest sein.

Erläuterungen zur Orangen-Mayonnaise: *Die Herstellung einer Mayonnaise ist im Prinzip sehr einfach und setzt keinerlei spezielle Kenntnisse voraus.*
Zunächst aber eine Art Sicherheitshinweis. Eine Mayonnaise ist eine Zubereitung mit rohem ***Ei****. Deshalb müssen die verwendeten Eier so frisch wie möglich sein. Um dies festzustellen, gibt es einen kleinen* ***Frischetest****. Man füllt ein etwas breiteres Glas oder einen durchsichtigen Küchenmessbecher zu etwa zwei Dritteln mit Wasser und legt dann vorsichtig das Ei hinein. Ein frisches Ei bleibt gerade auf der Seite liegen ohne dass sich eine Seite bereits hebt. Steht das Ei senkrecht, aber noch auf dem Boden, so ist es für andere, gegarte Verwendungen noch brauchbar. Schwebt es im Wasser oder schwimmt es gar an der Oberfläche, ist es nicht mehr verwendbar.*
Bei der Mayonnaise hängt alles davon ab, wie stabil zu Beginn die Wasser-Öl-Emulsion (so der Fachbegriff) wird. Nach dem sorgfältigen Mixen der Zutaten zu einer homogenen Flüssigkeit darf die erste Gabe Öl nie mehr als ein Drittel dieser Flüssigkeit betragen. Wenn man also einen Teelöffel Öl nimmt, ist man auf der ganz sicheren Seite. Dieses Öl muss nun sorgfältig in etwa 15–20 Sekunden mit den anderen Zutaten vermischt werden. Zur besseren Stabilisierung wiederholt man den Vorgang mit einem Esslöffel Öl. Ist diese Verbindung stabil, braucht man auch nicht mehr tröpfchenweise Öl in den laufenden Mixer geben (wie dies in den meisten Kochbüchern noch steht), sondern kann gleich einen größeren Teil (etwa ein Drittel) angießen. Das sieht dann im Moment nicht sehr vertrauenerweckend aus, entwickelt sich aber in wenigen Sekunden wieder zu einer homogenen Masse. Die Festigkeit der Mayonnaise ist davon abhängig, wie viel Öl man hinzugibt. Die Festigkeit steht allerdings in einem Zusammenhang mit dem Aroma. Je mehr Öl man zugibt, umso weniger schmeckt die Mayonnaise natürlich nach aromatischen Zutaten wie ***Senf*** *oder in unserem Fall dem Orangensaft. Auf der anderen Seite kann man nicht sehr viel Orangensaft dazutun, weil die Mayonnaise sonst umso mehr Öl braucht, um eine gewisse Festigkeit zu erzielen. In unserem Beispielrezept soll die Mayonnaise also nur dickflüssig sein, um noch ein schönes Aroma von der Orange zu haben.*
*Was die verwendeten Produkte angeht, handelt es sich einerseits um Sorten mit einem komplexeren Aroma (****Dijon-Senf****, Sherry-Essig), andererseits um ein möglichst neutrales Aroma, das diese komplexeren Aromen nicht überlagert (das Sonnenblumenöl).*

Fertigstellung

ZUTATEN:
4 Scheiben Toastbrot
8 Scheiben gekochter Schinken
etwa 50 g guten Schnittkäse am Stück
(Schweizer Käse z. B. Gruyère, Comté o. ä.)
8 Weintrauben
4 TL Olivenöl

FERTIGSTELLUNG: Die Toastbrotscheiben wie unter Nummer 1 vorbereiten. Die Schinkenscheiben aufrollen und so auf Länge schneiden, dass sie exakt längs auf die Toastscheiben passen. Den Käse in Würfel von 5×5 mm schneiden.

▶▶

Anrichten: Auf jede Toastscheibe einen Teelöffel **Olivenöl** tröpfeln. Je zwei Schinkenrollen längs darauf anrichten. Zwischen die Enden je eine Weintraube legen, zwischen die Weintrauben etwas Käse und Mayonnaise verteilen. Mayonnaise, Aprikosenkompott und einige Käsestückchen dekorativ anrichten.

Erläuterungen zur Fertigstellung: *Die Qualität des* ***gekochten Schinkens*** *kann extrem stark variieren. Die Spreu vom Weizen trennt sich normalerweise bereits zwischen Pressschinken, bei dem verschiedene Fleischteile zusammengesetzt wurden und dem meist deutlich unregelmäßigeren („wie gewachsen") gekochten Schinken. Sicher kann man aber auch da erst sein, wenn man ein Stückchen probieren kann. Ein guter gekochter Schinken hat ein ausgewogenes, „herzhaftes" Aroma und sollte weder salzig noch fade schmecken.*

Beim ***Schnittkäse*** *muss man in diesem Fall ein* ***kulinarisch sinnvolles Produkt*** *auswählen. Es gibt zum Beispiel hervorragende alte Comtés („fruité" genannt), die recht teuer sind und exquisit schmecken. Es wäre eine Schande, sie nicht konzentriert pur zu essen, um alle Aromen-Nuancen wahrnehmen zu können. Würde man sie in diesem Rezept verwenden, wäre das kulinarisch unlogisch, weil in diesem Zusammenhang der Käse nur eine begrenzte – man könnte fast sagen „würzende" – Funktion hat. Mit einem eher jungen Emmentaler oder Comté hat man hier ein gut funktionierendes Produkt.*

Sensorische Erläuterungen: Die kulinarische **Mechanik** von Gerichten auf einem Toastbrot spielte unter Nummer 1 bereits eine Rolle. Hier nun steht eindeutig der aromatische Aufbau im Vordergrund. Dabei ist es für die Wirkung eines **Akkordes** sehr wichtig, wie lange sich die einzelnen Elemente im Mund halten. Es kann zum Beispiel ausgesprochen unangenehm sein, wenn man etwas Fleisch mit Sauce isst und muss dann – weil das Fleisch vielleicht nicht richtig zart ist – längere Zeit auf dem Fleisch herumkauen. Hat man dagegen eine Kombination, in der alles sinnvoll geordnet ist, entsteht schnell der Eindruck eines „guten" Essens, wobei wir für den Ausdruck „gut" oder „lecker" meist keinerlei detaillierte Begründung haben. Bei unserem Beispielrezept hat man am Anfang etwas Biss vom Toast. Gleichzeitig bemerkt man die schmelzende Mayonnaise mit ihrem leicht frischsüßlichen Aroma von der Orange, während das etwas komplexere und nachhaltigere Aprikosenkompott sich – zusammen mit dem gekochten Schinken – deutlich länger im Mund hält. Das aromatische Spektrum, das bei der traditionellen Fassung der oben erwähnten Schinkenröllchen eher eng und leicht herzhaft ist, wird hier also ausgeweitet. Das Essen fühlt sich deutlich „vollmundiger" an und bleibt interessant, weil sich ein zeitlicher Ablauf der geschmacklichen Wahrnehmung ergibt.

Blutwurst

Allgemeine Vorüberlegungen: Beim Fleisch gibt es verschiedene Produkte, deren Genuss aus meist verständlichen Gründen dem einen oder anderen gewisse Schwierigkeiten bereiten. Die **Blutwurst** gehört auch dazu, obwohl mit ihr viele Dinge verbunden sind, die zu den kulinarischen Traditionen gehören. Aber Hausschlachtungen, die man früher schon als Kind regelmäßig miterlebte, sind heute für viele Menschen etwas völlig Unbekanntes. Die Wurst kommt „aus der Fabrik", und alles, was mit der Fleischherstellung zu tun hat, hat man oft völlig verdrängt. Hier aber geht es nicht um moralische Aspekte, Verdrängung oder Nicht-Verdrängung, sondern ganz einfach um ein wichtiges, traditionelles Produkt vom Schwein, das heute ganz langsam wiederentdeckt wird und selbst in Spitzenrestaurants hin und wieder zum Einsatz kommt. Auch in diesem Buch wird die Blutwurst später in einer recht kreativen Zubereitung noch einmal wiederkommen.

Am Beginn soll mit Absicht ein einfaches Rezept mit einer leicht modernisierten Auffassung stehen. Das optimierte klassische Rezept kommt erst danach, weil es in Technik und Struktur ein wenig aufwendiger ist. Mit diesen beiden Rezepten sollte klar werden, wie harmonisch und aromatisch spannend man mit Blutwurst arbeiten kann.

Blutwurst-Burger

Für 4 Personen

ZUTATEN:
1 Honigkuchen
200 g magere Blutwurst, möglichst in einem geraden Stück
2–3 nicht zu große Granny-Smith-Äpfel
Senf
8 kleine Zweige Thymian von etwa 2–3 cm Länge
Apfelmus aus dem Glas

ZUBEREITUNG: Vom Honigkuchen pro Person eine etwa 2 mm dicke Scheibe abschneiden und im Ofen auf einem Stück Backpapier bei 90 Grad in etwa 10–15 Minuten trocknen. Die Blutwurst enthäuten und 8 gleichmäßig dicke Scheiben von etwa 1 cm Dicke abschneiden. Die Äpfel waschen und ungeschält in etwa 7 mm dicke Scheiben schneiden. 4 große und 4 kleinere Scheiben (etwas größer als die Blutwurstscheiben) aussuchen. Das Kerngehäuse in der Mitte mit einem Ausstecher entfernen oder mit dem Messer herausschneiden.

ANRICHTEN: In die Mitte des Tellers eine große Apfelscheibe geben. Darauf die erste Blutwurstscheibe, dann den getrockneten Honigkuchen und die zweite Blutwurstscheibe legen. Es folgt die kleinere Apfelscheibe und zum Abschluss wieder eine Blutwurstscheibe. Oben auf den Burger kommt ein Tupfer **Senf** mit je 2 **Thymian**zweigen darin. Rund um den Burger etwas Apfelmus verteilen.

Erläuterungen zum Rezept „Blutwurst-Burger“:
Eine eher magere Blutwurst hat im Anschnitt einige wenige Fettwürfel, ist aber im wesentlichen dunkel im Gegensatz zu den fetteren Exemplaren, die so aussehen, als würden die Speckwürfel durch die Wurstmasse so gerade eben zusammengehalten. Der Geschmack der beiden Versionen ist sehr unterschiedlich. Natürlich ist die Version ohne viel Fett die im Aroma typischere. Die Wahl der Apfelsorte ***Granny Smith*** *hat ebenfalls klare Gründe. Diese Sorte hat wenig Süße und viel Säure und wirkt im Zusammenhang dadurch immer wie ein erfrischendes Element. Um diesen Charakter noch zu verstärken, kann man den Apfel durchaus vorgekühlt einsetzen.*

Der ***Honigkuchen*** *ist manchmal unter verschiedenen Namen wie „Frühstückskuchen“ oder „Gewürzkuchen“ zu finden. Er ist in der Regel mit Lebkuchengewürz gewürzt. In diesem Rezept ist ein Kuchen vorzuziehen, der eine möglichst gleichmäßige Masse hat, also ohne größere Einlagerungen von kandierten Früchten oder Ähnlichem.*
Der ***Senf*** *kann in diesem Rezept ein ganz „normaler“ Senf sein, der ruhig an Imbissstuben erinnern darf, aber nicht zu scharf sein sollte.*
Das Apfelmus ist hier nicht deshalb in Form eines Industrieprodukts eingesetzt, weil es zu schwierig oder zu viel Arbeit wäre, jetzt auch noch ein Apfelmus zu kochen, sondern weil das industrielle Apfelmus ein spezielles Aroma hat, das zwar wie Apfel schmeckt, aber eigentlich nie so, wie ein frisch gemachtes Mus. Wenn man so will, ist das eine Art kulinarisches Zitat und kein Verzicht auf Qualität.
Ein ***Ausstecher*** *ist ein kleines Küchengerät mit einer röhrenförmigen Spitze von einem etwa fingerdicken Durchmesser. Mit diesem Gerät kann – vorausgesetzt, man zielt gut – bei einem Apfel der komplette Kernbereich ausgestochen werden. Dazu entfernt man den Stiel des Apfels und sticht senkrecht durch den Apfel. Man kann den Ausstecher dann zurückziehen und hat im Innern der Röhre wie einen Bohrkern das Kerngehäuse. In unserem Fall ist es allerdings einfacher, erst die Scheiben zuzuschneiden und dann den Kernbereich einzeln auszustechen. Wenn man die Äpfel etwas zu früh in Scheiben schneidet, kann es passieren, dass die Scheiben oxidieren, also braun werden. Zur* ***Verhinderung der Oxidation*** *gibt es im Wesentlichen zwei Möglichkeiten. Man füllt eine Schale mit etwas Wasser und gibt den Saft einer halben* ***Zitrone*** *hinein, oder man benutzt statt der halben Zitrone einen Teelöffel* ***Vitamin-C-Pulver*** *(gibt es in der Apotheke). Wenn die aufgeschnittenen Apfelscheiben darin lagern, oxidieren sie nicht und behalten ihre natürliche Farbe.*
Das Trocknen der Honigkuchenscheiben ist sehr einfach. Wie schon unter Nummer 1 beim Toast beschrieben, nimmt man die Scheiben aus dem Ofen, wenn sie deutlich beginnen, hart zu werden. Sie trocknen außerhalb des Ofens in wenigen Sekunden zu einer schön krossen Textur.

Blutwurst „warm-kalt“ mit Himmel und Erde, Kartoffelpüree und winterlichen Aromen

Für 4 Personen

Sensorische Erläuterungen: Ganz im Gegensatz zu Hamburgern aus Schnellrestaurants und ähnlichen Produkten ist dieser Hamburger nicht pampig und verwandelt sich auch nicht im Mund sofort in eine undefinierbare, aber stark gewürzte Masse. Er hat eine klare Struktur, die einerseits verschiedene, deutlich voneinander unterscheidbare Texturen hat und andererseits auch ein breit gefächertes Aromenspektrum. Die Texturen reichen vom krossen Honigkuchen über den frischen Apfel mit seinem klaren Biss, der elastisch-nachhaltigen Blutwurst (**nachhaltig** = man braucht eine Zeit, um sie zu zerkauen, das Aroma bleibt auf diese Weise längere Zeit im Mund) bis hin zum schmelzenden Apfelmus. Bei den Aromen finden wir das frische Obst, Obst in Musform und das würzig-herzhafte Aroma der Blutwurst. Als kleiner Kontrast wirkt das süßlich-komplexe Aroma des Honigkuchens. Senf und Thymian sorgen für kleine Aromenflecken. Durch die breite Palette von Aromen und Texturen werden im Mund sehr viele Rezeptoren gleichzeitig angesprochen. Es entsteht der Eindruck von Vielfalt und Komplexität, von krachend kross bis zu schmelzend weich, von leicht scharfem Senf bis zur Süße des Honigkuchens und des Apfelmuses.
Alles zusammen sorgt für ein interessantes Esserlebnis, mit dem wohl kaum jemand rechnet, der bisher die Blutwurst nur als ein altertümliches Element von irgendwelchen Wurstplatten her kennt.

Allgemeine Vorüberlegungen: „Himmel und Erde“, also die Kombination von **Kartoffeln** und Äpfeln sind ein traditionelles Gericht, das in der Kombination mit Blutwurst besonders im Rheinland noch häufig zu finden ist. Ganz allgemein gilt für solche **traditionellen Gerichte**, dass zwar viele Leute zu wissen meinen wie sie schmecken, es in Wirklichkeit aber kaum nennenswerte Standards für die Herstellung gibt. Es ist zum Beispiel sicherlich keine kulinarische Tradition, dass viele Bratensaucen in sogenannten gutbürgerlichen Restaurants heute aus industriell vorgefertigten Pulvern angerührt werden oder dass Salatsaucen kaum noch in Restaurants selbst angefertigt werden. Was also eigentlich die Tradition darstellt, kann man im Detail kaum festlegen. Eines ist allerdings fast immer sicher: Ein sensibel nach den Regeln der Kochkunst aufgebautes, traditionelles Gericht kann eine erhebliche Qualität bekommen. Man sollte allerdings eine kleine Tücke immer im Auge haben: unsere Gewöhnung an schlechtes und/oder industriell standardisiertes Essen. Es kann sein, dass das nach den Regeln der Kunst gut gemachte Gericht nicht so ohne Weiteres als „besser“ erkannt wird. Wer etwa die meist extrem kräftige Würze industrieller Produkte gewohnt ist, muss seine Sinne zur Wahrnehmung feinerer Nuancen erst wieder neu einstellen.

Zutaten Himmel und Erde:
250 g Äpfel (nicht zu saure Sorte, z. B. Golden Delicious)
250 g Kartoffeln
35 g Butter
1 TL Zitronensaft
Salz
Pfeffer
Korianderkörner (am besten Koriander aus der Mühle)

Zubereitung Himmel und Erde: Die gewaschenen Äpfel vierteln, entkernen und grob würfeln. Kartoffeln schälen, waschen und ebenfalls grob

►►

würfeln. In einem kleinen Topf bei mittlerer Hitze die Butter schmelzen lassen. Die Apfelwürfel dazugeben und unter mehrmaligem Umrühren anbraten, bis sie beginnen, ihr Wasser abzugeben. Kartoffelwürfel, Zitronensaft, 1 Prise Salz, etwas Pfeffer aus der Mühle (circa 4 **Schläge**) und etwas Koriander (dito 4 Schläge) dazugeben. Bei geschlossenem Deckel etwa 30 Minuten bei niedriger Hitze garen. Dann den Deckel entfernen und die Hitze erhöhen. Die noch vorhandenen Stücke grob zerstampfen und die Flüssigkeit unter regelmäßigem Umrühren so weit reduzieren, bis ein Kompott entstanden ist. Vom Herd nehmen und abkühlen lassen.

Erläuterungen zur Zubereitung von „Himmel und Erde“: *Auch wenn in der fertigen Zubereitung die Apfelschalen für ein wenig optische „Unordnung“ sorgen, sollte man die Äpfel aus geschmacklichen Gründen nicht schälen. Es sitzt einfach ein großer Teil des Aromas auch in der Schale. Natürlich sollte man beim Einkauf darauf achten ungespritzte Äpfel zu kaufen. Am besten man fragt nach einer etwaigen Vorbehandlung. In jedem Fall sollte man die Äpfel gründlich waschen. Für dieses Rezept kann man aber auch ohne Weiteres das verwenden, was früher häufig für solche Zubereitungen verwendet wurde, nämlich Fallobst. Man schneidet etwaige dunkle Stellen heraus und kann dann diese Äpfel, die ansonsten nicht „schön“ genug sind, aromatisch aber oft sehr gut, hervorragend verwenden. Das Schneiden der* ***Kartoffeln*** *in Stücke von der gleichen Größe wie die Apfelstücke hat gartechnische Gründe. Da Äpfel und Kartoffeln zusammen gegart werden, sollte die Garzeit der Stücke zumindest ungefähr gleich sein. Das Waschen der Kartoffeln nach dem Schälen dient der Entfernung der etwas glitschigen, stärkehaltigen Substanz auf der Oberfläche der frisch geschälten Kartoffel. So etwas mag auf den ersten Blick nicht notwendig sein. Auf den zweiten Blick sollte man sich daran gewöhnen, diese vielen kleinen Details automatisch abzuarbeiten. Eine gute Qualität beim Kochen besteht nämlich zum größten Teil aus der sorgfältigen Beachtung vieler kleiner Details.*

Das Anbraten von Früchten, „bis sie beginnen, ihr Wasser abzugeben“, kennen wir schon vom Aprikosenkompott unter Nummer 2. Die Zitrone dient einerseits zur Stabilisierung der Farbe, andererseits als Säureausgleich gegenüber der Süße des Apfels. Das alte Wort ***Prise*** *ist zwar heute nicht mehr so gebräuchlich, bezeichnet aber eine wichtige Sache. Prise ist die Menge, die man von einem Produkt (meist ein Pulver oder eine ähnliche Substanz) ohne Probleme zwischen Daumen und Zeigefinger nehmen kann. Der Wortstamm ist das französische „prendre“ = „nehmen“. Eine ähnliche Menge ist die* ***Messerspitze****, also das, was ohne Schwierigkeiten mit der Spitze eines normalen Küchenmessers, das vorne spitz ist, aufgenommen werden kann. Das Material liegt dort dann etwa auf den ersten sechs Millimetern (wenn man sich denn festlegen sollte).*

Die ***Schläge*** *aus der Mühle könnte man auch etwa als ein Viertel einer Umdrehung bezeichnen. Sie entstehen dann, wenn man den Kopf einer Pfeffer- oder Gewürzmühle anfasst und die Hand um etwa 90 Grad bewegt. Auch daran kann man sich gewöhnen und die Bewegung für seine Küchenpraxis standardisieren. Die* ***Korianderkörner*** *haben mit den heute so beliebten Korianderblättern aromatisch wenig zu tun. Normalerweise gibt es die kleinen, braunen Körner nicht in Form von kleinen Kunststoffmühlen, wie dies bei Pfeffer oft schon der Fall ist. Es ist bei diesem sehr vielfältig einsetzbaren Gewürz aber sehr zu empfehlen, ebenfalls eine „Pfeffermühle“ (oder Gewürzmühle) dafür einzusetzen.*

Das Schließen des Deckels bei der Garung dient der Erzeugung eines geschlossenen Kreislaufs, bei dem das Material nicht austrocknet und sich aromatisch gut vermischen kann (siehe auch Aprikosenkompott, Nummer 2). Der Vorgang danach, also die Verdampfung von Flüssigkeit, zählt zu den wichtigsten Techniken der Aromenverstärkung in der Küche. Sie tritt in unserem Fall nach Öffnen des Deckels und Erhöhung der Hitze ein. Man nennt diese Technik ***Reduktion****. Fast alle Saucen und* ***Fonds*** *haben etwas damit zu tun. In unserem Beispiel soll ein Kompott entstehen, also eine Masse, die durchaus etwas Stand hat und nicht flüssig wie eine Sauce ist. Die Flüssigkeit, die sich noch im Topf befindet, muss also irgendwie verschwinden. Dazu haben wir verschiedene Optionen. Man könnte hingehen und den Topfinhalt in ein* ***Sieb*** *schütten. Die Flüssigkeit würde dabei durch das Sieb nach unten verschwinden, und im Sieb wären die festeren Stoffe, die nicht durch die Löcher passen. Wir könnten diese Masse mit einem Löffel auch noch gut ausdrücken und hätten anschließend durchaus ein*

Kompott mit etwas Stand. Wir könnten auch den kompletten Topfinhalt mit einem Mixstab pürieren und würden dann eine mehr oder weniger dickflüssige Flüssigkeit bekommen, die vielleicht schon unserer Vorstellung von einem Kompott nahekäme und außerdem durch das Pürieren sehr schön homogen aussähe. Was wir dabei nicht berücksichtigen würden, ist die aromatische Seite. Durch den Flüssigkeitsentzug (also durch das Verdampfen) verdichten sich die Aromen (natürlich gilt das nicht zu einhundert Prozent, weil mit dem Dampf immer etwas Aroma verschwindet und es deshalb in der Küche immer „nach Essen" riecht). Wenn wir also die Zubereitung durch ein Sieb ***„passieren"*** *würden, wäre Aroma verschenkt, das wir nun durch das Reduzieren im Topf behalten. Bei diesem Vorgang – und vor allem dann, wenn man das Kompott einige Male umrührt – homogenisiert sich das Kompott bereits weitgehend, die etwaigen Stücke lösen sich immer weiter auf. Vom Pürieren des Kompotts sollte man dennoch Abstand nehmen. Ein natürlich belassenes Kompott schmeckt vielfältiger, weil es wegen der noch verbliebenen Stückchen immer wieder einmal deutlicher nach Apfel schmeckt und damit auch keine homogene aromatische Masse ist.*

Kartoffelpüree

Vorbemerkung: Es handelt sich hier um ein sehr einfaches, etwas gröberes Kartoffelpüree, von dem auch nur eine relativ geringe Menge benötigt wird. Das Püree soll recht natürlich schmecken und nicht nach viel Butter.

ZUTATEN
ca. 5 mittelgroße Kartoffeln
Salz
ungesalzene Butter
Milch
Muskatnuss

ZUBEREITUNG KARTOFFELPÜREE: Die Kartoffeln schälen und in Salzwasser (16 g Salz pro Liter) garen. Die Kartoffeln sind gar, wenn man sie mit einer in die Mitte gestochenen Messerspitze nicht mehr anheben kann.
Das Wasser abschütten und die Kartoffeln kurz ausdampfen lassen. Mit einem Stampfer zerdrücken, dann im Wechsel mit Butter und **Milch** und mit einem Holzlöffel zu einem Püree rühren. Die Konsistenz ist richtig, wenn das Püree nicht mehr am Löffel kleben bleibt. Mit Salz und etwas frisch geriebener Muskatnuss **abschmecken**. Das Salz sollte nicht direkt zu schmecken sein und Muskat nur ganz fein im Hintergrund bemerkbar sein.

ZUTATEN KAROTTENWÜRFEL:
1 mittelgroße Karotte
15 g ungesalzene Butter
einige Spritzer Zitronensaft
1 Prise Zucker

ZUBEREITUNG: Die Karotte schälen, erst in 3–4 mm dicke Streifen und dann in Würfel schneiden. Die Würfel in einen kleinen Topf oder eine Pfanne geben, sodass sie alle nebeneinander auf dem Boden Platz finden. Mit Wasser bedecken, Butter dazugeben, einige Spritzer Zitronensaft und 1 Prise Zucker. Einmal kurz aufkochen, dann den Deckel auflegen und zur Seite stellen. Die Würfel sollen nur angegart sein und noch deutlich Biss haben.

Erläuterungen zur Zubereitung der Karottenwürfel:
Es ist für dieses Rezept wichtig, dass die Karottenwürfel nicht völlig weich durchgegart sind, sondern noch etwas Biss haben. Sie werden damit in dem von der Textur her ziemlich homogenen Zusammenhang zu einem kleinen kontrastierenden Element und behalten im Kern noch eine Spur ihres rohen Aromas.

ZUTATEN KARAMELLISIERTE APFELSTÜCKE:
1 nicht zu saurer Apfel
20 g Butter
1 gehäufter TL Zucker

ZUBEREITUNG: Den gewaschenen, aber nicht geschälten Apfel vierteln, das Kerngehäuse entfernen und die Viertel nochmals halbieren. In einer kleinen Pfanne bei etwas mehr als mittlerer Hitze die Butter schmelzen lassen. Apfelstücke dazugeben und unter ständigem Rühren kurz anbraten, bis sie rundum ganz leichte braune Bratspuren haben. Den Zucker dazugeben und unter gleichmäßigem

▶▶

Rühren die Stücke weiter behandeln, bis sich der Zucker aufgelöst hat. Die Apfelstücke entnehmen und auf Küchenpapier abtropfen lassen.

Erläuterung zur Zubereitung der karamellisierten Apfelstücke: *Auch die Apfelstücke sollen ihren ursprünglichen aromatischen und texturellen Charakter nicht verlieren, sondern eine Ergänzung durch die Schmornoten und die* ***Karamellisierung*** *bekommen. Bei diesem Verfahren bleiben die Stücke in der Mitte noch roh, schmecken außen aber bereits wie ein Bratapfel. Die Stücke schmecken also wie ein Apfel in mehreren Zuständen. Nach der Zugabe von Zucker beginnt sich dieser aufzulösen und bedeckt die Außenhaut der Apfelstücke.*

ZUTATEN BLUTWURST:
12 Scheiben Blutwurst, von etwa 2,5 cm Dicke

ZUBEREITUNG: Die Blutwurstscheiben vorsichtig enthäuten. Dazu die Haut an der Seite einschneiden und einfach rundum abziehen. Eine antihaftbeschichtete Pfanne bei etwas mehr als mittlerer Hitze vorwärmen. Die Scheiben hineinlegen und einseitig nicht zu intensiv anbraten. Die Scheiben sind fertig, wenn sie auf der angebratenen Seite deutlich „geschmolzen" sind.

Erläuterung zur Zubereitung der Blutwurst: *Das einseitige Anbraten der Blutwurst hat den gleichen Zweck wie die Garung der Apfelstücke. Das Aroma der Blutwurst wird vielfältiger. Man kann die Blutwurst sowohl roh als auch gebraten essen. In diesem Fall schmeckt man beides gleichzeitig, was eine deutliche Veränderung des Geschmacksbilds ergibt.*

ZUTATEN FERTIGSTELLUNG:
Lebkuchengewürz
Olivenöl
Balsamico-Essig

FERTIGSTELLUNG: Zum Anrichten kommt in die Mitte des Tellers eine Reihe mit drei Scheiben Blutwurst – die angebratenen Seite nach oben. Über diese Reihe wird eine begrenzte Menge Lebkuchengewürz gestreut. Oberhalb der Blutwurst wird etwas Kartoffelpüree, unterhalb „Himmel und Erde" platziert. Auf das Kartoffelpüree kommen Möhrenwürfel und auf „Himmel und Erde" zwei karamellisierte Apfelstücke. Rundum wird mit etwas Schwung etwa 1 ½ Esslöffel Olivenöl und 1 knapper Teelöffel **Balsamico-Essig** verteilt.

Sensorische Erläuterungen: Auf den ersten Blick mag das Rezept schon ein wenig komplizierter sein, weil es nach etwas mehr Arbeit aussieht. Das täuscht aber, da die Zubereitungen sehr übersichtlich und meist auch sehr schnell sind. Man erhält im Endeffekt aber schon ein interessantes kleines kulinarisches Werk, das nicht nur viel besser schmeckt als die einfache klassische Zubereitung, sondern auch schon eine Reihe von kleinen, aber wichtigen Tricks enthält. In der klassischen Fassung vermischt sich eine gebratene Blutwurst mit dem „Himmel und Erde"-Kompott schnell zu einer Mischung, die in sich wenig sensorische Bewegung hat. In unserem Beispiel ist alles wesentlich vielfältiger. Die Süße des Kompotts wird noch durch weitere Aromen wie das Lebkuchengewürz ergänzt, das wir wiederum auch im Zusammenhang mit geschmorten Äpfeln aus vielen winterlichen Rezepten kennen. Dazu kommen vielleicht überraschende, „fremde" Aromen wie das des Olivenöls oder des Balsamico-Essigs. Aber auch diese Kombination hat zum Beispiel in Italien eine längere Tradition. Die Akkorde funktionieren also, weil sie auf eine vielfältige Art und Weise miteinander verbunden sind.

Bratwurst

Allgemeine Vorüberlegungen: Gerichte mit **Bratwurst** gehören zu den einfachsten warmen Fleischgerichten. Von der Imbissstube (z. B. die Currywurst) über die Brauhäuser (z. B. die beliebte Kombination von Bratwurst, Sauerkraut und Kartoffelpüree) bis zur bürgerlichen Gastronomie stellen sie in vielfältigen Formen eine Art Grundnahrungsmittel dar, mit dem fast jeder mehr oder weniger häufig zu tun hat. Die Zubereitung ist schnell und einfach, man braucht zu ihrer Garung keine Vorkenntnis, und es kann beim **Braten** kaum etwas schiefgehen. Man braucht sie eigentlich nur in irgendeiner Weise zu erhitzen und dabei aufpassen, dass sie nicht verbrennt. Würzen ist ebenfalls nicht notwendig, weil die Bratwurst fertig gewürzt ist. Und weil diese Gewürzmischungen auch bei regionalen Spezialitäten wie zum Beispiel den Nürnberger Rostbratwürstchen ziemlich zuverlässig sind, hat sich auch ein ziemlich zuverlässiges Geschmacksbild entwickelt, das nur selten wirklich enttäuschend ausfällt. Betrachtet man die Qualität genauer, gibt es natürlich Unterschiede, zum Beispiel je nachdem, welches Fleisch für die Wurst verwendet wurde. Und natürlich wird die Wurst in erster Linie aus Teilen des Tieres hergestellt, die man sonst nicht so gut verkaufen kann. Das allerdings besagt relativ wenig: Fleischreste, die beim Zuschneiden der „klassischen" Stücke wie Braten oder Koteletts übrig bleiben, haben in keiner Weise deshalb eine schlechtere Qualität als diese „edleren" Stücke.

Grundüberlegungen zum Braten von Bratwurst: Auch beim **Braten einer Bratwurst** spielen schon viele Dinge eine Rolle, die später beim Braten von Filets, Koteletts oder größeren Braten wichtig werden. Insofern ist die Bratwurst ein eher unproblematisches „Übungsmaterial", bei dem man bereits einige Dinge über das Braten von Fleisch lernen kann. Warum zum Beispiel werfen wir eine Bratwurst meistens nicht wie eine Bockwurst in heißes Wasser und erhitzen sie einfach, bis wir das Gefühl haben, sie ist gar? Normalerweise wollen wir etwas „richtig" Gebratenes haben, also etwas mit einer dunklen Bratkruste, die am besten auch noch ein wenig härter ist als der Rest der Wurst, also „schön knusprig".

Wenn wir die Wurst in eine Pfanne mit Antihaftbeschichtung legen, brauchen wir zum Beispiel im Prinzip gar kein Fett. Man wird beobachten können, dass sich die Wurst in wenigen Sekunden zu verfärben beginnt und wenig später gewisse Brandspuren zeigt, also braun oder – wenn wir nicht aufpassen und die Hitze sehr groß ist – auch schwarz wird. Diesen schwarzen Zustand wollen wir natürlich vermeiden. Aber gewisse Verbrennungsspuren sind für uns höchst erwünscht, weil diese schöne Bräunung aufgrund einer bestimmten chemischen Reaktion (**„Maillard-Reaktion"** genannt) entsteht, bei der sich besondere Aromenstoffe bilden, die wir als typischen Bratgeschmack identifizieren und lieben. Es ist also nur logisch, dass wir uns bemühen sollten, unsere Bratwurst rundum möglichst gleichmäßig und intensiv zu bräunen, damit wir von der Maillard-Reaktion maximal profitieren können (wir werden dieses Problem weiter in den nächsten Kapiteln beim Braten von Filetstücken etc. noch vertiefen müssen). Und schon wird es etwas schwieriger mit der Bratwurst, weil sich so eine Bräunung natürlich nur dann gleichmäßig einstellt, wenn wir die Wurst einigermaßen kontrollieren. Im Fall der Bratwurst wird dieser Prozess des Kontrollierens erleichtert, wenn man etwas **Butter** (oder Margarine oder ein anderes Bratfett) in die Pfanne gibt, weil sich mithilfe der heißen Butter eine größere Angriffsfläche ergibt – von den aromatischen Nebeneffekten einmal ganz abgesehen. Aber die **Bratfette** sind nicht ganz so unproblematisch, wie man meint, weil sie alle nur bis zu einer bestimmten Temperatur erhitzt werden können, die von Fett zu Fett unterschiedlich ist und nur dann für einen guten Geschmack sorgt, wenn sie nicht überschritten wird. Darüber hinaus geben Bratfette ungesunde Stoffe ab. Allzu große Hitze ist also – ob mit oder ohne Bratfett, ob in der Pfanne oder auf dem Grill – mit Vorsicht zu genießen.

Wenn wir andererseits versuchen würden, eine Bratwurst auf möglichst niedriger Hitze zu **kolorieren** (wie der Fachausdruck lautet), könnten wir dennoch unter Umständen mit dem Ergebnis unzufrieden sein. Die Bratwurst hat einen hohen Fettanteil. Wenn man dieses Fett nur erwärmt,

▶▶

schmeckt es bei Weitem nicht so gut, als wenn man es quasi auflöst und mit seiner Hilfe die Fleischanteile der Wurst aromatisiert. Diesen Effekt kennen wir von kräftig gegrillten Würsten, die an verschiedenen Stellen aufplatzen und bei denen Fett ausfließt. Was bleibt, ist eine Bratwurst, die mehr oder weniger deutlich geschrumpft ist, aber eine schöne krosse Haut hat und im Innern eine andere **Proportion** von Fleisch zu Fett, als dies im Rohzustand der Fall war. Die Wurst ist dann vielleicht nicht mehr ganz so „saftig", was aber im Fall der Bratwurst – anders als bei Fleischstücken – kein Manko ist. Bei der Bratwurst besteht dieser „Saft" zum größten Teil aus Fett. Wenn man dieses Fett in der genannten Weise arbeiten lässt, tut es gute Dienste. Die Wurst jedenfalls schmeckt besser, wenn nicht mehr so viel Fett in ihr steckt. Diesen Zustand kann man auch in der Pfanne gezielt herbeiführen. Zu diesem Zweck muss man die Bratwurst einfach regelmäßig nach dem Wenden mit einer Messerspitze etwas anstechen. Sofort wird an dieser Stelle Fett austreten, in dem die Wurst dann gart. Macht man das ein paar Mal, wird die Wurst etwas kleiner und deutlich fester. Daran sollte man sich aber nicht stören, weil der Geschmack einfach besser ist.

Bratwurst-Scheiben mit Linsengemüse und Senf-Vinaigrette

Vorspeise für 4 Personen

Hauptgericht für 2 Personen

Zutaten Linsengemüse:
20 g Butter
100 g Linsen (zum direkten Garen ohne vorheriges Einweichen)
5 g Schalottenwürfel
je 1 gestrichener EL feine Würfel von Staudensellerie, Karotte und Lauch
200 ml Kalbsfond (aus dem Glas)
100 ml Wasser

Zubereitung Linsengemüse: In einem kleinen Topf bei mittlerer Hitze die Butter schmelzen. Linsen, Schalotten- und Gemüse-Würfel dazugeben, etwa 1 Minute anschwitzen. Fond und Wasser angießen. Einmal kurz aufrühren, dann den Deckel schließen und die Linsen garen, bis sie gerade eben beginnen, etwas weicher zu werden. Deckel entfernen und die Flüssigkeit zügig fast völlig verkochen bzw. reduzieren. Danach sind die Linsen servierbereit. Bei wieder geschlossenem Deckel neben dem Herd bereithalten.

Erläuterungen zum Linsengemüse: *Auch und gerade getrocknete Gemüse wie **Linsen** profitieren ganz erheblich von einer Zubereitung, die mehr Aroma erzeugt, als dies das normalerweise zum Garen empfohlene Salzwasser tut.*
*In diesem Fall werden klassische Zutaten wie das **Wurzelgemüse** und ein **Fond** benutzt.*
*In der **klassischen Küche** haben sich zum Aufbau von verschiedenen Zubereitungen wie **Saucen**, Suppen oder auch dem Aromatisieren von Fleisch beim Garen bestimmte Standards entwickelt, die wir heute allgemein als gut schmeckend bezeichnen. Das Wurzelgemüse besteht im Prinzip aus Zwiebeln, Karotten, Lauch und Sellerie, wobei bei den Zwiebeln meist die geschmacklich abgerundeteren **Schalotten** und beim Sellerie sowohl die Sellerieknolle als auch Staudensellerie zum Einsatz kommen können. Der Fond ist eine aromatische Flüssigkeit, die ebenfalls in einem weitgehend standardisierten Verfahren mit bestimmten Zutaten hergestellt wird und eine Art komplexe aromatische Basis liefert (wir werden darauf später genauer zu sprechen kommen). Das Herstellen eigener Fonds ist immer zu empfehlen, aber nicht*

ganz unaufwendig. Aus diesem Grunde werden hier zunächst handelsübliche Fonds aus Gläsern empfohlen, die es glücklicherweise mittlerweile auch ohne Geschmacksverstärker wie das Natriumglutamat zu kaufen gibt. Im Zusammenhang mit dem Beispielrezept sorgen sowohl die Wurzelgemüse als auch der Fond für eine Aromatisierung der Linsen. Die Linsen werden im Verlauf der Garung weicher und nehmen an der Oberfläche etwas von dieser aromatischen Umgebung auf. Zusätzlich bleibt ein wenig Flüssigkeit im Topf. Diese Flüssigkeit ist eine Mischung aus dem stark reduzierten und damit noch aromatischer gewordenen Fond und den Aromen, die das Wurzelgemüse abgegeben hat. Wenn man nun die Linsen auf den Teller gibt, gibt man immer eine geringe Menge von dieser Würzflüssigkeit mit und isst diese dann auch dazu. Auf diese Weise bekommen die Linsen ein volles, würziges Aroma.

Unter Anschwitzen versteht man eine Art leichtes „Anbraten" der Gemüse, bei der die Gemüse nach kurzer Zeit leicht glasig wirken und beginnen, etwas von ihrem Saft (sie alle bestehen ja zu einem großen Teil aus Flüssigkeit) abzugeben. Im Gegensatz zum eigentlichen Anbraten vermeidet man aber jede Form von Bratspuren bzw. Kolorierung, weil diese Bratspuren gleichzeitig auch eine starke aromatische Veränderung mit sich bringen (siehe unter ***Maillard-Reaktion****).*

ZUTATEN SENF-VINAIGRETTE: (pro Portion)
1 EL Sherry-Essig
3 EL Olivenöl
1 gehäufter TL Dijon-Senf

ZUBEREITUNG SENF-VINAIGRETTE: Die Zutaten grob miteinander vermischen. Der **Senf** soll sich nicht mit **Essig** und Öl zu einer Emulsion verbinden, sondern Schlieren bilden.

Erläuterungen zur Senf-Vinaigrette: *Eine* ***Vinaigrette*** *kennt man meistens nur von den verschiedenen Salaten her. Heutzutage hat es sich leider eingebürgert, diese sehr vielseitige und sehr einfach herzustellende, gleichzeitig aber auch sehr kreativ nutzbare „Sauce" in einer der vielen Versionen zu kaufen, die es im Handel gibt. Eine Vinaigrette in einfachster Form besteht*

▶▶

aus etwas ***Salz****, etwas frisch gemahlenem* ***Pfeffer****, 1 Teil Essig und 3 Teilen Öl. Dabei wird sofort klar, wie weit gespannt die Qualität sein kann, weil man vor allem beim Essig und dem Öl eine fast unendliche Auswahl verschiedener Qualitäten hat, womit man dann – logischerweise – auch sehr unterschiedliche Formen der Vinaigrette herstellen kann. Der Unterschied zwischen einer Vinaigrette mit billigstem Weinessig und einem billigen Öl und einer Vinaigrette mit sehr guten Ausgangsprodukten wie etwa einem leichten* ***Balsamico****-Essig (der ja ein aromatisch konzentrierter Essig ist) und einem hochwertigen* ***Olivenöl*** *kann enorm sein. In unserem Rezept ist ein Sherry-Essig empfohlen, der sich normalerweise dadurch auszeichnet, dass er nicht sehr teuer ist, aber ein typisches, nicht so neutral-saures Geschmackbild besitzt wie die einfachen Weinessige. Beim Olivenöl kann man in diesem Rezept nach „oben" hin kaum einen Fehler machen und hat auch stilistisch alle Freiheiten – also zum Beispiel von einem eher leicht fruchtigen Olivenöl über ein mittelfruchtiges Öl bis zu einem kräftigen, intensiv fruchtigen Olivenöl. Diese Bezeichnungen für die Olivenöle haben sich mittlerweile international eingebürgert. Ein intensiv fruchtiges Olivenöl ist ein Öl, das sehr stark „nach Oliven" schmeckt.*

Das Vermengen der Zutaten funktioniert am besten mit einer Gabel, mit der man die Zutaten kurz durchschlägt (so, wie man ansonsten das Ei für ein Rührei aufschlägt). Würde man – was hier nicht erwünscht ist – einige Sekunden länger schlagen, würde sich eine homogene Flüssigkeit bilden. Diese Flüssigkeit scheint den Vorteil zu haben, dass sie sehr gleichmäßig schmeckt. Das muss aber kulinarisch gesehen nicht unbedingt gut sein. Eine nicht so stark aufgeschlagene und damit homogenisierte Vinaigrette ergibt beim Essen immer wieder leicht unterschiedliche Aromen. Einmal schmeckt sie mehr nach Senf, dann wieder mehr nach dem Olivenöl usw.

ZUTATEN KARTOFFELCHIPS:

1 Kartoffel
neutrales Öl zum Frittieren,
z. B. Traubenkernöl

ZUBEREITUNG: Kartoffeln mit einer länglichen Form schälen und davon extrem feine Scheiben abschneiden. In eine möglichst kleine Pfanne oder Topf (ein guter Durchmesser wäre ca. 14 cm) etwa 2 cm hoch Traubenkernöl füllen und erhitzen. Das Öl ist heiß genug, wenn ein Testscheibchen sofort beginnt, sprudelnd zu garen. Pro Teller 6 dünne Chips goldbraun ausbacken. Auf Küchenpapier abtropfen lassen.

Erläuterungen zur Herstellung der Kartoffelchips:
(Hinweise zu den Kartoffelsorten finden sich in der Produktliste). Die ***Kartoffeln*** *schneidet man am besten mit einem Gemüsehobel, einem Käsehobel oder einem Trüffelhobel. Je dünner die Chips sind, desto besser „funktionieren" sie in diesem Zusammenhang (siehe unten bei den sensorischen Erläuterungen).* ***Traubenkernöl*** *benutzt man einerseits, weil man es relativ stark erhitzen kann, andererseits aber auch wegen seines eher neutralen Aromas. Die Chips schmecken dann nach Kartoffeln und nicht nach dem Fett. Die Zubereitung der Kartoffelchips ist natürlich auch in einer* ***Fritteuse*** *möglich (dann bei 180 Grad). Es ist aber kulinarisch bei so kleinen Mengen sinnvoller, nur eine begrenzte Menge Fett zu benutzen, das dafür jeweils frisch ist. Das* ***Frittieren*** *kleiner Mengen findet selbst in den besten Restaurants oft in dieser Form statt. Die Temperatur sollte man dabei so regulieren, dass das Fett nie kocht, sondern siedend heiß ist. Kontrollieren kann man die Hitze zum Beispiel auch mit einem Holzstäbchen (Zahnstocher oder Schaschlik-Spieß). Wenn man das Stäbchen in das Fett hält und sich sofort rundum einige kleine Bläschen bilden, ist das Fett heiß genug. Erst im Zusammenhang mit den Kartoffelscheiben darf es dann an deren Rändern richtig sprudeln. Gibt man die Kartoffelscheiben in das heiße Fett (jeweils nur 4 oder 5, weil sie frei schwimmend am besten garen), werden sie von den Rändern her langsam dunkler. Man kann sie mit einer Gabel dabei etwas bewegen, damit sie am Anfang nicht aneinander kleben bleiben. Man benutzt immer das Wort „goldbraun" für die Farbe, obwohl der Farbton eigentlich etwas dunkler ist. Wenn man den Ton mit Bratkartoffeln vergleicht, so würde „goldbraun" etwa dem Farbton entsprechen, den Bratkartoffeln bekommen, wenn sie erste deutliche Spuren vom Braten zeigen. Die Diskussion des richtigen Farbtons ist extrem wichtig, weil sich mit der Veränderung der Farbe auch das Aroma ändert. Werden die Chips zu dunkel, werden sie bitter und können den ganzen Zusammenhang mit den anderen Elementen des Rezepts empfindlich stören. Wenn man die Chips mit einer gelöcherten Schaumkelle oder einem Schaumsieb entnimmt, sind sie normalerweise auch nicht mehr gerade, sondern haben sich durch das Austrocknen etwas verzogen. An der Luft werden sie dann in wenigen Sekunden kross. Dünne, sehr präzise durchgetrocknete Chips bleiben längere Zeit kross. Man kann*

sie im Prinzip also frühzeitig vorbereiten. Kalte Chips schmecken allerdings nicht so gut wie frisch gemachte, die noch warm sind.

Zutaten Fertigstellung:
1–2 handelsübliche, grobe Bratwürste, die Menge ausreichend für 3 Scheiben von 1,5 cm Dicke pro Person
1 TL Butter
1 EL Thymianblättchen
1 EL Bohnenkrautblättchen
etwas chinesisches **5-Gewürze-Pulver**

Fertigstellung: Die Bratwurst am Stück in leicht aufschäumender Butter und bei niedriger Hitze garen. Dabei immer wieder mit einer Gabel oder einer Messerspitze die Wurst anstechen, um den Fettgehalt zu reduzieren. Die Wurst muss durchgegart sein. In Scheiben schneiden und bereithalten. Zum Anrichten quer über den Teller ein längliches Bett von Linsengemüse anlegen. Die Wurstscheiben abwechselnd mit den Chips darauf legen. Über die Wurst etwas 5-Gewürze-Pulver streuen. Die Senf-Vinaigrette noch einmal aufrühren, dann auf die freien Stellen des Tellers geben. Die **Kräuterblättchen** auf dem gesamten Teller verteilen.

Erläuterung zur Fertigstellung: *Die* ***Thymian****blättchen und die* ***Bohnenkraut****blättchen sollte man tatsächlich so gut wie möglich einzeln abzupfen, weil „1 Blättchen" eine Dosierungseinheit ist, die hier eine wichtige Rolle spielt (siehe sensorische Erläuterungen). Die Dosierungseinheit „1* ***Esslöffel****" wird meist leichtfertig gehandhabt. Man versteht darunter eine Menge, die auf dem Löffel bleibt, wenn man damit zügig z. B. Zucker nimmt. Der Löffel ist dann etwas höher gefüllt als sein Rand. Es ist also nicht gemeint, dass man möglichst viel auf einem Löffel unterbringt. Will man eine Menge, die exakt mit der Oberkante des Löffels abschließt, ist dies ein gestrichener Esslöffel.*
Das chinesische ***5-Gewürze-Pulver*** *bekommt man mittlerweile nicht nur in Asia-Läden, sondern oft schon in entsprechenden Abteilungen normaler Supermärkte.*
Beim Anrichten sollte man darauf achten, dass man vom Linsengemüse zwar Flüssigkeit mit auf den Teller nimmt, das aber nicht übertreibt. Zu viel Flüssigkeit könnte aus dem Gemüse auslaufen und die Vinaigrette beeinträchtigen. Am besten ist es, wenn das ausgebreitete Linsengemüse eine Art kleinen Rand von Sauce hat.

Sensorische Erläuterungen: Die Bratwurst und die Linsen haben eine relativ ähnliche Textur (der kulinarisch richtige Begriff für „Konsistenz"). Im Gegensatz zu gewachsenem Fleisch muss man auf einer Bratwurst nicht lange kauen. Sie vermischt sich also recht schnell mit dem Linsengemüse, und es ergibt sich ein Mischgeschmack. Wenn man ein Thymian- oder Bohnenkrautblättchen auf der Gabel hat und darauf „trifft", gibt es einen kleinen, aber deutlichen Aromenblitz. Das Gewürzpulver und die Senf-Vinaigrette sind ebenfalls keine texturelle Konkurrenz zu der Wurst, sodass sich auch mit ihnen ein Mischgeschmack ergibt. Diese Zutaten haben also in erster Linie die Aufgabe, das Aromenspektrum zu erweitern und tun dies mit Aromen, die zum Aroma der Wurst „passen". Senf und Linsen sind eine eher traditionelle Zutat zu der Bratwurst, die Kräuter und das Gewürzpulver sind etwas ungewöhnlicher.
Gänzlich anders liegt der Fall bei den Kartoffelchips. Auch wenn sich die zerkauten Kartoffelchips gegen Ende des Kauvorgangs mit den anderen Aromen vermischen, ist ihre eigentliche Bedeutung die einer texturellen Auflockerung. Wenn man einmal ganz genau beobachtet, was passiert, wenn man zum Beispiel eine Bratwurstscheibe ohne Beilagen isst, wird man feststellen, dass man zu kauen beginnt, aber nicht sofort das Aroma der Wurst erfasst. Das entwickelt sich erst nach ein paar Sekunden, bleibt dann längere Zeit erhalten und verschwindet dann langsam wieder. Der Kartoffelchip funktioniert da ganz anders. Er kracht sofort kräftig, und danach „knirscht" es immer noch eine Zeit lang. Wenn man nun einen Kartoffelchip und ein Stück Bratwurst kombiniert, stören sich die beiden nicht unbedingt, sondern sie ergänzen sich: Erst spürt man vor allem den krossen Chip, dann entwickelt sich das Aroma der Bratwurst.
Solche zeitlichen Verläufe spielen beim Essen eine große Rolle und sorgen – ob wir das bewusst wahrnehmen oder nicht – ganz erheblich dafür, wie wir ein Essen wahrnehmen.
Im weiteren Verlauf des Buchs wird es dazu noch detailliertere Überlegungen geben.

Schweinefilet

Allgemeine Vorüberlegungen: Es ist nun so weit, dass es Sinn macht, das erste „echte" Stück Fleisch zu garen. Vielleicht könnte man an dieser Stelle ein Kotelett erwarten, ein wenig nach dem Motto, dass es ja nicht so schwer sein kann, eben einmal ein Kotelett in die Pfanne zu legen. Wir werden später sehen, dass genau das mit gewissen Schwierigkeiten verbunden ist, zumindest dann, wenn man es wirklich gut machen will. Unser Beispielrezept „Schweinefilet mit Meersalz und Nussbutter" mag auf den ersten Blick etwas verdächtig speziell klingen, weil es nicht gerade üblich ist, das Salz im Titel eines Rezepts zu benennen, und auch „Nussbutter" vielleicht etwas ungewöhnlich klingt. Tatsächlich aber bewegen wir uns bei diesem Rezept im Bereich grundsätzlicher kulinarischer Kenntnisse und Erfahrungen, deren sensibler Einsatz ganz überraschend gute Ergebnisse bringen kann.

Schweinefilet mit Meersalz und Nussbutter

Für 2 Personen

Zutaten:
1 Stück Schweinefilet von ca. 170 g und gleichmäßiger Dicke
ca. 35 g **Fleur de Sel**
(notfalls auch grobes **Meersalz**)
Pfeffermix aus der Mühle
50 g Butter

Zubereitung: Das Schweinefilet unter fließendem Wasser kurz abwaschen und sorgfältig trocken tupfen.
In dem Fleur de Sel bzw. Meersalz wälzen, bis es rundum gesalzen ist, dabei das Salz gegebenenfalls noch leicht andrücken. Mit dem **Pfeffermix** rundum gleichmäßig, aber nicht zu stark pfeffern. In Klarsichtfolie und danach in Aluminiumfolie wickeln. Für 4 Stunden in den Kühlschrank legen. Dann entnehmen, auspacken und die Gewürze sorgfältig abwischen, aber nicht abwaschen. Das Fleisch bei Zimmertemperatur 30 Minuten etwas akklimatisieren. In einer passenden Pfanne (sie sollte nicht viel größer als das Fleisch sein) bei mittlerer Hitze 30 g Butter erhitzen, bis die Butter leicht braun wird (= Nussbutter, siehe unten). Danach das Fleisch sorgfältig rundum braten, bis es gleichmäßig **koloriert** ist. Dabei im Abstand von etwa 5 Minuten zweimal 10 g Butter nachgeben. Das Fleisch damit immer wieder überglänzen.
Wenn das Fleisch deutlich beginnt fest zu werden, entnehmen und in Aluminiumfolie eingewickelt 10 Minuten ziehen lassen.

Erläuterungen zum Rezept: *Das* ***Schweinefilet*** *sollte deshalb von möglichst gleichmäßiger Dicke sein, weil es nur so wirklich gleichmäßig gart. Hat man zum Beispiel ein Filet mit einem spitzeren bzw. dünneren Ende, so ist es fast nicht möglich, dieses dünne Ende und den dickeren Teil gleichmäßig zart zu garen. Ist das dünne Stück gar, so ist das dickere Stück noch lange nicht weit genug und umgekehrt.*
Einer der wichtigsten Punkte beim Schweinefilet ist neben der richtigen Garung eine gute Würze. Das Fleisch allein ist – zumindest wenn man die „normalen" Qualitäten aus dem normalen Handel zur Verfügung hat – von einem ziemlich zurückhaltenden Aroma. Man könnte auch sagen, es hat kaum Geschmack (was für viele Leute, die kein intensives Fleischaroma wollen, durchaus von Vorteil ist und für die Popularität des Schweinefilets gesorgt hat). Die Schwierigkeit ist die, dass ein Schweinefilet bei Zubereitung in der Pfanne recht schnell gart, es also keine große Zeitspanne gibt, in der man es irgendwie beim Braten aromatisieren könnte. Diese Aromatisierung bzw. Würzung findet bei kurzgebratenen Stücken wie dem Filet ohnehin immer nur von außen statt – im Gegensatz etwa zu einem Stück ***Schmorbraten****, das von aromatisierenden Zutaten wie* ***Fonds****, eigenem Saft oder auch* ***Wein*** *völlig durchzogen wird.*
*In unserem Beispiel entsteht nun durch eine Art „trockener" Salz-****Marinade*** *eine Oberflächenaromatisierung des Fleischs. „Trockene" Marinade deshalb, weil man normalerweise zum Beispiel eine Flüssigkeit, in die ein Stück Fleisch eingelegt wird, um auf diese Weise Aroma von der Flüssigkeit aufzunehmen, als Marinade bezeichnet. Es ist allerdings so, dass man sagt, Salz entziehe dem Fleisch Flüssigkeit, und die Flüssigkeit im Fleisch ist normalerweise etwas, das man bei kurz gebratenen Stücken Fleisch so gut wie möglich erhalten will, um es „saftig" zu bekommen. Deshalb wird das Filet hier auch sorgfältig eingepackt und gegen Verdunstung von Flüssigkeit geschützt. Der „Trick" ist hier aber noch etwas anders. Durch die minimale Flüssigkeitsentwicklung an der Oberfläche des Fleischs während des Mariniervorgangs schmelzen die Salzkristalle ganz oder teilweise und bilden dadurch eine Art aromatischen Film, der wiederum die Oberfläche des Fleischs würzt. Um diese Aromatisierung so gut wie möglich zu erhalten, werden die verbleibenden Salz- und Pfefferpartikel auch nur grob abgewischt, das Fleisch aber nicht abgewaschen.*
Die Temperierung von Fleisch, das aus dem Kühlschrank kommt, dient der Gewinnung einer durchgehend gleichmäßigeren Fleischtemperatur. Die Bratvorgänge funktionieren wesentlich berechenbarer und gleichmäßiger, wenn das Fleisch eine in etwa homogene Temperatur hat.
Wenn das Fleisch in unserem Fall den Kühlschrank verlässt, ist es zum Beispiel außen deutlich kühler als im Inneren.

▶▶

Die „Nussbutter" bezeichnet eine ***Butter****, die durch weiteres Erhitzen nach dem* ***Schmelzen*** *langsam eine bräunliche Farbe entwickelt und dabei ein leicht nussiges Aroma annimmt. Die „Beurre noisette" ist ein klassisches französisches Element, das vielfältig Verwendung findet.*

Während eine „normale" Butter in normaler Menge beim Braten nur wenig Aroma an das Fleisch abgibt, aromatisiert die Nussbutter recht deutlich. Dieses nussige Aroma passt sehr gut zum Schweinefilet.

Das ***Braten*** *des Filets wird nur dann schwierig, wenn man simpelste Grundsätze missachtet.*

Mit etwas Aufmerksamkeit und Sorgfalt kann man dagegen auch ohne besonderes Training ein gutes Ergebnis erzielen. Wichtig ist zum Beispiel die Hitze. Mit ***„mittlerer" Hitze*** *ist hier etwa die Stufe 2 (von 3) eines Elektroherds (und entsprechende Parallelen bei anderen Herden) gemeint. Bei der Hitze zum Braten muss man sich von einem schlimmen Klischee verabschieden, das seit vielen Jahren und bis auf den heutigen Tag durch die Kochbücher und Rezepte geistert: dem Klischee vom „Poren schließen" oder „versiegeln" der Oberfläche eines Stücks Fleisch, damit kein Bratensaft austritt. Wissenschaftler wie der Franzose Hervé This haben längst bewiesen, dass das Fleisch keine Poren besitzt, durch die irgendein Wasser austreten könnte. Und wenn man dann noch – wie es meistens empfohlen wird – besonders kräftig bei besonders hoher Temperatur anbrät, wird das Problem nur noch größer. Was also ist das Problem? Der Grund für die Diskussion ist der Feuchtigkeitsverlust. Was will man eigentlich beim Braten erreichen? In erster Linie ist das Braten die Überführung des rohen Materials in einen Zustand, der einen anderen Geschmack hat und uns – warum auch immer – angenehmer erscheint (aber nicht unbedingt nötig ist – wenn man es genau nimmt). Eine wichtige Rolle spielt dabei die Bräunung beim Anbraten, also die uns schon von der Bratwurst her bekannte* ***Maillard-Reaktion****. Ohne diese Bräunung und ohne jede Würze würde ein Schweinefilet aus der herkömmlichen Zucht fast kein Aroma haben. In zweiter Linie sind wir an einem angenehmen Mundgefühl interessiert, also daran, dass das Fleisch zart ist. Diese* ***Zartheit*** *ist in der gehobenen Gastronomie fast so etwas wie ein Fetisch geworden: Man übertrifft sich darin, ein butterweiches Fleisch anzubieten. Die Zartheit des Fleischs aus guten Profiküchen ist eine Qualität, die von Amateuren oft geradezu bewundert wird. Im Verlauf des Buchs werden wir noch genauer darauf zu sprechen kommen, wie man sie erzeugt. Hier soll es erst einmal um das Prinzip gehen, also um die Vermeidung des Feuchtigkeitsverlusts. Und nun kommen wir noch einmal auf das „Schließen der Poren" zurück. Je schärfer man brät, desto höher ist der* ***Feuchtigkeitsverlust*** *des Fleischs, und wenn man bei einem relativ dünnen Stück Fleisch wie einem Filet längere Zeit scharf brät, ist der Feuchtigkeitsverlust besonders hoch, und das Fleisch trocknet aus. Gleichzeitig kommt es durch die Hitze aber auch zu einer Eiweißgerinnung, die dafür sorgt, dass das gegarte Fleisch anders schmeckt als das rohe Fleisch. Diese* ***Eiweißgerinnung*** *kann so gerade eben eingetreten sein – dann ist das Fleisch knapp gegart. Sie kann aber auch sehr weit fortgeschritten sein – dann ist das Fleisch sehr weit „durch" (gebraten). Feuchtigkeitsverlust und starke Übergarung machen das Fleisch fest, sodass wir es als zäh empfinden.*

Wie also bekommt man unser Filet in einen angenehm zu essenden, zarten Zustand? Wir müssen dafür sorgen, dass die Maillard-Reaktion ihr gutes Werk tun kann, und wir müssen dafür sorgen, dass das Fleisch nicht so stark austrocknet. Beides funktioniert bei mittlerer Hitze am besten. Die Bräunung tritt nicht nur bei großer Hitze auf, sondern durchaus auch bei mittlerer, und wenn wir nicht so heiß arbeiten, hält sich auch der Feuchtigkeitsverlust in Grenzen. Und weil beides nicht genau in Zahlen ausgedrückt werden kann, sind auch alle Angaben, die genaue Zeiten angeben (wie zum Beispiel: „Das Filet auf beiden Seiten 3 Minuten braten") problematisch. Beim sorgfältigen Bräunen des Fleischs sollte man es ruhig systematisch drehen und wenden und auch die Enden nicht vergessen. So etwas zahlt sich aromatisch deutlich aus. Das ***Überglänzen*** *mit Butter bzw. dem Bratensaft dient dazu, das Austrocknen der oberen Schichten des Fleischs zu verhindern.*

Ein ganz spezielles Problem ist das Feststellen des richtigen ***Gargrads*** *eines Stücks Fleisch. Es gibt über den richtigen Gargrad bei Meisterköchen ein ziemlich klares Einverständnis. Ein Schweinefilet zum Beispiel sollte durchgegart sein (also auf den ersten Blick nicht mehr rosarot, sondern eher weißlich), darf aber einen kleinen Hauch von rosa haben. Im professionellen Bereich redet man von einer bestimmten* ***Innentemperatur*** *(meist* ***„Kerntemperatur"*** *genannt). Auch*

darauf kommen wir später noch zurück. Was aber machen wir ohne spezielle Messgeräte dafür?
Wir müssen wohl oder übel auf unseren Tastsinn und etwas Grundlagenwissen setzen. Was die Grundlagen angeht, müssen wir wissen, dass sich unser Filet unter der Hitze der Pfanne ein wenig zusammenzieht. Nehmen wir es aus der Hitze heraus und lassen wir es eine kurze Zeit ruhen, entspannt es sich etwas und wird wieder zarter – es sei denn, wir haben es, siehe oben, übergart und damit sozusagen irreparabel geschädigt. Diese Ruhezeit braucht jedes Stück Fleisch. Ihre Länge beträgt rund 10 Minuten (oder – vor allem bei größeren Stücken – auch etwas länger), wobei das Fleisch in Aluminiumfolie eingewickelt an einem warmen Platz gelagert werden sollte, um nicht abzukühlen. Unter „warmem Platz“ versteht man allerdings nicht etwas, das z. B. 70 Grad warm ist, sondern vielleicht einen Platz in der Nähe des Herds oder einer Heizung, wo es vielleicht 25 bis 30 Grad warm ist. Warum? Wenn die gewünschte Innentemperatur des Filets zum Beispiel 56 Grad beträgt, würde es in einer 70-Grad-Umgebung ja weitergaren. Für das **Warmhalten** *bzw. die Ruhezeit gibt es verschiedene Möglichkeiten. Die hier der Einfachheit halber empfohlene ist unproblematisch. Die Aluminiumfolie reflektiert die Wärme des Fleischs und sorgt dafür, dass es kaum abkühlt. Eine weitere Möglichkeit wäre z. B. die Lagerung des Fleischs während der Ruhezeit zwischen zwei tiefen Tellern (die ganz leicht vorgewärmt sein sollten).*
Es muss jetzt also nur noch geklärt werden, wie man – ohne Thermometer – feststellt, wann denn der richtige Garpunkt gekommen ist. Um zu erkennen, wann das Fleisch deutlich fest zu werden beginnt, sollte man es – vor allem, wenn man darin noch keine Übung hat – während der Garung immer wieder überprüfen, also mit dem Finger oder der Unterseite von Löffel oder Gabel auf das Fleisch drücken. Wenn es sich im Prinzip noch so anfühlt wie im rohen Zustand, ist es in jedem Fall noch nicht gar. Später kann man bemerken, dass der Druck auf einen gewissen Widerstand stößt. Diesen Widerstand muss man aber richtig interpretieren: Würde man das Fleisch jetzt herausnehmen, wäre es noch nicht richtig auf den Punkt gegart und im Kern noch deutlich rosa. Das, was man jetzt als Spannung im Fleisch fühlt, würde bei der Ruhezeit verschwinden, und das Fleisch wäre sehr weich. Das Fleisch ist dann im Sinne des Rezepts deutlich fest, wenn man so gerade eben den Eindruck bekommt, es wäre jetzt ein klein wenig zu fest. Wenn man es nun entnimmt, führt die Entspannung durch die Ruhezeit zum gewünschten zarten Ergebnis.

Ein internationaler Klassiker:

Das Wiener Schnitzel / Schnitzel „Wiener Art“

ALLGEMEINE ÜBERLEGUNGEN: Ein Wiener Schnitzel im Band der Kochuniversität „Schwein“? Wer diese Frage nicht ganz versteht, sollte sich nicht weiter aufregen, weil mittlerweile das normalerweise mit Kalbsfleisch hergestellte Wiener Schnitzel sehr häufig mit Schweinefleisch zubereitet wird.

Die korrekte Bezeichnung für ein Wiener Schnitzel wäre dann eigentlich Schnitzel „Wiener Art“, was heute quasi synonym für ein paniertes Schnitzel gebraucht wird. Wir finden es mittlerweile von der Imbissstube über die Balkan-Restaurants bis hin zur Spitzenküche, die sich ab und zu auch einmal herablässt, diesen Klassiker in einer verfeinerten Form anzubieten. Eines der wichtigsten österreichischen Restaurants für Regionalküche, das „Sodoma“ in Tulln in der Nähe von Wien hat sogar zwei Versionen im Angebot: vom Kalb und vom Schwein, wobei das vom Kalb etwa 60 % teurer ist als das vom Schwein.

Wer jemals in einer Imbissstube genauer hingesehen hat, wird bemerkt haben, dass die Schnitzel – meist sehr groß – fertig paniert in der Kühltheke liegen und bei Bestellung einfach in die Fritteuse geworfen werden. Mehr ist auf den ersten Blick auch nicht zu tun. Tatsächlich passieren hier gleich mehrere bedenkliche Dinge, die alle der Qualität des Endprodukts schaden und damit auch dafür sorgen können, dass ein Schnitzel Wiener Art in dieser Form viele Leute nicht besonders überzeugt (die Details werden weiter unten erläutert). Lohnt sich also die Beschäftigung damit überhaupt? Ja, unbedingt. Auch ein Schnitzel „Wiener Art“, von gutem Ausgangsmaterial hergestellt, gut vorbereitet und präzise gegart, ist ein ordentliches Essen. Und – es ist aus verschiedenen Gründen recht sicher in einer guten Qualität herzustellen.

Schnitzel „Wiener Art“

Die Zutaten reichen zur Herstellung von etwa 8 Schnitzeln in der beschriebenen Größe, sie sind ausreichend für 4 Personen

ZUTATEN:
4 dünn geschnittene Schweineschnitzel
2 mittelgroße Eier
Mehl (Type 405)
Paniermehl
Salz
Pfeffer
ca. 400 ml Traubenkernöl
4 Zitronenspalten

MATERIAL: ein großes, schweres Kochmesser (oder ein Küchenbeil oder ein Fleischklopfer), ein kleiner Topf von etwa 16 cm Durchmesser, drei kleine Schüsseln oder Teller von etwa 20 cm Durchmesser

ZUBEREITUNG: Die Schnitzel mindestens 30 Minuten bei Zimmertemperatur akklimatisieren lassen. Dann vom Fleisch überflüssige Fettstellen abschneiden und es in maximal 10 cm lange Stücke schneiden. Mit dem Fleischklopfer, der flachen Seite eines Küchenbeils oder der flachen Seite eines schweren Kochmessers auf einer stabilen Unterlage kräftig flach schlagen, bis es nur noch ca. 50–60 % der ursprünglichen Dicke hat. In drei kleinen Schüsseln die Bestandteile für die Panade bereitstellen, dazu die beiden **Eier** vorher z. B. in eine größere Tasse aufschlagen und Eigelb und Eiweiß mit einer Gabel zu einer homogenen Masse verquirlen.

Das Fleisch minimal salzen und pfeffern. Zum Panieren die Fleischstücke erst durch das Mehl ziehen und eine geschlossene Mehlschicht anlegen. Das überflüssige Mehl durch leichtes Schlagen gegen das Fleisch mit den Fingern entfernen. Dann das Schnitzel durch das verquirlte Ei ziehen und ebenfalls eine durchgehende Schicht erzielen. Zum Schluss das Schnitzel durch das Paniermehl ziehen, eine gleichmäßige Abdeckung anlegen und

das überschüssige Paniermehl ebenfalls abklopfen. Die panierten Schnitzel einige Minuten ruhen lassen. In der Zwischenzeit das Öl in dem kleinen Topf erhitzen. Es ist heiß genug, wenn sich an einem in das Öl gehaltenen Holzstäbchen (oder einem aufgespießten Stückchen Toast) sofort Bläschen bilden. Den Backofen zum Warmhalten der fertigen Schnitzel auf 60 Grad vorheizen. Die Schnitzel nun einzeln ausbacken. Dazu die Stücke vorsichtig in das heiße Fett legen. Nach etwa 30 Sekunden umdrehen und – eventuell mit nochmaligem Wenden – weiterbacken, bis beide Seiten gleichmäßig goldgelb koloriert sind. Die Schnitzel mit einer Schaumkelle entnehmen und kurz auf einem Küchenpapier abtropfen lassen. Dann auf einem Teller unter Aluminiumfolie im Ofen warm halten. Mit einer Zitronenspalte servieren.

Erläuterungen zum Rezept: *Die Schnitzel sollte man sich in der Metzgerei frisch von einem größeren Stück schneiden lassen. Die in der Auslage liegenden Schnitzel liegen dort oft schon etwas länger und in einer Art Lake aus Wasser und Fleischsaft. Die Dicke sollte etwa 1 bis maximal 1,5 cm betragen. Schweineschnitzel sollten grundsätzlich zügig verarbeitet werden. Als* ***Mehl*** *reicht die allgemein übliche Grundsorte vom Type 405.*

Bei dem ***Paniermehl*** *gibt es allerdings sehr große Unterschiede, die zu sehr verschiedenen Ergebnissen führen können. Manche handelsüblichen Produkte haben eine sehr gleichmäßige Körnung und scheinen sehr gut geeignet zu sein. Ihr Geschmack ist allerdings oft merkwürdig steril und künstlich. Die eindeutig bessere Wahl ist ein selbst aus alten, trockenen Brötchen (oder auch Baguettes) hergestelltes Paniermehl. Man reibt es auf einer groben Raspel und passiert es dann durch ein normales Küchensieb.*

Unter ***„passieren“*** *versteht man übrigens den Vorgang, bei dem man Produkte oder Zubereitungen durch ein* ***Sieb*** *schüttet oder auch drückt. Man kann zum Beispiel einen Saucenansatz, der Flüssigkeit und Gemüse enthält, durch ein Sieb passieren und hat dann eine homogene* ***Sauce****. Man kann aber auch zum Beispiel* ***Kartoffeln*** *mit einer Gabel zerkleinern, durch ein Sieb passieren und hat dann eine Art Kartoffelpüree. Die Siebe gibt es in verschiedenen Ausführungen.*

▶▶

Unter einem „normalen" Sieb wird hier das handelsübliche Sieb mit dem Drahtgitter und deutlich erkennbaren Löchern gemeint. Ein feines Sieb hat ein sehr dichtes Drahtgeflecht, bei dem man kaum Löcher erkennen kann. Ein solcher Typus sind auch die professionellen Passiersiebe. Der Einsatz richtet sich nach dem angestrebten Ergebnis. Eine Sauce wird man in der Regel durch das feine Sieb passieren, Pürees in der Regel durch normale Siebe. Ausnahmen gibt es natürlich immer. So pürieren viele Spitzenrestaurants ihr Kartoffelpüree oft mehrfach und durch ein extrem feines Sieb, damit es eine besonders feine Struktur bekommt. Aber zurück zu unserem Paniermehl. Nachdem man es durch ein normales Sieb passiert hat, hat es eine leicht unregelmäßige Körnung, die aber beim Ausbacken für eine besonders gute Kruste sorgt. Das ***Traubenkernöl*** *ist ein Produkt, das man unbedingt einsetzen sollte, weil es einen sehr schön zurückhaltenden Geschmack hat, der nie unangenehm auffällt.*

Bei der eigentlichen Zubereitung des Schnitzels „Wiener Art" geht es erst einmal um das Schlagen des Fleischs. Es dient ganz einfach einem Auflockern der Fleischfasern, die dann nicht mehr so gut zusammenhalten und beim Garen nicht – wie ansonsten bei einem Schnitzel zu befürchten – sich zusammenziehen und das Fleisch zäh machen. Die legendäre ***Zartheit*** *eines gut gemachten Wiener Schnitzels rührt zum Teil von diesem Auflockern der Fleischfasern her. Das Zerschneiden der Stücke hat verschiedene Gründe. Ein wichtiger Grund ist der, dass natürlich kaum jemand eine so große Fritteuse in der Küche hat, dass sie geeignet wäre, die tellergroßen Schnitzel aufzunehmen, die in manchen Restaurants und Imbissstuben serviert werden. Damit zusammen hängt auch der zweite Grund, nämlich die Ökonomie beim Öleinsatz. Für eine große Fritteuse braucht man zwei oder mehr Liter Öl, hier ist es noch nicht einmal ein halber Liter. Mit den kleinen Portionen in der häuslichen Küche hängt allerdings auch ein gewisser qualitativer Vorteil zusammen. In vielen Imbissstuben wird das Fett stark von den unterschiedlichen Produkten belastet, die darin gegart werden. Der manchmal unangenehme Geschmack frittierter Produkte hat unbedingt etwas damit zu tun, dass von den verschiedenen Produkten Reste im Fett bleiben, die dann natürlich mit der Zeit geradezu verbrennen und das Öl immer stärker verunreinigen. Das* ***Frittieren*** *(das in Fett schwimmende Ausbacken) kleiner Portionen in begrenzten Ölmengen ist also sehr viel sauberer und bringt auch aromatisch sauberere Ergebnisse. Wenn man nur ein paar Schnitzel ausbacken will, kann man durchaus das verwendete Öl nach Gebrauch durch ein feines Sieb passieren und es in einem luftdicht abgeschlossenen Glas oder Behälter für einen oder zwei weitere Einsätze aufbewahren. Man sollte allerdings die Verunreinigung durch stark durchgebackene und dadurch bitter gewordene Partikel der Panade im Öl immer im Auge behalten. Es gibt für das Zerschneiden der Stücke aber auch noch einen weiteren Grund, der im sensorischen Bereich liegt. Er ist weiter unten behandelt. Das Aufschlagen der* ***Ei****er zu einer homogenen Flüssigkeit kann man dadurch kontrollieren, dass man die Gabel immer wieder einmal mit der Masse hochzieht. Bleibt noch etwas von der Eimasse an der Gabel in langen Fäden hängen, ist sie noch nicht genug homogenisiert.*

Beim Panieren hängt viel von der Gleichmäßigkeit der Abdeckung des Fleischs ab. Ist sie ebenmäßig verteilt, so bildet sich eine schöne, leicht krosse Schicht (die ***„Panade"****), die ja auch die Funktion hat, das Fleisch gegen den direkten Kontakt zum Fett abzuschirmen. Auch hier gibt es einen Nachteil bei den vorgefertigten und in der Kühltheke liegenden Schnitzeln: Die Panade wird mit der Zeit viel zu feucht und entzieht also einerseits dem Fleisch Saft, andererseits reagiert sie aber auch viel schlechter auf das heiße Fett, als wenn sie frischer ist. Sie verfärbt sich auf diese Weise bei Weitem nicht so schön. Andererseits sollte das frisch panierte Schnitzel immer einige Minuten ruhen, damit sich die Panade etwas besser „setzen" kann, also sich ein wenig mit der Feuchtigkeit an der Oberfläche des Fleischs verbindet und so stabil „festklebt". Man kann die Panade auch durchaus ein wenig mit dem Finger festklopfen.*

Warum aber backt man das Fleisch eigentlich ***schwimmend*** *in viel Fett aus? So kräftig der Garvorgang im Vergleich zu einem schonenden* ***Braten*** *eines Filets wirken mag (siehe dazu unter Nummer 5), so sehr wird auf diese Weise das Fleisch schonend zubereitet. Dies ist dann auch der zweite wichtige Grund für die Zartheit des Fleischs: Im Schutz der Panade und ohne direkten Kontakt zu einem heißen Pfannenboden oder dem heißen Öl ist das dünne Fleisch sehr schnell gar und verliert vor allem keine Flüssigkeit, bleibt also zart und saftig.*

Der eigentliche Garvorgang ist recht einfach und gut zu kontrollieren. Man sollte das Öl nach dem Erhitzen zu Beginn auf etwas mehr als halber Flamme heiß halten. Es muss siedend heiß sein, darf aber ohne ein Schnitzel darin nicht sprudelnd kochen. Mit dem Schnitzel darin wird es sofort anfangen zu sprudeln. Das ist dann ein Zeichen für die richtige Temperatur. Die Bräunung kann man sehr gut beobachten. Es ist kein Problem, das Schnitzel mehrfach umzudrehen, um eventuell eine Seite noch etwas stärker zu bräunen. Die goldbraune Farbe als Ziel ist allerdings nicht nur wegen des schönen Bilds wichtig, sondern vor allem wegen des Geschmacks. Wenn die Panade deutlich dunkler wird, ändert sie ihren Geschmack und schmeckt bitterer und deutlicher nach Öl. Um eine möglichst luftige Panade zu erhalten, mischen übrigens manche Köche das verquirlte Ei mit etwas Sahne (ca. 2–3 EL auf zwei mittelgroße Eier).

KREATIVE PERSPEKTIVEN: An Klassikern sollte man nicht so viel verändern, weil sie eben einen ganz spezifischen Charakter haben. Es lohnt sich aber durchaus, einmal ein paar Experimente mit der Panade zu machen. Dazu könnte man Brösel von unterschiedlichem Brot unter das Paniermehl mischen, das wird aber keine wesentliche, vor allem nicht positive Veränderung erzielen. Anders sieht es bei der Vermischung mit gemahlenen oder auch nur zerstoßenen Nüssen aus. Eine solche „Nusskruste" reagiert auf das Ausbacken sehr gut und ist aus diesem Grund in den besten Restaurants in verschiedenen Formen auch regelmäßig zu finden. Weitere Verwendungen und erweiternde Vorschläge finden sich unter Nummer 14.

Sensorische Bemerkungen zum Wiener Schnitzel: Die Kombination von Fleisch und Panade ist unter sensorischen Aspekten ausgesprochen sinnvoll – vorausgesetzt, die **Proportionen** stimmen. Manchmal findet man Schnitzel, bei denen die Panade große Blasen wirft (sie „souffliert") und man zwischen Bergen von Panade ein hauchdünnes Stückchen Fleisch findet. Wenn man so etwas isst, bekommt man wegen der ungünstigen Proportionen von Fleisch zu Panade so gut wie keinen Fleischgeschmack mit, weil die Panade beim Essen im Mund sensorisch auffälliger ist und die Wahrnehmung des Fleischs völlig überlagert. Andererseits wäre auch ein fingerdickes (also deutlich zu dickes) Schnitzel nicht gut, weil hier ein wesentlicher Effekt der Panade, nämlich eine sensorisch angenehme Begleitung des Kauens, verloren geht: Man hat zwar zu Beginn etwas Effekt von der Panade, kaut dann aber wieder längere Zeit auf dem Fleisch, bis man nur noch quasi neutral schmeckende Fleischfasern im Mund hat. In der richtigen Mischung gibt es zuerst den Eindruck von der Panade, dann beginnt sich das Fleischaroma zu erschließen, und die Panade wird eine immer noch bemerkbare, aber durch das Zerkauen deutlich zurückhaltendere Begleitung.

Noch ein Klassiker:

Karamellisierte Rippchen

Gebratene Rippchen erfreuen sich in der ganz normalen täglichen Küchenrealität einer erstaunlichen Beliebtheit. Ein Grund könnte sein, dass das Ausgangsmaterial recht preiswert ist. Vielleicht liegt es aber auch daran, dass man beim **Braten** von Rippchen scheinbar kaum etwas falsch machen kann – egal, ob man sie in der Pfanne, im Ofen oder auf dem Grill gart.

Für uns ist es natürlich hier interessant, wie es zu den verführerischen Röstaromen beim Garen kommt und wie man ein solches Rezept noch weiter optimieren kann.

Karamellisierte Rippchen

Für 4 Personen

Zutaten:

2 EL Olivenöl
1 kg Kotelett-Rippchen in zwei Stücken
40 g Schalottenwürfel
60 g Karottenwürfel
50 g Lauchabschnitte
30 g Petersilienwurzelwürfel
40 g Staudenselleriewürfel
200 ml Kalbsfond (aus dem Glas)
2 mittlere Knoblauchzehen
3 Zweige Thymian
1 mittelgroßes Lorbeerblatt
2 Enden Zitronengras in Ringen
2 EL Sojasauce
ca. 3–4 EL Akazienhonig zum Karamellisieren

Zubereitung: Ofen auf 150 Grad (Ober- und Unterhitze) vorheizen. 1 EL Olivenöl in einer antihaftbeschichteten Pfanne erhitzen und die Rippchen bei mittlerer Hitze rundum kolorieren. Die Rippchen entnehmen und bereithalten. Den zweiten EL Olivenöl in die Pfanne geben und kurz erhitzen. Dann das vorbereitete Gemüse kurz anschwitzen. Den Fond angießen, die weiteren Aromen zugeben und alles zusammen einmal kurz aufkochen.
Die Rippchen in eine Schale legen, die so groß ist, dass der angegossene Sud etwa 1,5 bis 2 cm hoch in der Schale steht. Für 1 Stunde 45 Minuten in den vorgeheizten Ofen stellen. Während des Garvorgangs die Rippchen alle 15 Minuten mit dem Sud überglänzen. Nach Ablauf der Zeit das Fleisch mit dem leicht vorgewärmten **Akazienhonig** bepinseln und die Temperatur auf 130 Grad reduzieren. Das Fleisch 1 weitere Stunde im Ofen lassen und dabei noch zweimal mit Honig bepinseln. Vor dem Servieren das Fleisch 20 Minuten unter einer nur lose aufgelegten Aluminiumfolie ruhen lassen. Die Rippchen in einzelne Stücke schneiden und servieren.

Erläuterungen zum Rezept: *Die Besonderheit beim Garen von Rippchen ist, dass vergleichsweise dünne Lagen Fleisch am Knochen gegart werden und auf diese Weise die typischen Röstnoten der Knochen auch auf das Fleisch übertragen werden. Angebratene, „geröstete" Knochen zählen übrigens zu den wichtigsten Bestandteilen bei der Herstellung vieler klassischer* ***Fond****s. Um diesen Effekt in guter Qualität zu nutzen, empfiehlt sich, das* ***Kolorieren*** *von Fleisch und Knochen wirklich ernst zu nehmen. Das bedeutet ständige Kontrolle und Bewegung für die Knochen, damit so viele Röstnoten wie möglich erzeugt werden, aber nichts anbrennt. Wenn man dann die Rippchen fertig angebraten hat, benutzt man die Bratspuren in der Pfanne zum Anschwitzen der Gemüsestücke. Auf diese Weise geht keinerlei Aroma verloren.*

Die weiteren Arbeiten gelten der Optimierung des Rezepts und verwandeln die Rippchen in eine ganz erstaunlich überzeugende Delikatesse. Die Überlegung ist dabei, dass wir zwar die Röstnoten haben, das Fleisch aber noch eine weitere Aromatisierung vertragen könnte, die ein wenig in Richtung geschmorter Fleischstücke geht. Aus diesem Grund werden die Rippchen einem zweiten Verfahren unterworfen, bei dem sie immer wieder mit dem Gemüsesud ***überglänzt*** *werden und auf diese Weise eine weitere aromatische Außenhülle zusätzlich zu den Röstnoten erhalten. Und damit sind wir noch nicht zufrieden, sondern geben den Rippchen mit dem Honig auch noch eine dritte aromatische Schicht. Die Hitze wird dabei etwas reduziert, weil eine höhere Temperatur den* ***Zucker*** *im Honig zu stark* ***karamellisieren*** *könnte. Er würde dann keine schöne, milde Karamellnote entwickeln, sondern bitter werden.*
Die zeitliche Länge der Zubereitung sollte auf keinen Fall abschrecken. Man kann so etwas gut nebenbei machen und die Zeiten im Ofen sogar ohne Probleme ein wenig überschreiten.
Das Ergebnis ist ein wunderbarer Geschmack und ein Fleisch, dass zwar deutlich geschrumpft ist, dafür aber mit seinen komplexen Aromen „entschädigt". Man könnte das Rezept auch mit von vorneherein einzeln abgeteilten Rippchen realisieren. Das hätte aber den Nachteil, dass durch die dann sehr große „Angriffsfläche" das Fleisch stark austrocknen könnte. Wenn man die Rippchen erst am Schluss zerteilt, hat man immer noch einen klaren Fleischeindruck, weil die Karamellisierung an den Seiten der einzelnen Rippen natürlich nicht eindringen konnte. Dieses Rezept ist also wesentlich kompletter im Aroma.

Saltimbocca und gefülltes Schweinefilet

Allgemeine Überlegungen: Wenn man es ganz realistisch sieht, ist das handelsübliche Schweinefleisch – wie schon erwähnt – in sich in der Regel nicht besonders aromatisch. Das mag für den ein oder anderen Esser sogar angenehm sein, weil er auf diese Weise nur einen milden Fleischgeschmack hat und diesen nicht – wie vielleicht bei aromatischeren Versionen wie einer kräftig gegarten Schweinshaxe (die auch bei „normalem" Schweinefleisch kräftig schmeckt) – zu stark findet. Tatsächlich gibt es natürlich hervorragendes Schweinefleisch, wie zum Beispiel vom Iberischen Schwein, der schwarzgefleckten Rasse, die das Ausgangsmaterial für die Herstellung des berühmten spanischen Schinkens Jamón Ibérico liefert. Auch aus dem Bio-Bereich mit seinen individuellen Zucht- und Mästmethoden gibt es hervorragendes Schweinefleisch, das einen deutlichen, aber durchaus feinen Eigengeschmack hat. In der Bretagne gibt es zum Beispiel Zuchten von Bio-Schweinen, die auf großen Flächen sehr munter herumlaufen und durch die viele Bewegung natürlich eine ganz andere Fleischstruktur aufbauen, als dies bei einer Stallhaltung der Fall ist.

Wie dem auch sei: Zur aromatischen Belebung eines „normalen" Schweinefilets kann man ohne Weiteres mit recht kräftigen Aromen arbeiten.

In diesem Kapitel geht es um zwei Versionen dazu. Beim „Saltimbocca vom Schwein" wird das Schweinefleisch deutlich von außen aromatisiert, bei dem gefüllten **Schweinefilet** kommt die Aromatisierung von innen. Der Begriff „Saltimbocca" ist hier in einem etwas übertragenen Sinne gemeint. Normalerweise versteht man unter dem beliebten italienischen Gericht Kalbsfiletscheiben, die mit Schinken belegt oder in Schinken eingepackt sind und mit etwas Salbei garniert werden. Die Bezeichnung „Saltimbocca" hat sich aber im Verlauf der Zeit für alle die Zubereitungsarten eingebürgert, bei denen Fleisch (oder selbst andere Produkte wie etwa Gemüse) in Schinken eingewickelt oder fest verbunden mit Schinkenscheiben gegart werden. Es ist zum Beispiel nicht ungewöhnlich, in einem guten Restaurant ein „Saltimbocca vom Reh" zu bekommen.
Die Technik dieser indirekten Aromatisierung bringt oft auf eine recht einfache Weise sehr überzeugende Ergebnisse.

Saltimbocca vom Schwein

Für 4 Personen

ZUTATEN:
möglichst gleichmäßig große Schweinemedaillons vom dickeren Teil des Schweinefilets
Parma-Schinken (oder San Daniele-Schinken oder Serrano-Schinken) pro Filet zwei Scheiben (aus handelsüblicher Packung)
15 g Butter

ZUBEREITUNG: Das Schweinefilet so versäubern, dass Medaillons von etwa 3–4 cm Dicke ohne Fettanhängsel o. ä. geschnitten werden können. Die Medaillons kreuzweise mit zwei passend geschnittenen Scheiben Schinken umwickeln. **Butter** in einer antihaftbeschichteten Pfanne schmelzen lassen und die Filets bei mittlerer Hitze und unter regelmäßigem Wenden sorgfältig braten. Dabei soll der Schinken rundum leicht kross werden und deutlich Farbe annehmen. Die Garzeiten hängen von der Größe des jeweiligen Filetstücks ab. Sie beträgt bei kleinen Filets rund 8 Minuten Bratzeit und eine Ruhezeit unter Aluminiumfolie an einem warmen Ort von 5 Minuten. Große Filets brauchen rund 12 Minuten Bratzeit und ebenfalls 5 Minuten Ruhezeit.

ANRICHTEN: In der Mitte aufgeschnitten servieren.

Erläuterungen zum Saltimbocca vom Schwein:
Das Fleisch sollte etwa 30 Minuten vor Beginn des ***Kochens*** *bei Zimmertemperatur akklimatisiert und in möglichst gleichmäßige Stücke geschnitten werden, damit die Garzeit nicht für jedes Stück anders ausfällt. Der* ***Schinken*** *(siehe dazu auch unter Nummer 1) darf in diesem Fall durchaus etwas kräftiger gesalzen sein. Man sollte aber auf alle Fälle die Salzigkeit des Schinkens überprüfen. Ist der Schinken sehr salzig, kann man auf das Salzen des Fleischs verzichten. Ist er extrem mild (was aber sehr selten ist), kann man das Fleisch vor dem Einpacken in die Schinkenscheiben minimal salzen.*

Das Einwickeln des Fleischs in die Schinkenscheiben ist einfach, weil der Schinken am Fleisch sehr gut haften bleibt und die Schinkenscheiben aufeinander ohnehin regelrecht „kleben". Das eingewickelte Schweinemedaillon ist ein kleines, festes Päckchen. Über die sensible Garung haben wir bereits vorher gesprochen. In diesem Fall gibt es aber eine weitere Erleichterung bei der Garung, weil man sehr schön beobachten kann, wie der Schinken langsam seine Farbe verändert und kross wird. Man sollte die Stücke ruhig mehrmals wenden und sogar auf die Seite legen, damit man auf diese Weise systematisch an einer Angleichung der Kolorierung arbeiten kann. Am Herd stehen zu bleiben und das Stück wirklich zu bearbeiten zahlt sich hier (und in den meisten ähnlichen Fällen) unbedingt aus. Man sollte sich auf eine solche Arbeit konzentrieren und nichts anderes zwischendurch tun. Wenn der Schinken fühlbar und erkennbar leicht kross ist, ist in der Regel auch das Fleisch fertig. Die Ruhezeit entspannt das Fleisch wieder und macht es damit weicher. Ein kleines Problem ist hier allerdings die Art und Weise, in der man das Saltimbocca vom Schwein während der Ruhezeit einpackt. Wenn man das Fleisch fest in Aluminiumfolie einpackt, wird die krosse Kruste vom Schinken mehr oder weniger aufgeweicht. Es empfiehlt sich hier eine Ruhezeit zwischen zwei tiefen, im Ofen bei 50 Grad leicht vorgewärmten Tellern, die man einen kleinen Spalt offen lässt, um die sich bildenden Dämpfe ein wenig abziehen zu lassen. In dieser Atmosphäre hält sich die Wärme ebenfalls sehr gut, die Gefahr des Durchfeuchtens des Schinkens ist aber wesentlich geringer.

Gefülltes Schweinefilet

Für 2 Personen,
als kleiner Menügang für 4 Personen

Allgemeine Überlegungen: Der Grund für den Einsatz eines gefüllten Schweinefilets ist ähnlich wie oben, nur dass das Fleisch in diesem Fall von innen aromatisiert wird. Damit dieser Effekt auch deutlich genug wird, muss man einige kochtechnische Regeln befolgen. Immer wieder treffe ich in Restaurants auf Füllungen, die anscheinend nur aus optischen Gründen gemacht worden sind (eine aufgeschnittene Scheibe von einem gefüllten Stück sieht natürlich immer ziemlich gut aus) und kaum einen nennenswerten aromatischen Effekt haben.

Zutaten Füllung:
15 g Butter
15 g fein gewürfeltes Schweinefilet
je 15 g feine Würfel von Schalotte, Karotte, Lauch und Staudensellerie
2 EL Kalbsfond (aus dem Glas)
25 g frisch geriebener Parmesan

Zubereitung Füllung: In einem kleinen Topf bei mittlerer Hitze die Butter schmelzen. Die Filetwürfel kurz darin anbraten. Gemüse dazugeben und sorgfältig anschwitzen. Mit dem Kalbsfond ablöschen, dann den Parmesan unterrühren und die Füllung bereithalten.

Zutaten Fertigstellung:
200 g Schweinefilet (aus dem mittleren Teil des Filets)
Füllung (siehe links)
Salz, Pfeffer
15 g Butter
1 EL Olivenöl
3 EL Kalbsfond
25 g kalte Butter für die Sauce in kleinen Stücken

Material:
Küchengarn zum Binden
1 Pfanne mit Deckel
4 Zahnstocher oder Nadeln für Rouladen

Fertigstellung: Das Filet längs bis auf etwa 1 cm aufschneiden und aufklappen. Leicht salzen und pfeffern, dann die vorbereitete Füllung in die Mitte streichen. Sorgfältig zuklappen und dabei die Füllung etwas zurechtdrücken, um eine möglichst große Gleichmäßigkeit zu erreichen. Die entstandene Rolle mit dem Küchengarn nicht zu fest umwickeln, die Enden kreuzweise mit den Zahnstochern bzw. Rouladennadeln verschließen. In einer flachen Pfanne mit Deckel bei etwas mehr als mittlerer Hitze das Filet in dem geschmolzenen Mix aus Butter und Olivenöl rundum deutlich kolorieren. Neben dem Herd den Kalbsfond dazugeben. Die Hitze verringern, einen Deckel auflegen und die Pfanne wieder auf den Herd stellen. Die Flüssigkeit sollte nur ganz leicht köcheln. Das gefüllte Filet in etwa 20 Minuten und mit mehrmaligem Überglänzen vorsichtig garen (bis zu einer Kerntemperatur von etwa 75 Grad). Dann das Filet entnehmen, 10 Minuten an einem warmen Platz unter Aluminiumfolie ruhen lassen.

In der Zwischenzeit die Flüssigkeit in der Pfanne noch etwas weiter reduzieren und mit der kalten Butter kurz vor dem Servieren aufschlagen (**montieren**). Das Filet auspacken und in Scheiben schneiden. Mit ein wenig Sauce anrichten.

Erläuterungen zum gefüllten Schweinefilet: *Das Fleisch für die Füllung fällt normalerweise beim Parieren des Filets ab, also wenn man es auf eine möglichst gleichmäßige Dicke zurechtschneidet und zum Beispiel die dünneren Enden entfernt. Die Größe der Würfel sollte etwa 5 mm betragen. Es ist in diesem Fall besonders wichtig, dass der* ***Parmesan*** *frisch gerieben ist, weil der frisch geriebene Käse lockerer ist, eine größere Feuchtigkeit hat und sich daher besser mit den anderen Zutaten vermischt.*

Beim Zubereiten der Füllung sollte man das Fleisch so anbraten, dass es eine ganz leicht braune Färbung bekommt. Die kleinen Würfel werden bei Hitze sofort farblich blass, nur wenige Sekunden später hat man sie unter leichtem Rühren ***koloriert****. Stärkere Bratspuren sind nicht gut, weil sonst schnell Bitternoten entstehen. Die Zugabe des Kalbs****fonds*** *dient dazu, die Füllung mit einem dezenten, gemeinsamen Fleischaroma zu versehen. Der Parmesan hat nicht nur eine aromatische Funktion, sondern dient gleichzeitig auch als Bindung. Er schmilzt und wird klebrig und hält auf diese Weise die Füllung so zusammen, dass sie nicht sofort wieder aus dem Filet herausfällt.*

Zur Fertigstellung schneidet man das vorher von allen Anhängseln (wie zum Beispiel Fettstückchen) befreite Fleisch der Länge nach mit einem großen Messer ganz vorsichtig auf.

Dieser Schnitt muss unbedingt präzise sein, weil sonst die ganze Sache gefährdet ist. Das zurückhaltende Salzen und Pfeffern ist in diesem Fall sinnvoll, weil das Innere ja nicht angebraten wird, die Würze ihre volle Wirkung entfalten kann und nicht etwa Wasser entzieht wie das beim Salzen von Fleischstücken vor dem Braten der Fall ist. Auch der Pfeffer kann nicht – wie beim Pfeffern vor dem Anbraten – unter zu großer Hitze Bitterstoffe entwickeln. Die Füllung darf nur so dick aufgetragen werden, dass sich die Enden des Fleischs beim Zusammenklappen noch knapp erreichen. Das Anbraten in einem ***Mix aus Butter und Olivenöl*** *hat verschiedene Gründe. Zum einen verträgt diese Mischung eine höhere Hitze als Butter allein. Wenn Butter allein erhitzt wird und bei größerer Hitze bräunt, verändert sich ja ihr Aroma („Nussbutter", siehe unter Nummer 5). Der Mix aus Butter*

▶▶

und Olivenöl ist aber nicht nur stabiler gegen Hitze, sondern hat in diesem Fall auch ein etwas anderes Aroma, das gut zu der Füllung passt. Man könnte das gefüllte Schweinefilet ohne Weiteres auch ausschließlich mit **Olivenöl** *braten und wegen der Füllung sogar in einem stark nach reifen* **Oliven** *schmeckenden Öl, weil ein solches Aroma ebenfalls gut passen würde. Die zweigeteilte Garung ist notwendig, weil das gefüllte Filet empfindlich ist. Wenn es zu viel Hitze bekommt, kann sich das Fett in der Füllung zu stark auflösen, und die Füllung könnte an der Seite oder an den Enden ein wenig austreten. Man muss das Fleisch also zügig* **kolorieren** *(dabei dringt die Hitze noch nicht in das Innere der Rolle vor) und dann dezenter weitergaren. An dieser Stelle wird dann auch klar, warum die Füllung schon vorgegart ist. Würde man die Elemente der Füllung einfach nur zusammenrühren und in das Filet füllen, brauchte man eine längere Garzeit, um diese Füllung gar zu bekommen, als es für das Fleisch gut ist. Um das Fleisch zu garen, benötigt man im Prinzip nur einige Minuten. Danach sollte dann alles andere auch fertig sein. Aber – es gibt für alles immer auch Ausnahmen. In diesem Fall soll die Garung recht lange dauern, aber bei sehr niedriger Temperatur erfolgen. Der Grund ist die bessere Aromatisierung des Fleischs von außen und innen. Von außen sorgt bei geschlossenem Deckel der Kalbsfond für eine aromatische Atmosphäre und die dezente Hitze für ein gutes Durchziehen der Füllung und die Aromatisierung des Fleischs von innen. Auch ohne das Messen der* **Kerntemperatur** *ist das gefüllte Filet nach 20 Minuten in dieser Technik übrigens gar.*

Die in der Pfanne verbliebene Flüssigkeit besteht am Ende des Garvorgangs aus verschiedenen Bestandteilen, weil neben dem Fond auch Fleischsaft, Saft von der Füllung und natürlich Butter und Öl vom Anbraten zusammengekommen sind. Diese Flüssigkeit ist dünnflüssig, könnte aber ohne Weiteres bereits als **Sauce** *zu dem gefüllten Filet benutzt werden. Man kann diese Sauce aber noch etwas optimieren, indem man sie durch* **Reduktion** *aromatisch verdichtet und anschließend mit kalter Butter etwas bindet, sodass sie eine leicht sämige Konsistenz bekommt. Eine solche Sauce bleibt etwas besser am Fleisch „kleben" und ermöglicht so einen klaren* **Akkord** *zwischen Fleisch und Sauce. Diese Technik der* **Saucenbindung** *findet in der Küche immer wieder Verwendung. Am besten funktioniert sie mit kalter Butter, die man in kleinen Stückchen in die Reduktion gibt und bei niedriger Hitze langsam einrührt. Von dieser Technik gibt es diverse Varianten, die später noch eine Rolle spielen werden. Die Menge der Butter hat natürlich auch eine Bedeutung: Je mehr Butter man benutzt, um so mehr schmeckt die Sauce nach Butter und nicht mehr nach ihren ursprünglichen Bestandteilen. Viel Butter kann zum Beispiel bei einer sehr herben Reduktion als Ausgangsbasis gut sein, bei einer eher milden Reduktion aber schnell zu penetrant werden.*

Geschnetzeltes aus dem Wok

Allgemeine Erläuterungen: Ein asiatisches Wok-Gericht ist für Schweinefleisch vor allem aus zwei Gründen sehr interessant. Zum einen kann – wie schon erwähnt – ein Schweinefleisch „normaler" Qualität eine etwas deutlichere Aromatisierung gut gebrauchen, zum anderen verträgt sich das Aroma von Schweinefleisch sehr gut mit den diversen östlichen Aromen.

Die Garung im **Wok** ist im Prinzip sehr einfach. Andererseits ist sie aber eine Technik, die bei Kenntnis einiger grundlegender Zusammenhänge schnell sehr gute Ergebnisse bringen kann. Es kommt dazu, dass ein Elektrowok mit Teflon-Beschichtung heute schon sehr günstig zu bekommen ist, und dieses leichte Gerät schnell überallhin mitgenommen werden kann.

Man muss beim Wok unterscheiden zwischen dem Einsatz eines Woks quasi als Ersatz für eine Pfanne und einem etwas spezielleren Einsatz unter gezielter Verwendung eines Deckels, der den Wok-typischen großen Raum für die Zirkulation von Dämpfen und damit Aromen schafft. Hier geht es um solche Wok-Gerichte, die – im Gegensatz etwa zu Schmorgerichten, bei denen man alles lange Zeit in einem Schmortopf zusammen garen lässt – in der Regel recht schnell entstehen. Charakteristisch ist ein Aufbau, bei dem die Elemente, die längere Garzeiten brauchen, zuerst in den Wok kommen und diejenigen Elemente, die roh oder fast roh bleiben sollen, zum Schluss. Durch die ausgeprägte Zirkulation von Dämpfen werden solche spät dazugegebenen Elemente quasi gedämpft. Um also ein gutes Wok-Gericht zu bekommen, sollte man in etwa wissen, wie lange die einzelnen Zutaten für ihre Garung brauchen oder – besser gesagt – wie lange die einzelnen Zutaten brauchen, bis sie die gewünschte Textur erreicht haben. Wir werden darauf noch zurückkommen.

Ein Geheimnis guter Wok-Gerichte ist die Zusammensetzung der Flüssigkeit, in der die Produkte gegart werden. Durch die Zirkulation der Dämpfe übertragen sich die Aromen auf alles, was sich im Wok befindet und können so eine schöne Homogenität und Tiefe des Geschmacksbilds erzeugen.

Schweinegeschnetzeltes aus dem Wok mit Ingwerkonfit, Sprossen und Akazienhonig

Für 4 Personen

Zutaten:

400 g Schweinefilet
7 Lauchzwiebeln mittlerer Dicke
200 g Champignons
2 mitteldicke Stängel Zitronengras
4 Kugeln Ingwerkonfit (aus dem Glas)
2 EL Sesamöl
2 EL Akazienhonig
2 EL Ingwersirup (aus dem Glas)
2 EL Sojasauce
2 EL brauner Reisessig
40 g Sojasprossen
20 g Mungobohnensprossen

Material:

1 mit Teflon beschichteter Elektrowok mit Deckel

Vorbereitung: Das Fleisch von überflüssigem Fett befreien und schnetzeln. Die Lauchzwiebeln auf etwa 8 cm Länge kürzen, die Wurzeln abschneiden und die Stücke längs kreuzweise in Streifen schneiden. Von den Champignons alle dunklen Stellen entfernen, den Fuß etwa 1 cm abschneiden und die Pilze gegebenenfalls mit einem Küchentuch abreiben, um eventuell anhaftende Erde zu entfernen. Die Pilze in Scheiben von etwa 5 mm Dicke schneiden. Das **Zitronengras** ebenfalls auf etwa 8 cm Länge kürzen, den Fuß abschneiden und den Stängel von seinem dickeren Ende her **aufspleißen**. Die Kugeln **Ingwerkonfit** in Würfel von ca. 5 mm Kantenlänge schneiden.

Zubereitung: Den Wok auf 175 Grad vorheizen. Das **Sesamöl** erhitzen und das geschnetzelte Schweinefleisch unter ständigem Rühren zügig ganz leicht kolorieren. **Akazienhonig** und **Ingwersirup** hinzufügen und gut umrühren. Die Pilze dazugeben und kurz umrühren. Je 1 EL **Sojasauce**

▶▶

und braunen **Reisessig** und die aufgespleißten Enden Zitronengras hinzufügen, dann den Deckel schließen. Die Hitze auf ca. 145 Grad reduzieren. Nach etwa 2 Minuten gut umrühren, dann den Deckel wieder schließen und weitere 2 Minuten garen. Dann die Ingwerstückchen und etwa die Hälfte von den Lauchenden und den **Sprossen** dazugeben. Einige Sekunden unter ständigem Rühren warten, dann wieder den Deckel schließen und die Hitze erhöhen. Nach weiteren 2 Minuten Deckel entfernen, die restlichen Lauchstreifen und Sprossen und den zweiten Esslöffel Sojasauce und braunen Reisessig dazugeben. Hitze wieder reduzieren bis die Flüssigkeit im Wok nur noch knapp köchelt. Wenn die Lauchstreifen weicher werden, aber noch etwas Biss haben, den Wok ausschalten. Das Zitronengras entnehmen, den Deckel auflegen und noch 2 Minuten ziehen lassen, dann servieren.

Erläuterungen zum Rezept: *Zur Erläuterung der Produkte: siehe die Produktliste am Ende des Buchs. Der Grund für den Einsatz von Schweinefilet und nicht etwa Geschnetzeltem vom Kotelett oder Ähnlichem liegt in der Zartheit. Das Geschnetzelte vom Filet wird zart und bleibt zart, während andere Stücke dazu neigen, schon bei geringer Übergarung ziemlich fest bis zäh zu werden. Der richtige Ausdruck für den Zustand von Fleisch in einem* ***Wok****-Gericht ist allerdings eher* ***„mürbe“****, weil das Fleisch von Flüssigkeit durchzogen ist und nicht wie ein kurzgebratenes Stück im Inneren noch nicht so stark gegart und dadurch noch zart ist. Falls es doch zum Einsatz anderer Fleischqualitäten kommt, empfiehlt es sich, das Fleisch nach der ersten Phase des Anbratens wieder aus dem Wok zu nehmen und es später wieder zurückzugeben. Auf diese Weise werden die Stücke nicht zu fest, sind allerdings auch nicht so gut aromatisiert.*

Die Vorbereitung ist bei diesem Wok-Gericht sehr wichtig, weil sie alle eingesetzten Produkte in exakt den Zustand bringen muss, der nötig ist, um das Gericht zügig in der richtigen Reihenfolge und in der kurz bemessenen Zeit fertigzustellen. Die Lauchzwiebeln sind am besten geeignet, wenn die eigentliche Zwiebelknolle am Ende eine Art Verdickung ist und noch keine große Knolle vorhanden ist. Man schneidet sie längs in der Mitte durch, dreht die Lauchzwiebel in der Achse um 90 Grad und schneidet sie nochmals längs durch. Auf diese Weise erhält man ein kleines Päckchen von Lauchzwiebelstreifen. Die Zitronengrasenden werden nicht durchgeschnitten sondern nur aufgespleißt. Dazu werden sie im Prinzip so aufgeschnitten wie die Lauchzwiebeln, die Schnitte gehen aber nur etwa bis zur Hälfte. Der Grund für diese Technik ist ganz einfach: Durch das Aufspleißen geben sie mehr Aroma ab, können aber – da sie wegen ihrer Faserigkeit nicht wirklich erfreulich zu essen sind – später wieder mühelos aus dem Wok entfernt werden.

Für den Aufbau des Gerichts gibt es einige Vorgaben. Das Fleisch soll mürbe und von den Aromen gut aromatisiert sein, es muss also früh in den Wok. Die Pilze sollen weich werden, aber nicht zu viel von ihrer Flüssigkeit verlieren, das heißt, dass die Pilzscheiben ungefähr die Dicke behalten sollen, die sie beim Aufschneiden haben. Dazu müssen die Pilze relativ früh in den Wok, dürfen aber nicht zu lange erhitzt werden, weil sie sonst zu viel von ihrem Saft abgeben. Die erste Partie Lauchzwiebelstreifen soll weich werden, muss also durchgegart sein und kann ruhig einige Zeit im Wok verbringen. Die erste Partie Sprossen soll ebenfalls gegart sein, für sie gilt also das Gleiche. Die jeweils zweiten Partien sollen dagegen noch mehr oder weniger roh sein. Für die Lauchzwiebeln heißt das, dass sie warm werden sollen, aber noch nicht völlig weich, für die Sprossen bedeutet das noch deutlich Biss und keine besondere Erwärmung. Sie dürfen also erst später in den Wok. Man kann von den Sprossen durchaus noch eine Partie zurückhalten und sie erst unmittelbar vor dem Servieren untermischen. Auf diese Weise hat man auch noch eine quasi rohe, knackige Textur. Für die Flüssigkeiten gilt im Prinzip ein ähnlicher Vorgang. Die zuerst in den Wok gegebenen Flüssigkeiten vermischen sich im Verlauf der Garung sehr stark und bilden ein Mischaroma. Die zuletzt dazugegebenen Flüssigkeiten bleiben in ihrem Aroma noch präsenter und vermischen sich nicht so stark.

Sensorische Überlegungen zum Wok-Gericht: Durch den speziellen Aufbau befinden sich auf dem Teller nun verschiedene Texturen, die für ein ausgesprochen belebtes sensorisches Bild sorgen. Wenn man einen Löffel mit einem Mix aus allen Elementen hat, wird man zuerst den krokanten Biss von den Sprossen bemerken. Dieser Effekt dominiert die ersten Sekunden. Dann macht sich so langsam das Fleisch bemerkbar, das man immer zuerst etwas kauen muss (also aromatisch aufschließen), bis man das Aroma genau identifizieren kann. Die weiche Textur der Pilze führt im Zusammenhang mit dem Fleisch dazu, dass das Fleisch weicher wirkt. Man ist im Moment unter Umständen verunsichert, ob man da auf Fleisch kaut oder ob es die Pilze sind. Die vielfältigen Gewürze erzeugen im Mund das, was man „Gewürzraum" nennen könnte. Man hat den Eindruck eines komplexen aromatischen Hintergrunds, in dem sich die verschiedenen Texturen bewegen.

Variationen unter sensorischen Aspekten: Man könnte dem Wok-Gericht noch weitere Elemente hinzufügen, die sowohl aromatisch gut passen würden, als auch texturell noch für Ergänzungen sorgen könnten. Wenn man zum Beispiel Walnusshälften grob zerbricht und unterrührt, hat man ein typisch lang anhaltendes Texturelement. Auf Nüssen kaut man ziemlich lange. In unserer Kombination ist es sehr wahrscheinlich, dass man am Schluss von einem Löffel das Nussaroma pur hätte, weil es länger als alle anderen Elemente im Mund bleibt. Weitere sehr effektive Elemente wären rohe Frucht- oder Gemüsewürfel von einer etwas festeren Konsistenz, also Gurken-, Apfel- oder Birnenwürfel oder auch exotische Früchte. Die Größe der Würfel ist dabei von einiger Bedeutung. Sind die Würfel zu klein (also mit etwa 3 mm Kantenlänge), haben sie vielleicht eine minimale texturelle Wirkung, ihr Aroma kann aber in diesem Umfeld kaum identifiziert werden. Sind die Würfel zu groß (etwa 2 cm Kantenlänge) dominieren sie möglicherweise die Wahrnehmung der anderen Elemente zu stark.

Schwein als Würze

Allgemeine Überlegungen: Schwein als Würze? Wie soll das gehen? Nun, es gäbe da schon ganz konkrete Entwicklungen in der kreativen Küche, die tatsächlich zu einem Pulver führen könnten, das man in einen ganz normalen Gewürzstreuer abfüllt, um dann damit andere Dinge zu würzen. Man könnte dazu zum Beispiel eine kross gebratene Schwarte vom Schwein zermahlen und hätte ein recht deutliches Aroma, weil sich in dieser kross gebratenen Schwarte die uns schon bekannten Aromen der **Maillard-Reaktion** mit der schönen Würze einer gut gebratenen Schwarte verbinden. Die Trocknung ist kein Problem, man muss dazu die gegarte Schwarte nur lange genug im Ofen bei etwa 90 Grad liegen lassen und kann sie dann zerbrechen und zermahlen.

In unserem Fall ist eine Art indirekte Würzung gemeint, die im Prinzip eine lange Tradition in der Küche hat. Ein Stück Speck in allen möglichen Zubereitungen, also zum Beispiel beim Garen rustikaler Gemüsegerichte mit Kohl oder auch als zusätzliche Würze beim Anfertigen größerer Braten oder als Einlage in den beliebten Kohlrouladen, war und ist ausgesprochen beliebt und sinnvoll. In der modernen Küche bis hin zur Spitzenküche hat sich in den letzten Jahren aber eine Art der Arbeit mit Produkten vom Schwein als Würzelemente eingebürgert, die im Gegensatz zu den klassischen Verwendungen zu extrem feinen Ergebnissen führen kann. Mittlerweile finden sich in der Spitzenküche auch viele Kreationen von Fisch, der zum Beispiel mit einer Specksauce begleitet wird. Der Speck kann dem Fisch ohne Weiteres eine feine Würze geben.

Die geeignete Technik der Aromenübertragung ist vor allem die der **Infusionen**. Man versteht darunter nicht etwa eine Spritze, sondern die Kombination von bestimmten aromatischen Elementen mit einer Flüssigkeit. Ein „Tee", der mit frischen **Kräutern** gemacht wird, nennt sich dann auch nicht „Tee" sondern Infusion. Es werden also aromatische Elemente in eine Flüssigkeit gegeben, damit sie ihr Aroma an diese abgeben. Der große Vorteil ist der, dass man diesen Vorgang sehr gut kontrollieren kann. Ist es genug, nimmt man das Element einfach aus der Flüssigkeit heraus. In unserem Fall befassen wir uns mit Saucen, in die zwecks Infusion bestimmte, charakteristische Teile vom Schwein eingebracht werden.

Chorizo-Sauce

Sauce mit einer Infusion von der berühmten spanischen Paprikawurst, für 4 Personen

Zutaten:
15 g ungesalzene Butter
15 g Schalottenwürfel
je 15 g Karotte und Staudensellerie in Würfeln
20 g Lauchabschnitte
100 ml trockener **Weißwein** (z. B. Colombard)
200 ml Gemüsefond
40 g **Chorizo**

Zubereitung: In einem kleinen Topf bei mittlerer Hitze die **Butter** schmelzen lassen. Gemüse dazugeben und unter ständigem Rühren leicht glasig anschwitzen. Mit dem Weißwein ablöschen, dann den Fond angießen. Die **Chorizo** in dünne Scheiben schneiden und jede Scheibe in zwei oder drei Stückchen zerzupfen. Die Sauce einmal aufkochen lassen, dann die Chorizo hinzufügen und bei geschlossenem Deckel 20 Minuten ganz leicht köcheln lassen.

VARIATIONSMÖGLICHKEITEN BEI DER FERTIGSTELLUNG: Die Sauce kann in dieser Form verwendet werden, sie kann mit allen Einlagen weiter reduziert werden, oder sie kann durch ein feines **Sieb passiert** und danach je nach gewünschter Intensität weiter reduziert werden. Man kann die reduzierte Sauce mit darin aufgelöster kalter Butter leicht binden oder sie mit etwas Olivenöl aufrühren.

Erläuterungen zur Chorizo-Sauce: *Die Zutatenliste mag auf den ersten Blick irritieren, weil so viel Gemüse verwendet wird. Im Prinzip kann man tatsächlich etwas Chorizo nehmen, in kleine Stückchen zerteilen und zur Infusion in einen* ***Fond*** *legen. Dieser Fond kann ein Gemüsefond, aber auch ein Geflügel- oder Kalbsfond sein. In unserem Fall ist das Aroma der Wurst der Grund für die Verwendung der Gemüsepalette. Mit ihrer deutlichen Paprikanote ergibt sich im Zusammenhang mit dem Gemüse ein wesentlich komplexeres und abgerundeteres aromatisches Bild als nur mit einem Fond. Die* ***Proportionen*** *der Gemüsesorten zueinander kann man ebenfalls variieren. Sie sind nicht zufällig und nicht grundsätzlich gleich. In diesem Fall liegt das Gewicht ein wenig auf den* ***Schalotten*** *und dem Lauch, also auf den etwas bodenständigeren Aromen im Vergleich etwa zur eher süßlichen Karotte. In den meisten Fällen wird als Sellerie heute der etwas eleganter schmeckende Staudensellerie und nicht die Sellerieknolle benutzt. Ein „trockener" Weißwein ist ebenfalls keine beliebige Kategorie. Die Auswahl des* ***Weins*** *kann erhebliche Auswirkungen auf die Qualität einer Sauce haben (siehe Produktliste).*

Die Anfertigung einer ***Sauce*** *beginnt in vielen Fällen so oder ähnlich. Fett (Butter oder Öl) wird erhitzt, dann werden Gemüse angeschwitzt, mit Wein abgelöscht und Fond angegossen. Je nach Rezept kommen dann noch einige weitere aromatische Elemente in die Flüssigkeit zur* ***Infusion****, und alles zusammen wird eine Zeit lang gekocht und dabei in der Regel reduziert.*
Einen Saucenaufbau nach diesem Prinzip können wir „klassisch" nennen, weil er auf die klassisch-französische Küche zurückgeführt werden kann. Sinn und Zweck ist die Anreicherung der Flüssigkeit mit verschiedenen anderen Aromen. Dabei gibt es grundsätzlich zwei Wege. Der erste Weg ist ein Ansetzen der Flüssigkeit und eine kontinuierliche Reduktion der Flüssigkeit, die dabei natürlich immer intensiver im Aroma wird. Bei unserer Chorizo-Sauce kommt der zweite Weg zur Anwendung. Er eignet sich vor allem für Saucen, die mit Infusionen arbeiten. Dabei wird zuerst dafür gesorgt, dass sich die Aromen des in den Saucenansatz gegebenen Materials (in diesem Fall vor allem die Chorizo-Stückchen) in dem gewünschten Ausmaß entwickeln. Dazu wird ein Deckel aufgelegt und die Temperatur so gedrosselt, dass die Flüssigkeit nur minimal ***köchelt****. Ist dieser Vorgang beendet, wird die Infusion abpassiert und die Sauce in ihren endgültigen Zustand gebracht.*
Die Chorizo-Sauce schmeckt nach Ende der Infusion leicht pikant und eher nach Gemüse als nach Fleisch. Diese Sauce kann Basis für verschiedene Saucenvarianten wie eine ***warme Vinaigrette*** *oder eine Sahnesauce werden. Diese* ***Varianten*** *werden am Ende des Kapitels erläutert.*

Serrano-Sauce

Sauce mit einer Infusion von dem berühmten Serrano-Schinken, für 4 Personen

Zutaten:
15 g Butter
15 g Schalottenwürfel
100 ml trockener Weißwein (z. B. Colombard)
200 ml Kalbsfond (aus dem Glas)
35 g Serrano-Schinken in Scheiben (aus einer handelsüblichen Packung)

Zubereitung: In einem kleinen Topf bei mittlerer Hitze die Butter schmelzen lassen. Schalotten dazugeben und unter ständigem Rühren leicht glasig anschwitzen. Mit dem Weißwein ablöschen, dann den Fond angießen. Den Schinken von den Fetträndern befreien, den Rest in Stücke von einigen Zentimetern Länge zupfen. Die Sauce einmal aufkochen lassen, dann die Stücke in die Sauce geben. Bei geschlossenem Deckel ganz leicht köcheln lassen. Nach etwa 20 Minuten ist die Infusion beendet, und der Saucenansatz kann je nach Bedarf weiter behandelt werden.

Erläuterungen zur Serrano-Sauce: *Beim* ***Schinken*** *sollte man auch hier wieder darauf achten, dass er nicht zu salzig ist, sondern am besten sehr „fleischig" schmeckt. Ein hoher Salzgehalt, wie man es oft bei geräuchertem Schwarzwälder Schinken etc. findet, ist für diese Verwendung nicht geeignet, da die Sauce zu salzig werden würde.*
Die Zubereitung erfolgt quasi genauso wie die Zubereitung der Chorizo-Sauce.
Die fertige Infusion hat ein sehr schön nussig-fleischiges Aroma.

Bauchspeck-Sauce

Für 4 Personen

Zutaten:
15 g Butter
15 g Schalottenwürfel
100 ml trockener Weißwein
200 ml Kalbsfond (aus dem Glas)
50 g leicht geräucherter Bauchspeck

Zubereitung: In einem kleinen Topf bei mittlerer Hitze die Butter schmelzen lassen. Schalotten dazugeben und unter ständigem Rühren leicht glasig anschwitzen. Mit dem Weißwein ablöschen, dann den Kalbsfond angießen. Den Speck in etwa 5 mm dicke Scheiben und in Stücke von 4–5 cm Breite/Länge schneiden. Die Sauce aufkochen und etwa 5 Minuten leicht kochend etwas reduzieren. Den Speck dazugeben, Deckel schließen und 20 Minuten ganz leicht köcheln lassen.

Erläuterungen zur Bauchspeck-Sauce: *Der leicht geräucherte* ***Bauchspeck*** *ist eines der schönsten Würzmittel die es gibt. Der Speck kann in ausgesprochen vielen Rezepten Verwendung finden und dabei nicht nur das klassische Stück Speck in einer Zubereitung ersetzen und ergänzen, sondern auch sehr feine und spezielle Zubereitungen bereichern. Die Qualität des Produkts ist allerdings ausgesprochen wichtig, vor allem wegen des* ***Räucheranteils*** *(siehe Produktliste). Für die Sauce sind nicht viele andere Aromen nötig, weil der Speck von sich aus schon ein sehr komplexes Aroma liefert. In diesem Fall sollte der Speck nicht angebraten werden – wie das sonst vielleicht der Fall*

wäre – sondern ausschließlich als Element der Infusion benutzt werden. Der Grund dafür ist einfach der, dass er beim Anbraten sehr viel mehr Fett abgeben würde. Hier aber ist weniger Fett als Aroma erwünscht. Die Technik des Saucenansatzes ist ebenfalls der bei der Chorizo-Sauce ähnlich.

Erläuterungen und sensorische Erläuterungen zur Fertigstellung der Saucen: Es gibt verschiedene Möglichkeiten der weiteren Bearbeitung der Saucen. Die jeweilige Bearbeitung hängt vor allem von der geplanten Verwendung der Sauce ab. Hier einige **Variationen:**

Infusion, nicht passiert: Wenn man die Infusion wie beschrieben beendet, kann man die Sauce im Prinzip bereits in einem Gericht verwenden. In ihr befinden sich allerdings noch die jeweiligen Gemüsestückchen und die Wurst- bzw. Speckstückchen. Das mag optisch nicht so gut aussehen, kann geschmacklich aber sogar belebend wirken, weil man immer wieder auf Stückchen beißt, die ein spezifisches Aroma haben. Die Sauce wirkt also nicht so gleichförmig. Geeignet wäre diese Fassung am ehesten für die Chorizo-Sauce. Die Sauce ist ja dünnflüssig. Wenn man sie also zum Beispiel mit einem kräftig gebratenen Fisch kombiniert, würde am Fisch jeweils nur ein wenig Sauce hängen bleiben. Das wiederum wäre nicht schlecht, weil ein in der Regel aromatisch recht milder Fisch nicht so viele kräftige Aromen in der Begleitung verträgt.

Infusion, reduziert: Wenn man die Infusion durch ein feines Sieb abpassiert und dann stark reduziert, wird sie sehr kräftig und kann nur noch in bestimmten Zusammenhängen eingesetzt werden. Man sollte von einer solchen Sauce im Prinzip nur noch das einsetzen, was man **„Fäden"** nennt, also einen Löffel von der Sauce zügig knapp über die Telleroberfläche ziehen, sodass eine dünne Saucenspur entsteht. In der Spitzenküche wird häufig so angerichtet. Eine solch geringe Saucenmenge signalisiert normalerweise dem Esser, dass er von dieser Sauce nicht so viel braucht oder gebrauchen soll. Auf diese Weise ist es wahrscheinlich, dass die Proportionen mit den anderen Elementen eines Gerichts gewahrt bleiben und die Sauce die anderen Elemente nicht überdeckt.

Infusion, mit Butter gebunden: Man kann die in den beiden ersten Versionen benutzte Basis der Sauce – die ja mehr oder weniger flüssig ist – mit bindenden Mitteln kombinieren und auf diese Weise eine Sauce erhalten, die sehr viel leichter in etwas größerer Menge an den anderen Elementen eines Gerichts haften bleibt und sie damit stärker aromatisch beeinflusst. Die erste Variation ist die Bindung mit eingerührten, kalten Butterflocken, die wir schon unter Nummer 7 kennengelernt haben. Hier dazu also nur eine weitere Überlegung: Wenn man die Butterflocken mit einer Gabel oder einem Schneebesen ohne Hast in die Reduktion einrührt, ergibt sich eine farbliche Veränderung der Sauce durch die Butter. Die Sauce trübt leicht ein und bekommt im Fall einer extremen Butterbeigabe langsam aber sicher die Farbe von Butter. Man kann die zu verwendende Buttermenge aber auch am Stück lassen, in die Reduktion legen und die Butter durch langsames Schwenken des Topfs auflösen. Auf diese besonders schonende Weise schmilzt die Butter sozusagen „unforciert", und die Farbe der Sauce bleibt weitgehend von der Butter unberührt.

Warme Vinaigrette: Eine der modernsten Saucenformen ist die warme Vinaigrette. Dazu reduziert man die passierte Infusion besonders stark, bis sie quasi nur noch den Boden des Topfs bedeckt. Im letzten Moment vor dem Servieren rührt man nun am besten ein sehr gutes **Olivenöl** ein und zwar in diesem Fall etwa 3–4 Esslöffel. Dieses Olivenöl könnte man nun durch kräftiges Aufschlagen der Sauce mit einem Schneebesen **emulgieren**, also fest mit der Reduktion verbinden, bis sich eine homogene Flüssigkeit gebildet hat (so wie man das auch bei einer „normalen" Vinaigrette oft macht). Es ist allerdings optisch und vor allem aromatisch viel interessanter, das Öl nur leicht einzurühren. Wenn man die Sauce dann auf einen Teller gibt, bilden sich eine Art Schlieren, die eigentlich ziemlich gut aussehen.

▶▶

Der aromatische Vorteil liegt darin, dass man je nach Proportionen auf dem Löffel oder der Gabel ein immer wieder anderes Gewicht zwischen der Reduktion und dem Olivenöl hat. Das ist dann auch der Grund, warum man für die warme Vinaigrette in dieser Form immer ein sehr gutes Olivenöl nehmen sollte. Man schmeckt es einfach deutlich heraus.

Sahnesauce: Eine sehr klassische Variante wäre die Verbindung der passierten Infusion mit **Sahne**. Für diese Technik gibt es nochmals zwei deutlich verschiedene Fassungen.

Die erste Sahnesauce (Sahnemenge ca. 100 ml) entsteht dadurch, dass man die Sahne angießt, alles zusammen aufkocht und auf mittlerer Hitze weiterkocht. Dabei wird sich die Sauce langsam eindicken, bis sie – wenn man das lange genug macht – cremig wird. Da dieser Vorgang aber nicht sehr lange dauert (etwa 5 Minuten), behält das Aroma der Sahne eine gewisse Dominanz und das Endprodukt schmeckt deutlich nach Sahne. Ob man das will, ist eine kulinarische Entscheidung: Will man die Aromen des Saucenansatzes beibehalten, ist zu viel Sahne kontraproduktiv. Der zweite Weg „mit Sahne" dauert wesentlich länger. Man würde die Sahne angießen, dann aber nicht zügig reduzieren, sondern ganz langsam und mehr dampfend als köchelnd reduzieren. Auf diese Weise kommt es zu einer viel stärkeren Vermischung des Saucenansatzes mit der Sahne, und die Sauce schmeckt nicht explizit nach Sahne, sondern wie eine echte Mischung. So etwas ist nicht viel Arbeit. Man braucht lediglich etwas Zeit dafür.

Es gibt auch noch eine dritte Variante, nämlich das ganz schnelle Anrühren mit **Crème fraîche**. Diese schon eingedickte Masse sorgt in wenigen Sekunden für eine Cremesauce, die dann allerdings eher oberflächlich nach Sahne/Crème fraîche schmeckt.

Eine Verbindung mit Sahne bietet sich bei unseren drei Saucen vor allem bei der Serrano-Sauce an, weil deren nussiges Aroma sich gut mit Sahne verträgt.

Verwendung der Saucen: Obwohl diese Saucen mit Material vom Schwein hergestellt werden, eignen sie sich zur Verwendung mit quasi allen anderen Produkten. Die Bauchspeck-Sauce lässt sich zum Beispiel von Wild bis zu Garnelen einsetzen, und die anderen Saucen vertragen sich – wie schon erwähnt – auch besonders gut mit Fisch. Wenn man die Auswahl einengen will, so könnte man vielleicht sagen, dass eine solche kräftige Sauce am wirkungsvollsten da ist, wo sie mit eher milden Aromen kombiniert wird, denen sie eine schöne und komplexe Würze geben kann.

Eine typische Verwendung: Das Senf-Sahne-Filet

Allgemeine Überlegungen: Mit dem Senf-Sahne-Filet kommen wir in den Bereich der kompletten Gerichte mit Fleisch, Sauce und einer abgestimmten Beilage. Gerichte dieser Art können von ihrer Struktur her bereits hervorragend ausgeführt werden und bei bester Qualität ein beachtliches Hauptgericht sein – auch wenn man solche Gerichte eher der traditionellen Küche und nicht (mehr) der aktuellen Spitzenküche zurechnet. Der Schwierigkeitsgrad hält sich aber durchaus in Grenzen, und das nicht zuletzt deshalb, weil man hier zwar sehr viel sehr gut machen kann, aber kaum wirklich grobe Fehler. Wegen seiner Aromenkombination mit Lauch, **Senf** und **Sahne** und dem von diesen Aromen gut durchzogenen Fleisch wirkt dieses Rezept ausgesprochen süffig.

Senf-Sahne-Filet

Für 4 Personen als Menügericht,
für 2 Personen als Hauptgericht

Zutaten Senf-Sahne-Sauce:

25 g ungesalzene Butter
30 g Schalottenwürfel
20 g Würfel von Staudensellerie
30 g Lauchabschnitte
30 g Karottenwürfel
100 ml trockener Weißwein (z. B. Colombard)
100 ml Gemüsefond
150 ml Geflügelfond
250 ml Sahne
2 gestrichene EL Dijon-Senf

▶▶

ZUBEREITUNG SENF-SAHNE-SAUCE: In einer großen Pfanne mit Deckel (am besten mit senkrechten Seitenwänden) bei **mittlerer Hitze** die **Butter** schmelzen lassen. Die Gemüse darin anschwitzen, aber nicht kolorieren. **Weißwein** und die **Fonds** angießen, 10 Minuten köchelnd leicht reduzieren. Dann die Sahne angießen und den Senf einrühren. Einmal ganz kurz aufkochen, danach ohne Deckel etwa 15 Minuten leicht **köchelnd** weitergaren. Einige Male umrühren. In der Zwischenzeit das Fleisch vorbereiten (siehe unten).

Erläuterungen zur Senf-Sahne-Sauce: *Gegenüber anderen Saucen ist hier der Anteil von* ***Schalotten*** *und Lauch im Saucenansatz relativ hoch. Er sorgt dafür, dass die herzhafte Note der Sauce nicht nur vom Senf getragen wird. Die Verwendung von zweierlei Fonds hat im Prinzip den gleichen Grund: Auch durch diese Maßnahme entwickelt sich ein breiteres und „tieferes" Aromenspektrum. Das Prinzip eines klassischen Saucenaufbaus kennen wir nun schon aus der Nummer 9. In diesem Fall sollte man vor allem darauf achten, dass die Sahnesauce nie sprudelnd kocht, weil sich sonst Eiweiß-Ausflockungen ergeben, die nicht besonders gut aussehen. Solche Ausflockungen kann man zum Beispiel auch beobachten, wenn man* ***Milch*** *zu stark aufkocht. Die angegebene Zeit ist nur das notwendige Minimum. Im Prinzip könnte man die* ***Sauce*** *wesentlich länger köcheln lassen, dann aber bei einer Temperatur, bei der die Sauce eher dampft als köchelt, also kaum reduziert wird.*

ZUTATEN FERTIGSTELLUNG:

2 Schweinefiletstücke (à ca. 130 g) von gleichmäßiger Dicke
Pfeffermix aus der Mühle
35 g ungesalzene Butter
30 g Schalottenwürfel
Salz (am besten Fleur de Sel)

FERTIGSTELLUNG: Das Fleisch mit dem Pfeffermix gleichmäßig rundum pfeffern. In einer Pfanne bei mittlerer Hitze 20 g Butter schmelzen lassen. Das Fleisch rundum gleichmäßig ganz leicht **kolorieren**. Fleisch entnehmen und die restliche Butter in der Pfanne **schmelzen** lassen. Dann die Schalottenwürfel dazugeben und anschwitzen. Das Fleisch wieder dazugeben und vorsichtig etwa 3 Minuten mit den Schalotten aromatisieren. Das Fleisch dabei regelmäßig wenden und teilweise auch die Pfanne von der Flamme ziehen, damit es nicht weiter anbrät, sondern nur rundum aromatisiert wird. Die Schalotten sollen bei dieser Prozedur deutlich Bratspuren annehmen, aber nicht schwarz werden.

Das Fleisch entnehmen und in Scheiben von etwa 2,5 cm Dicke schneiden, die angerösteten Zwiebeln neben der Kochstelle bereithalten. Das Fleisch sollte nun einen Bratrand von rund 5 mm haben. Die Scheiben in die Sauce geben und in der Sauce in ca. 8 Minuten gar ziehen lassen. Die Sauce sollte nur noch dampfen, aber nicht mehr köcheln. Das Fleisch einmal wenden.

Erläuterungen zur Fertigstellung des Senf-Sahne-Filets: *Die gleichmäßige Dicke des Fleischs ist vor allem für eine gleichmäßige Garung wichtig. In diesem Fall dient es mehr der gleichmäßigen Portionsgröße, weil das Fleisch bei diesem Garverfahren im Prinzip nicht austrocknen kann und insofern auch dünnere Filet-Enden nicht fester werden würden als die dickeren Stücke. Eine weitere Ausnahme ist das Pfeffern vor dem Anbraten des Fleischs. Während normalerweise die Gefahr besteht, dass der Pfeffer anbrennt und bittere Aromen entwickelt, ist in diesem Fall die kurze Kolorierung bei mittlerer Hitze kaum ein Problem. Das Fleisch soll nur einen Hauch von Bräune bekommen. Eine intensivere Bratkruste wäre hier sinnlos, weil das Fleisch ständig mit der Sauce in Berührung kommt und insofern eine etwaige Kruste aufweichen würde. Die Verwendung eines* ***Pfeffermix****es bringt ein wenig aromatische Farbe in die ansonsten mit nur einer Pfeffersorte etwas neutralere Würze. Bei den Schalotten ist man normalerweise bemüht, jede Bräunung zu vermeiden. Sie sollen eher glasig aussehen. Der Grund ist das sehr intensive Aroma, das Schalotten und Zwiebeln annehmen, wenn sie braun angeröstet werden. Ein einzelnes Stückchen dunkel angerösteter Schalotte kann eine Sauce schon stark beeinflussen und weniger fein wirken lassen. In diesem Fall macht man sich allerdings die typische Röstnote absichtlich zu Nutzen, weil sie zu dem traditionellen Geschmacksbild passt. Es ist also nötig, den Vorgang des Anbratens und Aromatisierens des Fleischs sehr sorgfältig zu überwachen.*

Beim Aufschneiden des Fleischs kann man nun die Garung exakt studieren. Einen solchen Brattest sollte man ganz allgemein hin und wieder einmal machen (aber nicht mehrfach bei einem Stück), um ein Gefühl dafür zu bekommen, wie sich ein Stück Fleisch beim Garen entwickelt. Den zweiten Teil der Garung übernimmt nun die heiße Sauce, in der das Fleisch „gar zieht". Die zurückhaltende Temperatur dient dazu, dass das Fleisch nicht zu fest wird. Durch das ***Garziehen*** *in einer Flüssigkeit wird natürlich ein* ***Feuchtigkeitsverlust*** *des Fleischs verhindert, was ebenfalls zur Zartheit beiträgt.*

ANRICHTEN: Die Filetscheiben werden auf dem Teller mit etwas von den kolorierten Schalotten aus dem Bratansatz belegt und mit der Sauce umgeben.

Vorschlag für eine Beilage:

Lauchgemüse

Zutaten:
100 g Lauchstreifen von weißen und leicht grünen Teilen (= etwa 2 mittlere Lauchstangen)
20 g Butter
Salz
Pfeffer aus der Mühle
einige Spritzer Zitrone
½ TL Zucker
1 TL Honig

ZUBEREITUNG: Den Lauch versäubern. Dann erst quer in etwa 8 cm lange Stücke, danach längs mit mehreren Schnitten in Streifen schneiden. Die Streifen mit etwas Wasser (es sollte nicht mehr sein, als die halbe Höhe des Lauchs), der Butter und der **Zitrone** in einen kleinen Topf geben. Aufkochen und warten, bis die Streifen ein wenig weich geworden sind. Dann Zucker und **Honig** dazugeben, gut unterrühren und bei geschlossenem Deckel und niedriger Hitze minimal köchelnd weitergaren. Kurz vor dem Servieren den Deckel entfernen und bei größerer Hitze den Rest Flüssigkeit fast vollständig reduzieren.

Erläuterung zur Beilage Lauchgemüse: *Die Aufteilung der Lauchstangen in weiße und grüne Teile hat aromatische Gründe. Die weißen Teile sind sehr viel milder als die grünen Teile. Die Beigabe von einerseits etwas Zitrone und andererseits etwas Zucker und Honig macht sich nicht unbedingt als Süße und Säure bemerkbar, sondern würzt das Gemüse komplex, aber dezent. Beim Versäubern des Lauchs schneidet man die Wurzeln und einige Millimeter vom Ende des Lauchs ab.*
Die Garung findet hier nicht – wie bei Gemüse oft angewendet – in Salzwasser statt. Die Garung in Salzwasser hat den Nachteil, dass Aroma an das Wasser abgegeben wird und damit verloren ist. Bei unserer Garung bleibt das komplette Aroma erhalten, weil nur ein Minimum an Flüssigkeit eingesetzt wird, das zudem komplett als Sauce dem Gemüse wieder zugeführt wird. An die Einstellung des Herds zum minimalen Köcheln mit wenig Flüssigkeit muss man sich etwas herantasten, damit die Hitze nicht doch zu groß wird und das Gemüse anbrennt.

Das Senf-Sahne-Filet mit Lauchgemüse kann man am besten mit Salzkartoffeln servieren, die in einem mit 16 g Meersalz pro Liter aromatisierten Wasser gegart wurden.

VARIATIONSMÖGLICHKEITEN: Es gibt eine ganze Reihe von **Senfsorten**, die man natürlich im Prinzip hier ebenfalls verwenden kann. Eine klassische **Variation** mit viel Tradition wäre die mit einem **„Moutarde à l'ancienne"**, einem Senf mit ganzen Senfkörnern. Es ist aber ohne Weiteres möglich, verschiedene aromatisierte Senfsorten einmal auszuprobieren oder sich – warum nicht – eine eigene Senfmischung herzustellen. Zu dem Gemüsespektrum passt allerdings der angegebene nicht sehr scharfe **Dijon-Senf** und der Senf mit Senfkörnern am besten.

Schweinekotelett

ALLGEMEINE ÜBERLEGUNGEN: Das „ganz normale" Schweinekotelett gehört vermutlich zu den Produkten, die am häufigsten mal eben in die Pfanne gelegt, in ein paar Minuten irgendwie gebraten und ohne viel Beilagen gegessen werden. Wer so etwas häufiger macht, wird wissen, dass das Kotelett so gut wie nie zart ist und aromatisch auch nicht so viel hergibt. Vielleicht ist das sogar der eigentliche Grund für die Beliebtheit des Koteletts: Das Fleisch bekommt ein paar schöne Röstnoten vom Braten, schmeckt aber nicht besonders intensiv „nach Fleisch". Wie auch immer: Mit dem wirklichen kulinarischen Potenzial eines Koteletts hat das alles nichts zu tun. Wer jemals ein wirklich gutes Kotelett von einem Schwein bester Herkunft gegessen hat, wird wissen, dass es hervorragend sein kann und in keiner Weise gegenüber Kalb oder Rind zurückstehen muss. Um einen guten Eindruck von dem Potenzial eines Schweinekoteletts zu gewinnen, sollte man also grundsätzlich einmal eine solche gute Sorte probieren. Der zweite Weg zu einem guten Kotelett ist die Kochtechnik. Wer die Technik der Garung umstellt und damit deutlicher auf die speziellen Probleme mit dem Schweinefleisch eingeht, hat auch dann gute Erfolgsaussichten, wenn er sich mit „ganz normalen" Fleischqualitäten begnügen muss. Eine wichtige Grunderkenntnis muss dabei sein, dass ein einzelnes Kotelett, einfach nur in die Pfanne gelegt, kaum jemals gut gegart werden kann. In dem Moment, wo man der Garung mehr Zeit gibt und ein etwas größeres Stück gart, sieht alles sofort völlig anders aus.

Schweinekoteletts, am Stück gebraten, mit Gemüse-Lavendel-Nage

Für 2 Personen

ZUTATEN:
Zwei Schweinekoteletts mit Knochen, in einem Stück, also noch nicht getrennt (ca. 700 g)
40 g Butter
10 g Schalottenwürfel
je 20 g Karotten, Lauch und Staudensellerie (in kleinen Stückchen)
1 mittleres Lorbeerblatt
5 Pimentkörner
Pfeffer
1 gehäufter TL Lavendelhonig

ZUBEREITUNG: Das Fleisch rund eine Stunde vor dem **Braten** aus dem Kühlschrank nehmen. Ofen auf 180 Grad vorheizen. In einer antihaftbeschichteten Pfanne 30 g **Butter** schmelzen lassen. Bei **mittlerer Hitze** das Fleisch rundum sorgfältig **kolorieren**, bis eine durchgehende Bräune erreicht ist. Gegen Ende die restliche Butter dazugeben und das Fleisch einmal mit der Butter überglänzen. Das Fleisch entnehmen und das Gemüse in dem Bratsud kurz anschwitzen. Lorbeer und Pimentkörner dazugeben. Das Fleisch rundum sorgfältig pfeffern, dann senkrecht in eine Schale (z. B. Lasagneschale oder kleinen, flachen Bräter) stellen, den Sud und etwa 50 ml Wasser angießen. Nun das Fleisch alle 10 Minuten in eine andere Lage bringen und mit dem Sud überglänzen. Nach 40 Minuten den Lavendelhonig über das nun wieder in der ersten Position stehende Fleisch geben und dafür sorgen, dass er sich regelmäßig über der Oberfläche verteilt.
Temperatur auf 100 Grad reduzieren und weitere 20 Minuten garen. Dabei alle 5 Minuten mit dem Sud überglänzen.
Das Fleisch entnehmen und in eine Aluminiumfolie verpackt an einem warmen Ort 10 Minuten ruhen lassen.

Anrichten: Zum Anrichten das Fleisch innen entlang des Knochens vom Knochen schneiden und diese dicke Scheibe in der Höhe in zwei Scheiben halbieren.

Erläuterungen zum Schweinekotelett mit Gemüse-Lavendel-Nage: *In der Regel liegen die Koteletts beim Metzger oder im Supermarkt einzeln vorgeschnitten in Schalen. Für unser Beispielrezept ist es unbedingt notwendig, die zwei Koteletts (oder mehr, wenn man mehrere Stücke für mehr Gäste braucht) am Stück und frisch vom ganzen Kotelettstrang geschnitten zu bekommen, damit das Fleisch so wenig wie möglich ausgetrocknet ist. Die Knochen und die anhängenden Fettreste dienen beim Garen vor allem dem Geschmack. Man sollte also von dem Stück nichts abschneiden, das heißt nicht das machen, was man an anderer Stelle „versäubern" nennt. Ein zweiter Grund für das Mindestmaß von zwei Koteletts am Stück ist, dass diese Koteletts senkrecht in den Ofen gestellt werden können. Das wiederum ist die Voraussetzung für das hier angewandte Garverfahren.*

Von den Zutaten sind die ***Pimentkörner*** *(auch „Nelkenpfeffer" oder „Jamaika-Pfeffer" genannt) meist recht gut zu bekommen. Anders könnte die Lage beim Lavendelhonig sein. Man sollte ihn dennoch nach Möglichkeit nicht durch einen anderen Honig ersetzen. Bei der Zubereitung eines etwas größeren Fleischstücks ist es notwendig, besonders sorgfältig zu kolorieren. Um diesen Vorgang gut zu kontrollieren, benutzt man am besten eine Pfanne mit Antihaftbeschichtung. In anderen Pfannen würde das Fleisch schnell am Pfannenboden festkleben und anbrennen. Die Koteletts werden nicht nur auf den beiden flachen Seiten angebraten, sondern auch auf allen anderen Seiten. Dazu wird das Fleisch regelrecht auf die Seiten gestellt und notfalls auch mit Löffeln oder Gabeln festgehalten. Wenn das Stück rundum ein schönes, mittleres braun ohne dunkle Stellen hat, ist dies genau richtig. Die Buttergabe nach dem Anbraten dient dazu, den Feuchtigkeitsverlust von außen etwas auszugleichen und gleichzeitig das Fleisch leicht zu aromatisieren. In*

►►

der Pfanne bilden sich in der Regel und trotz Antihaftbeschichtung leichte Bratspuren, die man im Zusammenhang mit dem Anbraten des Gemüses mit einem Holz- oder Kunststoffschaber o. ä. vom Boden ablöst. Sie dienen dann später zur Aromatisierung des Gemüses. Nachdem man das Fleisch in die Schale gestellt hat, kommt die kleine Wasserzugabe dazu, damit man für das Überglänzen des Fleischs genügend Material zur Verfügung hat. In der Schale bildet sich im Verlauf der Garung ein Sud aus dem Wasser, dem Brat- und Gemüsesud und etwas Fleischsaft und Fett vom Fleisch. Das Fleisch wird zuerst mit diesem Sud überglänzt, damit es zunächst eine herzhafte Grundnote bekommt. Der **Honig** *kommt später dazu und bildet eine Art Oberflächenlasur. Die* **Temperatursteuerung** *hat eine wichtige Bedeutung. Die Ausgangstemperatur von 180 Grad ist eine sehr verbreitet eingesetzte Temperatur für jede Art von „normalen" Braten etc. In der Regel wird der Backofen auf diese Temperatur vorgeheizt. Das Absenken der Temperatur auf 100 Grad (und damit eine Verlangsamung der Garung) hat in unserem Fall den Sinn, zum Schluss der Garung noch etwas Zeit zu gewinnen, um eine konzentriertere Aromatisierung der Außenhülle des Fleischs vorzunehmen. Während der ersten Periode verhindert das* **Überglänzen** *mit Flüssigkeit vor allem die Austrocknung des Fleischs. Beim abschließenden Überglänzen mit Honig sollte man die Temperatur auch deshalb nicht zu hoch wählen, weil sonst die Gefahr besteht, dass der Zucker im Honig zu stark karamellisiert und man unter Umständen unerwünschte Bitternoten bekommt. Unter* **Karamellisieren** *versteht man den Vorgang, bei dem man Zucker unter Hitzeeinwirkung schmilzt. Dabei entsteht zunächst ein mehr oder weniger farbloser Sirup, der sich unter weiterer Hitzeeinwirkung aber langsam bräunlich einfärbt. Die dazu gehörende aromatische Entwicklung zeigt erst den typischen „Karamell-Geschmack", der aber mit dem weiteren Abdunkeln der Farbe zunehmend Bitterstoffe entwickelt.*

Das Überglänzen am Schluss ist ausgesprochen wichtig für den Erfolg dieses Rezepts. Dass man durch das häufige Öffnen der Ofentür jeweils für einen kleinen Temperaturabfall sorgt, spielt zu diesem Zeitpunkt der „Abbremsung" der Garung keine Rolle mehr. Zur Bedeutung und Funktion der Ruhezeit siehe auch unter Nummer 5.

Der Schnitt beim Anrichten ist sehr einfach. Man fährt mit einem scharfen Messer innen am Knochen entlang und löst so das Fleisch komplett aus. Die in der Garschale entstandene Flüssigkeit lässt sich inklusive ihrer Bestandteile und ohne weitere **Reduktion** *als* **Sauce** *einsetzen. Diese Sauce ist zwar dünnflüssig, hat aber ein so spezifisches Aroma, dass man es nicht zum Beispiel durch Bindung der Sauce mit Butter verändern sollte.*

Beilagen zum Schweinekotelett mit Gemüse-Lavendel-Nage:

Kartoffelpüree mit wenig Muskat

Siehe dazu das Rezept unter Nummer 3. Da der Rosenkohl (siehe unten) deutlicher mit Muskat aromatisiert wird, sollte das Kartoffelpüree relativ neutral bleiben.

Getrockneter Parma-Schinken, knapp unter 100 Grad

Über das Trocknen gibt es detailliertere Informationen unter Nummer 13. Für dieses Rezept heizt man den Backofen auf knapp unter 100 Grad vor. Die Scheiben eines handelsüblich in dünne Scheiben geschnittenen Parma-Schinkens mit einem möglichst geringen Fettanteil werden nebeneinander auf einem Rost ausgelegt und in den Ofen gestellt. Die Zeit zum Trocknen hängt etwas von der Dicke der Scheiben ab. In der Regel sind die Scheiben nach etwa 15 bis 20 Minuten so, dass sie schon recht trocken wirken, aber noch ein klein wenig elastisch sind. Wenn man sie nun aus dem Ofen nimmt, werden sie an der Luft in wenigen Sekunden fest und kross.

Rosenkohl

Zum Putzen des Rosenkohls schneidet man ihn etwas oberhalb des Fußes glatt ab, entfernt die Deckblätter und schneidet den Fuß kreuzweise etwa 5 mm tief ein. In einer Pfanne oder einem flachen Topf lässt man etwa 20 g Butter schmelzen. In dieser **Butter** werden 2 Scheiben leicht geräucherter **Bauchspeck** von je 15 Gramm leicht angebraten. Danach wird soviel Wasser angegossen, dass der Boden leicht bedeckt ist. Den **Rosenkohl** in einer Schicht in den Topf legen, einige Spritzer **Zitrone** und weitere 20 g Butter zugeben, den Rosenkohl mit minimal **Salz** und **Pfeffer** und etwa einer **Messerspitze** von frisch gemahlenem Muskat würzen.
Den Deckel auflegen und den Rosenkohl bei milder Hitze ohne sprudelndes Kochen garen. Er ist gar, wenn man mit einer Messerspitze ohne Schwierigkeiten in den Rosenkohl eindringen, den Kohl aber noch mit dem Messer hochheben kann. Zur Fertigstellung den Deckel entfernen und den Herd auf volle Leistung stellen. In kurzer Zeit wird der komplette Sud verdampfen, und der Rosenkohl wird leichte braune Bratspuren zeigen. Eventuell kann man im letzten Moment nochmals eine kleine Portion Butter dazugeben. Diese Kolorierung bringt dem Rosenkohl ein ganz typisches Aroma.

Sensorische Erläuterungen zum Rezept mit Beilagen: Die **Zartheit** eines Fleischs wird nicht unbedingt immer objektiv empfunden, sondern kann durch bestimmte Kombinationen mit anderen Elementen beeinflusst werden. Wenn man zum Beispiel das Fleisch mit einem härteren Element kombiniert, konzentriert sich die Aufmerksamkeit zunächst auf das härtere Element. In diesem Fall wäre das der getrocknete Schinken, der übrigens nicht hart im engeren Sinne, sondern kross und zerbrechlich ist. Wenn man also ein Stückchen Fleisch mit dem getrockneten Schinken kombiniert, wirkt das Fleisch noch zarter. Eine ähnliche Wahrnehmung hat man teilweise auch, wenn man das Fleisch mit weichen Elementen kombiniert. Hier ist es dann aber nicht der Kontrast, sondern die Ähnlichkeit, bei der wir unter Umständen nicht wissen, worauf wir gerade kauen. Dieser Effekt ist übrigens bei der Kombination von weichen Pilzscheiben und Fleisch besonders deutlich zu beobachten.
Unter sensorischen Aspekten wirkt ein Stück Fleisch dann besonders zäh, wenn wir verschiedene Dinge im Mund haben, die alle mehr oder weniger schnell zerkaut werden oder sich auflösen (wie etwa Püree) und verschwinden, während wir aber immer noch auf dem Fleisch kauen. Wollen wir – selbst bei festerem Fleisch – diesen Effekt verhindern, müssten wir das Fleisch mit etwas kombinieren, auf dem man ebenfalls recht lange kauen kann. Das würde zum Beispiel für Nussstückchen gelten. Der Effekt ist so, dass wir einfach nicht mehr merken, dass wir lange auf dem Fleisch kauen, weil sich der **Akkord** mit den **Nüssen** so lange hält.

Schweinebraten

Allgemeine Überlegungen: Es ist leider so, dass der Schweinebraten heute fast grundsätzlich mit einer **traditionellen und eher gutbürgerlichen Küche** verbunden wird. Diese wiederum hat für viele Menschen ein nicht besonders gutes Image, da mit diesem Essen immer Begriffe wie „grob", „schwer", „fettig" oder auch „ungesund" verbunden werden. In unseren Assoziationen zum Schweinebraten finden sich – wenn es gut geht – die Bilder von wunderschönen Landgasthöfen oder „zünftigen" Brauhäusern. Wenn es nicht so gut geht aber vielleicht auch solche von einem altmodisch-unbeweglichen Publikum, für das ein Essen immer furchterregend „rustikal" zu sein hat und vor allem in großer Portion serviert werden muss.

Das alles sollte man aber nicht dem Schweinebraten zur Last legen. Ein Schweinebraten kann hochfein sein, und vieles von dem Thema um Fett und gesundes oder ungesundes Essen, ist bei genauerer Betrachtung vor allem eine Frage der Menge.

Wer sich also ernsthaft mit der Erweiterung seiner kulinarischen Kompetenz befassen will, sollte sich mit der Materie befassen und nicht mit Vorurteilen aller Art.

Thema unseres Rezeptes ist ein **„Krustenbraten"**, der sich dadurch auszeichnet, dass er nicht nur aus dem reinen („schieren") Schweinefleisch besteht, sondern eine Kruste hat, die durch eine spezielle Bearbeitung der Schwarte entsteht.

Um neben der reinen Kochtechnik noch einen kleinen weiteren Anreiz zu haben, ist unser Beispiel aromatisch etwas komplexer gestaltet und ermöglicht ein wirklich kurzweiliges Essen.

Krustenbraten mit Trockenfrüchten und Gemüse

Für 4 Personen

Zutaten:

2 Stücke Schweinebraten mit Kruste von je 550–650 g Gewicht, am besten als möglichst hohes und nicht als flaches Stück
15 g ungesalzene Butter
2 EL Olivenöl
25 g Schalottenwürfel
je 30 g Karotten, Staudensellerie und Lauch in Würfeln/Abschnitten
30 g leicht geräucherter Bauchspeck in Scheiben
je 35 g getrocknete Aprikosen, Pflaumen, Birnen und Datteln in kleinen Würfeln
100 ml Gemüsefond (aus dem Glas)
200 ml Kalbsfond (aus dem Glas)
Pfeffermix aus der Mühle

Erläuterungen zu den Zutaten des Krustenbratens:

Das Fleisch für einen Krustenbraten ist in Metzgereien und Supermärkten oft fertig vorbereitet im Angebot. Man sieht ein Stück Schweinebraten mit der Schwarte, die oft schon in Quadrate von ungefähr 1×1 cm Größe eingeschnitten ist. Diese Vorbereitung ist nicht immer optimal, weil man über die oft unterschiedliche Tiefe dieser Schnitte durchaus diskutieren kann. Sind die Schnitte so tief, dass sie bis auf das Fleisch gehen, wird zwar das Fleisch unter der Schwarte besser aromatisiert, dafür lässt sich die Kruste aber normalerweise nicht so gleichmäßig rösten, weil die Hitze zu tief in die Fettschichten eindringen kann und dann kleinste Unregelmäßigkeiten bei der Größe der Quadrate zu einer unregelmäßigen Garung führen können. Am besten schneidet man die Schwarte mit einem scharfen Messer selbst ein. Die möglichst ähnliche Größe der beiden Fleischstücke ist wegen der Gleichmäßigkeit der Garung wichtig. Die angegebenen Stücke ergeben nicht zu große Scheiben Braten, die ein günstiges Verhältnis zwischen Kruste und Fleisch haben.

*Bei den Zutaten empfiehlt sich für den **Bauchspeck** nicht nur eine milde Räucherung, sondern auch eine geringe Salzigkeit. Das **Trockenobst** gibt es natürlich in sehr vielen Qualitätsstufen. In diesem Fall reicht aber die handelsübliche Ware aus Zusammenstellungen mit gemischtem Trockenobst.*

ZUBEREITUNG: Den Ofen auf 200 Grad vorheizen. Die Fettkruste des Bratens mit einem scharfen Messer kreuzweise so einschneiden, dass Quadrate von etwa 1 bis 1,5 cm Kantenlänge entstehen. Dabei möglichst nicht bis ins Fleisch schneiden sondern nur in die Fettschicht. In einer Pfanne bei mittlerer Hitze die **Butter** mit dem Öl schmelzen lassen. Das Fleisch auf der Hautseite sorgfältig so anbraten, dass die oberste Hautschicht schon deutlich kross ist. Fleisch entnehmen und zur Seite legen.

Das Gemüse und den Bauchspeck in dem Bratfett anschwitzen. Das Fleisch dazugeben und rundum in etwa 5 Minuten anbraten. Das Fleisch abermals entnehmen und zur Seite legen. Die Trockenfrüchte zum Gemüse in die Pfanne geben und kurz anschwitzen. Dann die beiden **Fonds** angießen, die Hitze erhöhen und die Flüssigkeit in 3 Minuten etwas reduzieren.

Das Fleisch rundum gut pfeffern. Fleisch mit der Haut nach unten in einen flachen Bräter oder eine Pfanne legen. Den Sud darüber geben und 55 Minuten braten (oder bis zu einer Kerntemperatur von 69 Grad). Dabei mehrmals mit dem Sud überglänzen. Das Fleisch entnehmen und auf der Fleischseite liegend mit einer Aluminiumfolie bedeckt 10 Minuten ruhen lassen. Den Sud auf dem Herd gegebenenfalls noch etwas reduzieren, bis nur noch wenig Flüssigkeit vorhanden ist. In der Zwischenzeit den Herd auf Oberhitze und höchste Temperatur stellen (normalerweise 250 Grad). Kurz vor dem Servieren den Braten mit der Hautseite nach oben für etwa 3 Minuten auf dem höchsten Rost in den Ofen schieben. Die Kruste ist fertig, wenn sie durchgehend kräftig gebräunt und kross ist.

▶▶

Erläuterungen zur Zubereitung: *Die Ofentemperatur ist hier ein wenig höher angesetzt, weil die Kruste mehr Hitze braucht, um nicht nur am Ende der Garung kross zu werden, sondern auch rechtzeitig etwas Fett abzugeben, das wiederum für die Garung des ganzen Bratens wichtig ist. Der folgende, auf den ersten Blick ziemlich komplex wirkende Bratvorgang funktioniert nach einem einheitlichen Prinzip, nämlich dem der sorgfältigen Aromatisierung des Fleisches. Dass man das Fleisch mehrmals wieder aus der Pfanne nimmt, spielt zu diesem Zeitpunkt für die Entwicklung der* **Innentemperatur** *noch keinerlei Rolle. Es würde erst dann eine Rolle spielen, wenn das Fleisch schon so nahe an seiner endgültigen* **Kerntemperatur** *angelangt ist, dass man sich darauf konzentrieren muss, diese weder zu überschreiten noch den Braten auskühlen zu lassen. Am Anfang steht wie üblich das sorgfältige Anbraten des Fleischs, das in diesem Fall kräftiger ausfallen sollte, um entsprechend kräftigere Röstnoten zu erzielen. Die weiteren Schritte dienen dazu, erst klare Gemüse- und Specknoten zu übertragen und dann – in dezenterer Form – die Fruchtnoten und die Süße der Trockenfrüchte. Das Fleisch kommt mit der gerasterten Haut nach unten in den Bräter, damit einerseits das durch die Hitze ausgelöste Fett wieder zum* **Überglänzen** *der anderen Seite des Bratens eingesetzt werden kann und andererseits auch die spätere Kruste ein volles Aroma mitbekommt. Nach Abschluss des ersten Garvorganges ist die Kruste also noch nicht kross, aber bereits gut aromatisiert. Der zweite Garvorgang, die Erzeugung der Kruste, ist mit voller Absicht von dem ersten getrennt. Man könnte natürlich auch eine Kruste erzielen, wenn man den Braten mit der Schwarte nach oben lange genug im Ofen lässt. Dabei ist es aber wahrscheinlich, dass die Kruste zu viel Fett verliert und nur noch hart ist, während gleichzeitig die andere Seite des Bratens nicht sorgfältig genug behandelt wird, weil sie zum Beispiel nicht überglänzt würde (von der Gefahr der Übergarung des Kerns ganz zu schweigen). Beim Erzeugen der Kruste mithilfe starker* **Oberhitze** *gibt es das Problem nicht. Die starke Hitze sorgt in kurzer Zeit für eine schöne Kruste, ohne dass die Kerntemperatur zu hoch und der Braten übergart wird. Während in normalen Backöfen nur ein relativ kleines Stück Heizschlange die Arbeit tut, sind in den Spezialgeräten für solche Zwecke, den* **„Salamandern“**, *wesentlich mehr vorhanden, die eine wesentlich höhere Hitze und entsprechend wirkungsvollere und kürzere Grillzeiten ermöglichen. Der Braten sollte in einem normalen Ofen nur etwa einige Zentimeter unterhalb der Heizschlangen platziert werden.*

Empfohlene Beilage

Junge Zwiebeln süß-sauer

Allgemeine Vorüberlegung: Das aromatische Bild unseres Schweinebratens ist leicht süßlich – was allgemein sehr gut zum Schweinebraten passt. Um ein abgerundetes Gericht zu bekommen, ist es oft von Vorteil, die jeweils vorherrschende Tendenz mit einem Gegensatz sozusagen auszugleichen. In diesem Fall empfiehlt sich das klassische Geschmacksbild der Zwiebel, aber in einer leicht speziellen Ausführung, die sich sensibler in das Spektrum von Obst und Gemüse einordnet. Die jungen Zwiebeln (Lauchzwiebeln mit deutlicher Knolle) sind wesentlich milder und bekommen mit dem **Honig** und dem Kardamompulver ein leicht exotisches Aroma.

Zutaten:
150 g junge Zwiebeln (etwa 4 Stück)
20 g Butter
50 ml trockener Weißwein (z. B. Colombard)
70 ml Kalbsfond (aus dem Glas)
1 gehäufter TL Honig
Pfeffermix aus der Mühle
⅓ TL Kardamompulver

Zubereitung: Von den Zwiebeln den Boden und den Stängel abschneiden. Dann zuerst in Scheiben von ca. 5 mm Dicke, dann in Streifen schneiden. In einem kleinen Topf bei **mittlerer Hitze** die Butter **schmelzen** lassen. Die Zwiebelstreifen dazugeben und unter ständigem Rühren anschwitzen. Die Zwiebeln dürfen keinerlei Bratspuren bekommen. Mit dem **Wein** ablöschen und den Fond angießen. Den Honig einrühren, dann den Deckel auflegen und etwa 15 Minuten ganz leicht köchelnd garen. Danach den Deckel entfernen, mit vier **Schlägen** Pfeffer und dem Kardamom würzen. Gut umrühren. Die Hitze etwas erhöhen und die noch vorhandene Flüssigkeit fast ganz **reduzieren**.

Erläuterung zur Zubereitung: *In diesem Fall sollte man mit dem Anschwitzen der Zwiebeln besonders vorsichtig sein, was in der Regel begrenzte Temperatur und ständiges Rühren bedeutet. Würde man zum Beispiel die Hitze recht hoch wählen und den Honig früh dazugeben, würde der Zucker im Honig schnell zu stark* ***karamellisieren****, dunkel werden und zusammen mit den Zwiebeln sehr schnell anbrennen. Wenn sich im weiteren Verlauf bei der geschützten Garung mit geschlossenem Deckel (geschützt gegen Austrocknung durch Erhalten des Feuchtigkeitskreislaufes) die Zutaten alle gut vermischt haben, kann man nach Entfernen des Deckels vergleichsweise risikolos den Sud reduzieren.*
Das ***Kardamompulver*** *ist in der herzhaften Küche ein wichtiges Element zur „Belüftung" von Aromen. Die ätherischen Öle wirken leicht frisch. Das Pulver wird übrigens nicht aus den Körnern (die völlig anders schmecken) gewonnen, sondern aus den Kardamomkapseln.*

Weitere Beilagen

Eine **„Sättigungsbeilage"** sollte es in der besseren Küche eigentlich nicht geben. Fleisch mit Sauce inklusive der Einlagen plus ein weiteres Element sind eigentlich genug. Will man für ein Hauptgericht aber dennoch mehr Elemente auf dem Teller haben, empfiehlt sich relativ neutrales Material wie Kartoffelpüree (in diesem Fall eher herzhaft gewürzt) oder auch Reis – wobei man hier keinen Milchreis, sondern am besten eine Mischung aus verschiedenen Naturreis- oder auch Wildreissorten einsetzen könnte.

Schweinshaxe mit Weizenbier und Kräutern

Allgemeine Vorüberlegungen: Nachdem wir uns mit dem klassischen Krustenbraten vom Schwein in einer optimierten und ein wenig individualisierten Variante befasst haben, können wir uns ganz sicher auch sinnvoll mit einem der ganz besonders geliebten wie umstrittenen Stücke vom Schwein befassen: der Schweinshaxe. Leider ist dieses kulinarisch so interessante Objekt für viele Leute der Inbegriff für das, was man nicht essen sollte – in der Einleitung zum Krustenbraten war davon schon die Rede. Vielleicht ist es eine Ermutigung, wenn man darauf hinweist, dass „so etwas" zumindest in Frankreich auch schon einmal in einer luxuriös getrüffelten Form auf den Tisch von Drei-Sterne-Restaurants kommt. Mit ein wenig kulinarischer Logik kommt man allerdings schnell auf die klaren Vorzüge der Schweinshaxe: Das Fleisch kann kräftig angebraten werden, es wird dann geschmort, und es wird am Knochen gegart, was wegen der Beteiligung von Knochenmark, aber auch allerlei Sehnen und einigen Fettsträngen, als ideale Voraussetzung für einen guten Geschmack gilt. Und – wenn man es ganz nüchtern sieht, ist das Angebot von Schweinshaxen vielleicht qualitativ unterschiedlich, aber kaum jemals wirklich schlecht. In unserem Beispiel geht es um eine Optimierung der Zubereitung der Schweinshaxe und natürlich um eine ganz interessante Ergänzung, die auf den ersten Blick ungewöhnlich klingt, aromatisch aber ausgesprochen gut zur Haxe passt.

Schweinshaxe mit Weizenbier und Kräutern

Für 4 Personen

Zutaten:

4 Schweinshaxen
Olivenöl

Für den Sud:

60 g Zwiebeln
50 g Staudensellerie
60 g Karotten
40 g Petersilienwurzel
50 g Lauch
3 Zweige Thymian
200 ml Kalbsfond
200 ml Weizenbier
1 großes Lorbeerblatt
8 Pimentkörner
1 gehäufter TL Kümmel (ganz)

Für die Kräuterfüllung:

pro Haxe 2 Büschel aus jeweils 2 Zweigen Majoran (ca. 10 cm), 4 Zweigen Thymian und 2 Zweigen Rosmarin binden

Zubereitung: Den Ofen auf 175 Grad (Unter- und Oberhitze) vorheizen. Die Haxen bei etwas mehr als mittlerer Hitze rundum im Öl anbraten. Derweil die Zutaten für den Sud in einen Topf geben, aufkochen und um etwa ein Drittel reduzieren. Haxen und Sud auf einem geeigneten Einschub (Kuchenblech, Lasagne-Schalen o. ä.) für zunächst 1½ Stunden in den Ofen geben. Die Haxen liegen dabei am Anfang so, dass die Hautseite (Schwarte) oben ist. Ca. alle 15–20 Minuten die Haxen in eine andere Lage bringen und mit dem Sud überglänzen. Nach Ablauf der ersten Garphase die Schwarte kreuzweise einschneiden (aber nicht durchschneiden), sodass sich ein Raster von ca. 1 cm Kantenlänge bildet. Eine weitere Stunde garen, die Lage verändern und überglänzen, sodass die Haxe rundum aromatisiert wird. Nach insgesamt 2½ Stunden die Haxen entnehmen. Links und rechts vom Knochen auf der Hautseite eine Tasche von ca. 3 cm Tiefe schneiden. Jeweils ein Kräuterbüschel hineinstecken und mit Küchengarn fest zubinden. Für weitere 45 Minuten mit der Schwarte nach oben in den Ofen geben. Vor dem Servieren 10 Minuten unter einer lose aufgelegten Aluminiumfolie ruhen lassen.
Das Küchengarn entfernen und servieren.

Erläuterungen: *Das Prinzip dieser Zubereitung ist uns schon vom Krustenbraten her bekannt. Es geht darum, die Haxe vom sorgfältigen Anbraten bis zum Überglänzen mit einem eigens angefertigten Spezialsud und der „Schluss-Aromatisierung" mit frischen Kräutern aromatisch immer weiter aufzuwerten und in eine echte Delikatesse zu verwandeln. Bei den Zutaten spielt die Kombination aus Fond und Weizenbier eine große Rolle. Sie bildet mit ihrer Mischung aus*

►►

feinem Fleischaroma und mild-herbem Bier den aromatischen Hintergrund, den die anderen Aromen des Suds noch weiter differenzieren. Die Logik der Verwendung von Bier ist dabei ganz klar: Wenn das Bier gut zur Schweinshaxe schmeckt, ist es auch möglich, die Schweinshaxe mit Bier zu aromatisieren. Während es in den vielen klassischen Rezepten mit Bier allerdings mehr oder weniger beim Bier bleibt, ist hier dafür gesorgt, dass die Aromatisierung weiter verfeinert wird und dadurch sehr viel mehr aromatischer Tiefgang zustande kommt.

Die Zubereitung klingt vielleicht so, als müsse man die ganze Zeit vor dem Ofen sitzen und den Werdegang der Haxe beobachten. Um ehrlich zu sein: das wäre auf keinen Fall die schlechteste Lösung. Auf dem Weg zu wirklich guten Kochleistungen gibt es verschiedene Stufen der Erkenntnis mit jeweils unterschiedlichen Folgen für das Verhältnis zum Kochen. Die Stufe, auf der man beginnt, sich wirklich voll und ganz auf das Kochen zu konzentrieren und jeden Millimeter der Arbeit in einer Art klarem kulinarischen Bewusstsein tut, ist eine der wichtigsten.

Die Aromatisierung durch die **Kräuter** *an genau der genannten Stelle hat klare Gründe. Wenn man eine Schweinshaxe isst, hat man in der Regel eine deutlich aromatisierte äußere Schicht und weiter innen am Knochen sehr „pures", quasi nicht weiter aromatisiertes Fleisch. Diese inneren Schichten können aber durchaus ein wenig Aromatisierung vertragen und das am besten so, dass sie ihren puren Charakter nicht verlieren, sondern nur an der Oberfläche ein wenig behandelt werden. Die Kräuter, die zwischen Knochen und Fleisch „eingeklemmt" werden, tun genau diese Arbeit. Sie werden dort nicht von Anfang an platziert, weil sie sonst zu stark auf das Fleisch einwirken würden. Mit der Technik unseres Rezeptes erzielt man dagegen genau den erwünschten Effekt. Wenn man das Fleisch von dieser Stelle isst, wird man als Erstes die verblüffende Frische feststellen, die die Kräuteraromen in diese geschmorte Umgebung bringen. Danach wird man feststellen, dass diese Aromatisierung durch die Kräuter nur eine begrenzte Tiefe im Fleisch erreicht, also das Fleisch auf keinen Fall zu stark aromatisiert.*

Getrocknete Elemente, konfierte und weiterverarbeitete Elemente

Allgemeine Überlegungen: Wenn man die gehobene Gastronomie betrachtet, könnte man eigentlich von einer Rückkehr des Schweines „durch die Hintertür" sprechen. Schweinekotelett oder Schweinebraten finden sich dort zwar selten, und wenn überhaupt, dann in Form von Spanferkel-Zubereitungen, die – wie oft bei Jungtieren der Fall – zwar extrem zart werden, aber relativ wenig Geschmack im Vergleich zu einem hervorragend gezüchteten, bestens frei lebenden, ausgewachsenen Tier haben. Mit „Hintertür" sind einige andere Dinge gemeint, die man mittlerweile fast überall findet. Dazu gehört natürlich zuallererst der getrocknete Schinken, der in fast allen kulinarischen Disziplinen vorkommt. Dann aber auch der konfierte Schweinebauch, der in manchen Restaurants schon fast eine Art Kultprodukt geworden ist. Wir werden sehen, warum. In jedem Fall sind diese Elemente entweder ausgesprochen gut einzusetzende, schnell herstellbare Elemente mit wichtigen texturellen Funktionen oder auch ganz spezielle Delikatessen, die so gut sind, dass man sie quasi ohne Beilagen essen kann.

Gröstel

Allgemeine Vorüberlegungen: Die gewürfelten und gerösteten Stückchen vom Schweinebauch sind ein sehr traditionelles und bis auf den heutigen Tag weit verbreitetes Element, das man von der rustikalen Wirtshausküche bis zur Spitzenküche antrifft. Die Herstellung ist denkbar einfach, die Verwendbarkeit als krosses Element und als ein gut dosierbares, leicht rustikales aromatisches Element ist fast universell – von Salaten über Fleisch- bis zu Fischgerichten.

Zutaten:
Die obere Schicht von einem Schweinebauch, etwa 1 cm dick, mit Haut und Fett

Zubereitung: Den Schweinebauch in etwa 1 cm breite Streifen und dann in Würfel schneiden. Eine Antihaftpfanne erhitzen, die Würfel hineingeben und bei mittlerer Hitze rundum **braten**, bis sie allseitig gleichmäßig kräftig koloriert sind. Dabei regelmäßig umrühren. Die Gröstel sind fertig, wenn sie auf etwa die Hälfte ihres Volumens geschrumpft sind. Die fertigen Gröstel auf einem Küchentuch abtropfen lassen.

Erläuterungen zur Herstellung der Gröstel: *Man braucht zur Herstellung der Gröstel tatsächlich keinerlei weitere Zutaten, weil die Gröstel in der heißen Pfanne sofort etwas Fett abgeben und dann darin braten können. Wie bei vielen Röstvorgängen in der Pfanne spielt die Intensität der* ***Kolorierung*** *eine große Rolle. Wird die Farbe dunkelbraun oder fast schwarz, haben sich auch Bitterstoffe gebildet und die Gröstel sind nicht mehr zu verwenden. Das Schrumpfen des Volumens rührt von dem Fettverlust her und signalisiert gleichzeitig – wie bei einer Saucenreduktion – eine Aromenverstärkung.*

Konfierter Schweinebauch

Als Element/Beilage für 8 Personen

Allgemeine Überlegungen: „Konfieren" ist eigentlich eine Eindeutschung des französischen Begriffs „Konfit", der dort meist für bestimmte eingemachte Produkte („Enten-Konfit") benutzt wird. Ursprünglich verstand man darunter eine Haltbarmachung durch Konservierung im eigenen Fett. Heute benutzt man den Ausdruck wesentlich umfangreicher für alle möglichen Formen von Produkten, die man gemeinsam eingelegt, gegart oder ziehen gelassen hat. Man kann den Begriff heute also nicht mehr genau definieren. Im Fall des konfierten Schweinebauchs geht es um ein Aromatisierungsverfahren, das langsam und in verschiedenen Stufen das Fleisch gleichzeitig gart und kräftig aromatisiert. Durch diese sorgfältige und aufwendige Behandlung bekommt dieses eigentlich sehr preiswerte Ausgangsmaterial eine erhebliche Qualität. Man bekommt den konfierten Schweinebauch – meist als Element eines Gerichts – heute in den besten Restaurants der Welt.

Zutaten konfierter Schweinebauch
Grundansatz:
2 sehr gleichmäßig strukturierte Stücke
Schweinebauch von 3–4 cm Höhe
und einem Gewicht von je rund 330 g
1 EL Olivenöl
5 g fein gehackter Knoblauch
Blättchen von 3–4 Thymianzweigen
2 Prisen grobes Meersalz
Pfeffermix aus der Mühle

Material:
Lasagneschalen oder andere
feuerfeste Schalen von einer Größe,
die das Fleisch knapp aufnimmt.

Zubereitung konfierter Schweinebauch
Grundansatz: Den Ofen auf 150 Grad vorheizen. Das Fleisch mit der Haut nach oben in die Schalen legen. Mit dem Olivenöl beträufeln und die weiteren Zutaten über das Fleisch geben. Dann die Schale für etwa 1 ¾ Stunde in den Ofen setzen. Die Grundgarung ist beendet, wenn die Hautschicht goldbraun ist. Die Haut darf keinerlei dunkel verbrannte Stellen bekommen.

Erläuterungen zum konfierten Schweinebauch, Grundansatz: *„Gleichmäßig strukturierte Stücke" sind Stücke, die in etwa eine ähnliche Verteilung der Fleisch- und Fettschichten haben. Diese gleichmäßige Verteilung erbringt dann ein gleichmäßig aromatisiertes Ergebnis. Gegen Ende der Garzeit vom Grundansatz geht es weiter mit der Vorbereitung des Suds für die zweite Garung.*

Zutaten konfierter Schweinebauch
Sud:
200 ml Geflügelfond (aus dem Glas)
1 EL Sojasauce
1 kleine, enthäutete und fein gehackte
Knoblauchzehe
1 knapper EL Ingwerwürfel
8 cm einer mitteldicken **Zitronengrasstange**
in Scheiben
1 mittleres Lorbeerblatt

Zubereitung konfierter Schweinebauch, Sud: Alle Zutaten in einem kleinen Topf zusammen aufkochen und 15 Minuten neben dem Herd ziehen lassen.

Fertigstellung: Nach Ablauf der Garzeit für den Grundansatz den vorbereiteten Sud vorsichtig – und nicht über die Kruste – angießen. Weitere 1 bis 1 ½ Stunden im Ofen garen. Die Garzeit hängt von der **Reduktion** des Suds ab. Der Sud darf nicht ganz reduzieren, sondern nur so weit, dass er noch flüssig ist. Danach die konfierten Stücke entnehmen und in Aluminiumfolie warm halten.
Den Sud je nach Verwendung noch weiter reduzieren.

Erläuterungen zum konfierten Schweinebauch: *Die hier verwendete Technik (sie stammt in groben Zügen von Eric Menchon, Küchenchef im Kölner Restaurant „Le Moissonnier") ist eine Technik der* ***doppelten Aromatisierung****, bei der das Fleisch quasi mit zweierlei aromatischen Schichten umhüllt wird. In der hier verwendeten Version kommen zwei etwas größere Stücke zum Einsatz. Eric Menchon schneidet diese Stücke noch weiter in Würfel auf. Das führt dazu, dass das Fleisch wegen des wesentlich anderen Verhältnisses zwischen Oberfläche und Masse deutlich stärker aromatisiert wird. Diese Technik ist weder besser noch schlechter, sondern verfolgt andere Ziele. Wenn man etwas größere Stücke benutzt, bleibt das Fleisch wesentlich natürlicher erhalten und gart im Inneren ohne eine zusätzliche Aromatisierung. Man kann dann beim Essen Scheiben von diesen Stücken schneiden, die nur von unten und von oben – nicht aber wie bei den Würfeln von insgesamt sechs Seiten – gegart sind.*

Die Technik des langsamen Konfierens hat im Fall des Schweinebauchs besondere Vorteile gegenüber einem etwaigen Braten der Stücke. Beim scharfen Braten würden sich die Fettschichten weitgehend auflösen. Beim wesentlich dezenteren Konfieren werden sie gegart, behalten aber eine wunderbar saftige Struktur, weil sie keinen Flüssigkeitsverlust durch zu große Hitze erleiden. Diese Fettschichten sind dann auch nicht „glibberig", sondern haben die spezifische, stabilere Textur von gegartem Fett. Das Aromenspektrum der Zutaten mit ***Knoblauch****,* ***Sojasauce*** *und* ***Zitronengras*** *erinnert ein wenig an die asiatische Küche, in der übrigens langsam konfiertes Schweinefleisch eine große Rolle spielt. Es ist dort häufig süß-sauer eingelegt. Wenn man in das hier verwendete Rezept eine leicht süße Note einbringen möchte, könnte man den Schweinebauch etwa 20 Minuten vor Ende der Garzeit mit* ***Honig*** *bepinseln. Diese Honigschicht würde leicht* ***karamellisieren****, also nicht nur süß werden, sondern die leichten Bitternoten eines etwas stärker erhitzten Karamells bekommen.*

▶▶

Beim konfierten Schweinebauch gibt es allerdings ein kleines Problem, das zwar nicht unbedingt stört, aber in einer extremen Form störend werden kann. Es geht um die Härte der oberen Hautschicht, der Schwarte, die dann durchaus hart und nicht wirklich kross (also letztlich doch gut zerkaubar) werden kann. Diese Kruste schmeckt ausgesprochen gut, weil sie von der Kombination aus Aromatisierung und Austrocknung viel Aroma in sich versammelt, kann aber so hart werden, dass sie nur schwer zu kauen ist. Für dieses Problem hat der Drei-Sterne-Koch Joachim Wissler vom „Vendôme" in Bensberg eine ausgesprochen trickreiche Lösung gefunden. Bei seinem konfierten Schweinebauch sieht die Kruste genauso aus wie bei dem hier verwandten Rezept, ist aber „nur" kross und wunderbar angenehm zu essen. Was hat Wissler gemacht? Hier ein kleiner Exkurs in die ausgetüftelte Kochtechnik der Spitzenküche:

Zunächst erzeugt Wissler auf ganz normalem Weg (siehe oben) eine Kruste, weil natürlich die Röstaromen der Kruste unverzichtbar sind. Dann aber dreht er das Stück Schweinebauch um und legt es mit der schon leicht krossen Seite in seinen Sud. Die gerade eben erst kross gemachte Schwarte wird in diesem Sud wieder weich – wobei sie allerdings noch mehr Aroma aufnimmt. Der nächste Schritt ist das Entfernen und Trocknen der Schwarte. Die nun schon in zwei aromatisierenden Arbeitsgängen behandelte, abgeschnittene Kruste wird im Ofen völlig getrocknet (so etwas macht man am besten bei etwas unter 100 Grad, siehe unter getrocknetem Schinken) und anschließend zermahlen bzw. mit einem Mörser zerstoßen. Das so gewonnene Pulver wird dann wiederum sorgfältig einige Millimeter hoch auf einer glatten Fläche ausgestreut, festgedrückt und nochmals kurz getrocknet. Es entsteht eine Art „virtuelle" Kruste, die gegenüber der ursprünglichen Kruste einen entscheidenden Vorteil hat: Sie ist wirklich nur kross und nicht hart und kann problemlos gegessen werden.

Getrockneter Schinken
(Ofentrocknung)

ZUTATEN GETROCKNETER SCHINKEN:
Handelsübliche Packung(en) mit dünn vorgeschnittenen Scheiben Parma-Schinken, San Daniele-Schinken oder Serrano-Schinken

MATERIAL:
ein Kuchengitter, Aluminiumfolie

ZUBEREITUNG GETROCKNETER SCHINKEN: Den Ofen auf 95 Grad (Ober- und Unterhitze) vorheizen. Den Schinken von größeren Fetträndern befreien und sorgfältig flach auf dem Kuchengitter auslegen. Das Gitter auf Aluminiumfolie (zum Auffangen des Fetts) für etwa 20 bis 30 Minuten (je nach Dicke der Scheiben) in den Ofen stellen. Der Schinken ist fertig getrocknet, wenn er nur noch einen Hauch elastisch ist. Den Schinken entnehmen und auf Küchenpapier abtrocknen lassen. Er wird dabei in wenigen Sekunden fest. Er hat die richtige Konsistenz, wenn er bröckelig-trocken ohne einen elastischen Kern ist.

Getrockneter Schinken
(Pfannentrocknung)

ZUTATEN:
siehe links, aber zur Fertigstellung wird eine antihaftbeschichtete Pfanne benutzt

ZUBEREITUNG: Die Pfanne ohne Fett auf etwas über mittlere Hitze vorheizen. Den Schinken in Streifen in die Pfanne legen und unter mehrmaligem Wenden trocknen. Der Schinken schrumpft dabei stark und wird wellig. Auf Küchenpapier trocknen lassen (siehe links).

Sensorische Erläuterungen zu den getrockneten, konfierten und weiterverarbeiteten Elementen: Es gibt kaum ein Element in der zeitgenössischen Küche, das so vielfältige Verwendung gefunden hat wie der getrocknete Schinken. Beim Aufbau von Gerichten kann er zwei sehr wichtige Funktionen erfüllen. Einmal bringt er eine dezente Fleisch- und/oder Räuchernote in die Zubereitung, zum anderen bekommt er eine sehr schön krosse Textur, die nicht hart ist und sich als texturelles Element in fast jedem Umfeld einsetzen lässt. Wir finden den getrockneten Schinken also auch bei Fischgerichten oder selbst im Zusammenhang mit zarten Jakobsmuscheln. Wir finden ihn in allen möglichen Salaten oder als Beigabe auf einem Stück Fleisch – egal ob Schwein, Kalb, Rind oder auch Wild. Speziell in Kombination mit Fleisch ist die Wirkung sinnvoll: Man hat zu Beginn, also dann, wenn man das Fleisch noch nicht durch Kauen aromatisch aufgeschlossen hat, einen schönen Kross-Effekt und gleichzeitig eine lange Begleitung zum Fleisch, weil sich der krosse Schinken im Mund letztlich ähnlich langsam auflöst wie das Fleisch. Eine wichtige Bedeutung bekommt beim Einsatz des krossen Schinkens neben dem Aroma auch die **Proportion**, also die Größe der Elemente. Man sollte jeweils ganz genau überlegen, wie viel Kross-Effekt man eigentlich haben will, damit es nicht zu einer Überlagerung des eigentlich zu begleitenden Objekts kommt. Wenn man also ein Stück von der erwähnten Jakobsmuschel hat (zum Beispiel eine quer halbierte Jakobsmuschel), wäre ein Stück getrockneter Schinken, das die gleiche Oberfläche hat wie die Muschel, definitiv zu groß. Wenn man beides in den Mund nähme, würde man von der Muschel kaum noch etwas wahrnehmen. Ein schmaler, kurzer Streifen dagegen könnte neben dem Textureffekt auch eine zurückhaltende Aromatisierung der Muschel schaffen.

Auch bei den Gröstel gilt die Aufmerksamkeit vor allem den Proportionen. Sie können in vielerlei Form zum Einsatz kommen, sollten aber in der Größe und Härte angepasst eingesetzt werden, um das entstehende Geschmacksbild nicht zu dominieren.

Der Schweinebauch wird immer ein Element sein, das man in erster Linie allein oder abwechselnd zu anderen Elementen einsetzt und weniger im unmittelbaren **Akkord**. Er ist grundsätzlich in jedem Zusammenhang eine Überlegung wert, weil seine aromatische Intensität nicht so dominant, seine interessante Textur (neben der Kruste ja auch die texturell unterschiedlichen Fleisch- und Speckschichten) aber vielseitig verwendbar ist.

Gebackene Mini-Elemente

Gebackene Bratwurstkroketten, natur

Allgemeine Überlegungen: Gebackene Mini-Elemente wie Bratwurstkroketten oder Mini-Wiener Schnitzel werden in ihrer Bedeutung im Zusammenhang mit gut konstruierten Gerichten stark unterschätzt. Man muss sich ganz einfach einmal an die bei vielen Leuten äußerst beliebten „normalen" Kroketten erinnern. Deren Inhalt ist in der Regel ja nur das ganz normale Kartoffelpüree, das durch die krosse Hülle aber anscheinend eine erhebliche Attraktivität gewinnt. Der Grund ist die leicht krosse Textur, die vor allem im Zusammenhang mit weicheren Elementen, wie etwa Fleisch, ein interessantes „Mundgefühl" vermittelt. Dieses interessante Mundgefühl entsteht dadurch, dass die krossen Elemente beim Essen immer sofort wahrgenommen werden, andere aber erst später. Im Zusammenhang mit diesen Elementen (wie zum Beispiel das Fleischaroma, das erst durch Kauen aufgeschlossen werden muss) ergibt sich ein zeitlicher Verlauf dessen, was man im Mund wahrnimmt (siehe dazu auch die sensorischen Anmerkungen beim Wiener Schnitzel).
Bei der Konzeption von Zusammenstellungen für Gerichte sollten solche Überlegungen grundsätzlich stattfinden. Sie gehören im Prinzip zum Kochen wie die Frage des Würzens oder die Garzeiten für Fleisch, Fisch oder Gemüse.

Zutaten Bratwurstkroketten natur:
1 ungebrühte grobe Bratwurst
2 EL Mehl
1 Ei
3 EL Paniermehl
Traubenkernöl zum Frittieren

Material:
Fritteuse oder kleiner Topf von ca. 10–14 cm Durchmesser

Zubereitung Bratwurstkroketten natur: Das Fett auf 180 Grad vorheizen. Die Füllung aus der Bratwurst drücken und Kugeln von 3 cm Durchmesser formen. Die Kugeln zuerst im **Mehl**, dann im homogen geschlagenen **Ei**, dann im **Paniermehl** wälzen. Die **Panade** muss sehr gleichmäßig und lückenlos sein. In etwa 2 bis 2½ Minuten eher braun als goldgelb ausbacken. Nach dem Ausbacken die Kroketten auf Küchenpapier kurz abtropfen lassen.

Erläuterungen zu den Bratwurstkroketten natur:
*Die grobe **Bratwurst** ist in der Regel aus geschmacklichen Gründen der ganz fein pürierten vorzuziehen, weil die etwas größeren Stücke mehr Eigengeschmack behalten. Bei einer sehr feinen Wurst sind alle Zutaten*

vermischt, und man hat selbst in kleinsten Partikeln diesen Mischgeschmack. Bei der Gröberen ergibt sich dieser Mischgeschmack auch, er entsteht aber einen Moment später und wirkt komplexer, weil wir noch – wenn auch in Bruchteilen einer Sekunde – einzelne Elemente wahrnehmen können. Wichtig ist ein sehr gleichmäßig geschlagenes Ei, das man in einer kleinen Schüssel mit einer Gabel so lange schlägt, bis es eine homogene Flüssigkeit bildet und keine schlierigen Fäden mehr vorhanden sind.

Die Zubereitung in einer ***Fritteuse*** *mit Thermostat ist natürlich sehr einfach. Es geht aber auch ohne Fritteuse – speziell in diesem Fall wegen der geringen Größe der Elemente. Dazu nimmt man einen kleinen Topf von etwa 10–14 cm Durchmesser und füllt ihn ungefähr 4 cm hoch mit* ***Traubenkernöl*** *(oder einem anderen Pflanzenöl). Das Traubenkernöl hat den Vorteil, dass es geschmacksneutral ist und das auszubackende Material nicht „nach Öl" schmecken lässt. Man erhitzt nun das Öl auf nicht zu großer Flamme und macht eine Probe, ob die Temperatur schon hoch genug ist. Wenn sich an einem Holzspieß oder einem mit der Gabel aufgespießten Stückchen Toast sofort Blasen bilden, wenn man es in das heiße Fett hält, ist die Temperatur ausreichend zum Ausbacken der Kroketten. Wenn man ohne Thermostat in einem kleinen Topf* ***frittiert****, kann die Backzeit deutlich unterschiedlich ausfallen. Es ist in jedem Fall aber gut zu erkennen, wann das Stück die richtige Farbe hat. In diesem Fall wird ja die Wurst gleichzeitig gegart. Das bedeutet, dass man die Kroketten nicht zu hell ausbacken sollte, weil ansonsten das Fleisch noch nicht gegart ist.*

Variation

Gebackene Bratwurstkrokette mit Bohnenkraut und Walnuss

Allgemeine Erläuterungen: Wenn man eine ganz normale Wurstmasse ohne Probleme zu einer Krokette verarbeiten kann, heißt das natürlich automatisch, dass dieser Weg auch für sämtliche **Variationen** offen steht. Es kann also im Prinzip jede Wurstmasse paniert und in dieser Form ausgebacken werden. Das gilt für Weißwürste oder geräucherte Mettwürste und viele Spezialversionen, solange sie nur eine formbare Wurstmasse haben. Die Grenzen sind ein wenig vom Geschmack gesetzt. Die Bratwurst wird bei dieser Krokette so ähnlich, wie sie beim ursprünglich für sie vorgesehenen Braten geworden wäre, und die Panade liefert nur eine sehr schön dazu passende Textur. Bei einer Bockwurst ginge das auch, ist aber geschmacklich nicht so interessant.

Wesentlich interessantere Ergebnisse gibt es aber, wenn man die Bratwurstmasse als Ausgangsmaterial betrachtet und sie mit weiteren Aromen anreichert. Das können **Gewürze** und **Kräuter** aller Art sein, aber auch – wie in unserem Beispiel – ein texturell wirksames Element wie ein Stück **Nuss**. Im Prinzip sind der **Kreativität** hier kaum Grenzen gesetzt.

▶▶

ZUTATEN:
Bohnenkrautblättchen (pro Krokette etwa ½ gestrichener Teelöffel)
Walnussstückchen (pro Krokette 4–5 Stückchen, jeweils etwas größer als ein Streichholzkopf)

ZUBEREITUNG: Die Bratwurstmasse sorgfältig mit den Zutaten vermischen, zu kleinen Kugeln formen und wie im Grundrezept ausbacken.

Sensorische Erläuterungen zum Rezept: Die panierte Kruste wird in diesem Fall noch durch ein weiteres texturell wirksames Element ergänzt, das – im Gegensatz zur Panade – zu den **nachhaltigeren** Elementen gehört. Man nimmt also die krosse Panade zuerst wahr, hat aber danach noch eine Zeit lang mit den Nussstückchen zu tun. Wenn man den Ablauf besonders lang machen möchte, müsste man also statt der kleinen Stückchen ein größeres Stück nehmen. Mit dem intensiven **Bohnenkraut** erhält die normalerweise immer ziemlich kräftig gewürzte Bratwurst einen auffälligeren aromatischen Fixpunkt, zu dem die komplexe Würze der Wurst einen kräftigen Hintergrund bildet. Mit dieser Füllung wird die Krokette sensorisch ziemlich „mundfüllend“. Für den Einsatz in einem Gericht sind solche Elemente immer besonders wirkungsvoll, weil sie gewissermaßen wie eine Praline wirken und von außen nicht zu erkennen ist, was drinnen an Aromen zu finden ist.

Mini-Schnitzel „Wiener Art“

Vorbemerkung: Die ausführlichen Erläuterungen zum Wiener Schnitzel finden sich unter Ziffer 6. Trotz der gleichen Technik in der Herstellung gibt es beim Mini-Schnitzel „Wiener Art“ eine kleine Abweichung in der Sensorik, weil die **Proportion** zwischen Panade und Fleisch durch die rundum angelegte Panade anders ist. Das Fleisch spielt hier eine geringere Rolle.

Zutaten:
1 Schweineschnitzel, gleichmäßig dick geschnitten
Salz
Pfeffer aus der Mühle
2 EL Mehl
1 Ei
3 EL Paniermehl
Traubenkernöl zum Frittieren

Material:
Fritteuse oder kleiner Topf

Zubereitung: Das Öl auf 180 Grad erhitzen. Das Schnitzel sauber parieren, es darf nur reines Fleisch übrig bleiben. Mit der flachen Seite eines großen Kochmessers, eines Küchenbeils oder mit einem Fleischklopfer das Fleisch gleichmäßig flach schlagen, bis es etwa 4 mm dünn ist. Das Fleisch leicht salzen und pfeffern und in Stücke von etwa 2×3 cm Größe schneiden. Dann panieren und in etwa 75 Sekunden goldbraun ausbacken.

Variation

Umhüllte Mini-Schnitzel „Wiener Art“

Zutaten:
dünn geschnittener Parma- oder San Daniele-Schinken (nur das Fleisch, ohne Fett)

Zubereitung (siehe Mini-Schnitzel): Die vorbereiteten Mini-Schnitzel dünn, aber komplett, in **Schinken** einpacken. Die Garzeit verlängert sich auf etwa 2 Minuten.

Erläuterungen: *Wie bei den gefüllten Kroketten sind auch hier der Fantasie keine Grenzen gesetzt. Man kann das Stück Fleisch mit* ***Käse*** *belegen, Kräuter und Gewürze dazugeben oder es sogar mit einem anderen Fleisch kombinieren. Überhaupt kann man in dieser Abteilung im Prinzip jedes Stück Schweinefleisch mit einer texturell aktiven Hülle versehen, also auch zum Beispiel den Schweinebraten. Er muss dann – im Gegensatz zur Bratwurst oder zum Schnitzel – aber bereits wie beschrieben vorgegart sein. Bei einem normalen Braten wird eine Panade allerdings kaum ein Gewinn sein. Beim geschmorten Braten sieht es da deutlich anders aus. Hier empfiehlt sich zum Beispiel eine Kombination mit kleinen Gemüsestückchen oder Kräutern.*

Baeckeoffa-Gelee, Speck-Eis, Speck-Gelee, Speck-Air

Allgemeine Überlegungen: Abgesehen von dem „Baeckeoffa-Gelee", das sich als eine ganz natürliche Angelegenheit herausstellen wird, scheinen Begriffe wie Speck-Eis oder Speck-Air etwas forciert zu klingen. Wer sich ein wenig in der modernen Küche auskennt, wird diese Begriffe natürlich auch in dieser Kombination kennen. Aber trotzdem: Ist das, was man sich darunter vorstellen kann, wirklich sinnvoll, oder kommen wir hier in Grenzbereiche, die mehr etwas mit Spielereien zu tun haben?

Tatsächlich sind alle diese „Manipulationen" sinnvoll, weil jedes Aroma in jedem **Aggregatzustand** (also z. B. weich, kalt, kross) eine wichtige Rolle in einer **kulinarischen Komposition** spielen kann. Natürlich muss man sich unter „Speckeis" kein Eishörnchen vorstellen, das man mit Sahne und Himbeersauce in einem Eiscafé gekauft hat. Wenn dann aber einmal eine kleine Nocke Speckeis im Zusammenhang mit einem Stück bestens gebratenem Steinbutt zum Einsatz kommt, wird man nur noch darüber staunen können, welche wunderbaren Aromen und sensorische „Sensationen" man registrieren kann. „Speck" meint hier übrigens einen leicht geräucherten **Bauchspeck**, der aus mehreren Schichten Speck und Fleisch besteht. Diesen Speck kann man in eine Flüssigkeit geben, eine gewisse Zeit auskochen und hat dann in der Flüssigkeit ein intensives Speck-Aroma.

Am Anfang aber soll das stehen, was man als „Natur pur" bezeichnen könnte und was schon seit ewigen Zeiten in der Küche eine Rolle spielt. Gemeint sind die Anteile natürlicher **Gelatine** in Tierknochen, die schon in Zeiten, wo man kein Gelatinepulver aus der Tüte kannte, für die Herstellung von Terrinen und Sülzen aller Art genutzt wurden. Weil wir an dieser Stelle schon auf Stufe V arbeiten, gibt es als Beispiel eine geradezu luxuriöse Zubereitung, ein Gelee, das bei der Herstellung des berühmten Elsässer Eintopfs **„Baeckeoffa"** entsteht. Dieser Eintopf wird normalerweise in den typischen ovalen Tongefäßen hergestellt. Hier wird das Verfahren etwas abgekürzt, das Prinzip aber beibehalten – also eine Mischung aus Teilen vom Schwein, die viel natürliche Gelatine enthalten, mit anderen Fleischsorten, Gemüse und klassischen Aromen.

Baeckeoffa-Gelee

Zutaten:
1 Schweinsfuß (ca. 500 g)
135 g Schweinekotelett mit Knochen
150 g Lammfleisch mit einem leichten Fettanteil (Schulter)
150 g mageres Rindfleisch
30 g Schalottenwürfel
65 g Lauch in Streifen
50 g Karottenwürfel
30 g Staudenselleriewürfel
4 kleine Lorbeerblätter
8 Pimentkörner
8 weiße Pfefferkörner

Material:
ein größerer Topf von etwa 20 bis 22 cm Durchmesser, eine flache Schale von etwa 20 cm Durchmesser

Zubereitung: Den Schweinsfuß in drei bis vier Stücke hacken (oder beim Metzger hacken lassen). Das Fleisch vom Kotelett, das Lammfleisch und das Rindfleisch in grobe Stücke schneiden, den Kotelettknochen ebenfalls in zwei oder drei Stücke hacken. Die Gemüse grob würfeln. Schweinsfuß und Fleisch in den Topf geben und so mit Wasser bedecken, dass das Wasser etwa 2 cm über Fleisch und Knochen steht. Aufkochen und den dabei entstehenden Schaum abschöpfen. Dann das gewürfelte Gemüse und die Aromen dazugeben. Leicht köchelnd die Flüssigkeit auf die Hälfte reduzieren. Topf von der Kochstelle ziehen und 2 Minuten ruhen lassen. Die Flüssigkeit mit der Schöpfkelle entnehmen und durch ein feines **Sieb** in eine Schüssel **passieren**. Weitere 5 Minuten ruhen lassen. Mit Küchenpapier vorsichtig entfetten. In die flache Schale und über Nacht im Kühlschrank gut durchkühlen.

Erläuterungen: *Im Prinzip ist das Baeckeoffa ein klassisches Schmorgericht. Die Zutaten, zu denen beim Baeckeoffa auch immer* ***Wein*** *gehört, werden in einem geschlossenen Behälter zusammengegart. Dabei kommt es zu zweierlei Prozessen. Einmal geben Fleisch, Gemüse und die anderen Zutaten ihr Aroma beim Erhitzen an die Flüssigkeit ab, zum anderen durchdringt der Dampf auch die im Laufe der Reduktion nicht mehr in der Flüssigkeit liegenden Teile und aromatisiert sie auf diese Weise. Beim original Baeckeoffa wird das Tongefäß mit Teig verschlossen, sodass keinerlei Aromen „entkommen“ können. Die Idee zum Baeckeoffa-Gelee entstand eher zufällig. Am Tag nach einem Baeckeoffa-Essen fanden sich im Topf noch minimale Reste, die offensichtlich in einem Gelee lagen, das sich auf natürliche Weise, also ohne den Einsatz von Geliermitteln, gebildet hatte. Dieses Gelee entpuppte sich als ausgesprochen wohlschmeckend. Bei unserem Gelee handelt es sich um eine verkürzte Nachahmung dieses Prozesses. Übernommen wurde die typische Kombination von Schweinefuß mit dreierlei Fleisch, deren Zusammensetzung so gewählt wurde, dass genügend natürliche Gelatine freigesetzt wird und gleichzeitig ein ausgewogenes Fleisch-Mischaroma entsteht. Um den intensiven Prozess der Aromenvermischung beim Baeckeoffa nachzuahmen, wurde der Anteil an Gemüse und Gewürzen gegenüber einem normalen Baeckeoffa erhöht, damit in der verkürzten Zeit der Herstellung des Gelees eine intensive Aromatisierung erfolgen kann.*

Entscheidend für die Qualität des Gelees ist neben den Zutaten und ihren ***Proportionen*** *die Dauer des Köchelns. Ein leichtes* ***Köcheln*** *meint hier eine Hitze, bei der sich nur ganz leichte Blasen bilden. Die Dauer der* ***Reduktion*** *ist wegen der unterschiedlichen Topfqualitäten und der unterschiedlichen Herde nicht genau zu beziffern. Eine langsame Reduktion der Flüssigkeit auf die Hälfte bringt aber in jedem Fall genügend Intensität und natürliche Bindung.*

Für die Menge der Gemüse und Gewürze gilt die Faustregel, dass man für eine kürzere Einwirkzeit mehr von ihnen braucht, um einen deutlichen Effekt zu erzielen. Würde man die Reduktion extrem langsam *ablaufen lassen (also die Flüssigkeit nur ganz leicht verdampfen lassen), müsste man die Menge an Lorbeer, **Piment** und **Pfeffer** deutlich zurücknehmen. Das Ergebnis ist ein sehr natürlich schmeckendes Gelee, bei dem das Schwein über die Knochen das Geliermittel liefert und natürlich auch seinen Anteil an dem Fleisch-Mischgeschmack hat.*

Zu den **sensorischen Erläuterungen** siehe unter Speck-Eis und Speck-Gelee.

EINE ANMERKUNG ZWISCHENDURCH: Ein „Gelee vom Schwein" oder etwas Ähnliches ist kaum sinnvoll zu realisieren. Für ein Gelee braucht man eine Flüssigkeit, und für ein Gelee vom Schwein müsste also das Aroma vom Schwein in eine Flüssigkeit gelangen. Mit reinem Schweinefleisch ergeben sich – egal in welcher Technik – keine besonders erfreulichen Ergebnisse. Die weiteren Möglichkeiten wären zum Beispiel das Auskochen von vorgewürzten Würsten oder Fleischstücken. Letztlich wird man immer dabei auskommen, dass die Verwendung von leicht geräuchertem Speck oder Schinken als Ausgangsmaterial am Ende ganz deutlich das beste Ergebnis erzielt. Ein Speck-Eis schmeckt eindeutig nach Speck, und dieses Aroma, diese Textur und diese Assoziation kann sehr gute kulinarische Funktionen übernehmen.

Speck-Air (Schaum)

ZUTATEN:
150 ml Geflügelfond (aus dem Glas)
55 g grob gewürfelter Bauchspeck
50 ml Vollmilch
1 gestrichener TL Lecithin

MATERIAL:
ein feines Sieb, ein Rührgefäß, ein Stabmixer

ZUBEREITUNG: Den Fond mit den Speckwürfeln und der Milch erhitzen, aber nicht aufkochen. Hitze etwas reduzieren und die Aromen 20 Minuten ziehen lassen. Durch ein feines Sieb in ein Rührgefäß passieren. Lecithin dazugeben und mit einem Stabmixer bei niedriger Drehzahl einarbeiten.
Die Flüssigkeit einige Minuten ruhen lassen.
Zur Erzielung der Air mit dem Mixer bei höchster Drehzahl an der Oberfläche der Flüssigkeit einen Schaum erzeugen. Dieser Vorgang kann mehrfach wiederholt werden.

Erläuterungen: *Die Flüssigkeit, die dann später aufgeschlagen wird, muss zunächst mit einer Infusion durch die Speckwürfel aromatisiert werden. Eine Zeit von etwa 20 Minuten zum Ziehen reicht dabei völlig aus. Eine längere Zeit würde das Ergebnis nicht wesentlich verändern, also das Speckaroma nicht wesentlich verstärken. Die **Milch** hat verschiedene Funktionen. Einmal dient sie zur Färbung des Schaums, der ansonsten eine nicht so schöne, etwas fade Farbe hätte. Dann rundet das Aroma der Milch das Fond-Speck-Aroma sehr schön mild ab. Und – drittens – kann man das Aroma der Air mithilfe der Milch einstellen: Mit noch weniger Milch ist die Air kräftiger, mit mehr Milch hat sie nur noch einen Hauch von Speckaroma. Das Maximum ist etwa die doppelte Menge Milch, wobei man den Anteil an Lecithin nicht unbedingt erhöhen muss. Das **Lecithin** dient der Stabilisierung des Schaums. Ohne Lecithin kann man zwar auch eine Air erzeugen, der Schaum fällt dann aber relativ schnell wieder zusammen.*

▶▶

Speck-Eis mit Chorizo und Serrano-Schinken

Für 250 ml

ZUTATEN:
je 10 g Schalotte, Staudensellerie, Karotte und Lauch
75 g Bauchspeck
20 g ungesalzene Butter
250 ml Kalbsfond (aus dem Glas)
200 ml Sahne
10 g Chorizo in dünnen Scheiben
15 g dünn geschnittenen Serrano-Schinken

MATERIAL:
eine Eismaschine

ZUBEREITUNG: Das Gemüse und den Speck in Würfel bzw. klein schneiden. Die **Butter** bei etwas mehr als mittlerer Hitze schmelzen lassen. Gemüse dazugeben und anschwitzen. Dann die Speckwürfel dazugeben und ebenfalls anschwitzen, bis die fetten Stellen beim Speck deutlich glasig sind. Den Kalbsfond angießen, aufkochen und 5 Minuten köcheln lassen. Dann die **Sahne** dazugeben und 10 Minuten ganz leicht köcheln lassen. Danach **Chorizo** und Serrano-Schinken dazugeben und 15 Minuten knapp unter dem Siedepunkt ziehen lassen. Die Flüssigkeit darf nicht mehr köcheln. Durch ein feines Sieb passieren und abkühlen lassen. Dann in der Eismaschine zu Eis verarbeiten.

Erläuterungen: *Den Begriff „in Würfel schneiden" kann man natürlich nicht ganz wörtlich nehmen, weil zum Beispiel der Lauch kaum in Würfel zu schneiden ist. Er wird trotzdem immer so allgemein benutzt. In der Regel sind die Würfel/Stücke dann rund 5 mm dick oder – wie beim Lauch – Plättchen von etwa 5 mm Länge. Wenn etwas anderes gewünscht wird, also zum Beispiel „grob würfeln" oder „fein würfeln", sollte das immer genauer erläutert werden. Wenn man wie in diesem Rezept frisches Gemüse als Verstärkung eines* ***Fonds*** *benutzt, macht es einen großen Unterschied, wie fein das Gemüse geschnitten ist. Ist es extrem fein geschnitten, gibt es mehr Aroma ab, als wenn es in gröbere Stücke geschnitten ist.*

Sensorische Erläuterungen zur Speck-Air: Die mit hoher Geschwindigkeit an der Oberfläche einer Flüssigkeit aufgeschlagenen Schäume wurden vom spanischen Avantgardisten Ferran Adrià populär gemacht. Lange Zeit konnte man in der Presse immer wieder abfällige Kommentare zu den „Schäumchen" hören. Mittlerweile sind sie das geworden, was sie für wirklich kulinarisch denkende Menschen schon von Anfang an waren, nämlich ein wichtiges Element der modernen Küche. Eine „Air" oder auch „Luft" (z. B. „Zitronenluft") findet man längst bei vielen unserer besten Köche und das oft in mehreren Gerichten. Der Grund für den Einsatz ist im Wesentlichen ein sensorischer. Gerade die Spitzenküche wird immer leichter und arbeitet mit immer feineren Aromen. Eine klassisch-schwere Sahnesauce, die einen extrem hohen Fettanteil und ein extrem dichtes Aroma hat, findet man heute quasi überhaupt nicht mehr. Die Air aber hat durch ihre Leichtigkeit und ihr zartes Aroma erhebliche Vorteile. Man kann sie bestens dosieren und den Produkten, mit denen man sie verbindet, einen Hauch von Aroma mitgeben, ohne sie jemals zu übertünchen. Die Speck-Air lässt sich ohne Weiteres mit Produkten wie besten Fischfilets, Austern oder selbst Gemüsesorten kombinieren. Sie gibt einen Hauch von Würze und wird den Produktgeschmack dezent im Hintergrund abrunden und/oder ergänzen. In „rustikaleren" Kombinationen, also zum Beispiel bei einem Jägerschnitzel, wird sie allerdings kaum sinnvoll sein. Oder vielleicht doch, aber dann müsste man erst einmal das Jägerschnitzel etwas umbauen und das Rezept wesentlich sensibler anlegen.

Für das Eis braucht man eine etwas kräftigere Aromenbasis, weil die Verdünnung der Aromen mit der Sahne sonst wenig übrig lassen würde. Dazu kommt, dass das Speckaroma allein für ein Eis nicht so besonders elegant schmecken würde. Es wird deshalb nicht nur von einem Fond, sondern auch von frischem Gemüse begleitet. Die Zugabe von Chorizo und Serrano-Schinken hat ebenfalls einen besonderen Grund. Bei dieser Zubereitung geht es erst einmal darum, dass sich die Aromen von Speck und Gemüse und die Sahne gut vermischen, damit man nicht nur ein vordergründiges Sahnearoma hat. Nun hat man also ein gut vermischtes „tiefes" Aroma. Dieses tiefe Aroma wirkt aber erst dann richtig tief, wenn man auch einige Aromen etwas direkter, also quasi „näher" schmeckt. Diese Funktion erfüllen Chorizo und Schinken, die erst später in die ***Infusion*** *gegeben werden, sich dann nicht mehr so stark mit den anderen Aromen vermischen und dadurch noch präsenter durchschmecken.*
Zur Technik der Eisherstellung mit der Eismaschine lässt sich hier nichts festlegen, weil die Maschinen unterschiedliche Verfahren und Größen haben. Dieses Rezept ergibt nach dem Passieren eine Menge von etwa 250 ml.

Sensorische Erläuterungen zum Speck-Eis:
Selbstverständlich kann ein Speck-Eis ein kleiner Gag sein, wenn man seinen Gästen einen kleinen Teller mit drei Eissorten serviert und neben das Vanille- und Erdbeereis eine Nocke Speck-Eis legt. Eigentlich ist dieses herzhafte Eis aber ein ganz normales kulinarisches Element, das in kalten wie warmen Gerichten ausgesprochen belebend wirken kann. Kälte gehört wie etwas sehr Krosses, z. B. ein Croûton, zu den Elementen, die im Mund am deutlichsten wahrgenommen werden. Wenn man Eis mit etwas Warmem isst, also zum Beispiel dieses Speck-Eis mit einem Bissen Schweinefilet, nimmt man zuerst nur das Eis wahr. Das Fleisch bemerkt man vielleicht im Hintergrund, aber man hat noch keine Aromen-Information, weil diese erst beim Zerkauen des Fleischs freigesetzt wird. Das Eis überlagert also das Fleisch sozusagen in einer unwichtigen Phase. Dadurch dass wir das Eis sofort bemerken, das Fleisch aber erst später, entsteht nun ein klarer zeitlicher Ablauf. Während wir uns dann vielleicht noch wundern, dass es sich um ein Speck-Eis handelt, beginnt sich im Hintergrund das Fleischaroma zu entwickeln, das wir durch das Zerkauen langsam freisetzen. Ein solches Eis ist also ein interessantes Element, um das Geschmackserlebnis plastischer zu gestalten.

Eine wichtige Frage dabei ist die Eiskonsistenz. Wenn man die Herstellung in der Maschine früh abbricht, erhält man eine leicht verdickte Eiscreme. Lässt man den Vorgang länger laufen, wird das Eis immer fester, und wenn man es tiefgefriert, wird es nach einiger Zeit extrem hart. Je fester man das Eis macht, desto langsamer wird es sich natürlich im Zusammenhang mit dem Essen auflösen. Mit dieser unterschiedlichen „Härte" kann man eine ganze Reihe von Effekten erzielen. Selbst ein völlig durchgefrorenes Eis, von dem man nur mit Mühe und mithilfe eines festen Löffels oder Messers Späne abkratzen kann, hat unter Umständen eine wichtige Funktion. Legt man solche tiefgefrorenen Späne im letzten Moment auf ein Stück warmen Fisch, wird sich auf der Oberfläche ganz langsam ein leichtes Speckaroma ausbreiten. Oder man legt solche Späne in eine warme Sauce, die zum Beispiel nach geschmortem Gemüse schmeckt. Mit dem **schmelzenden** Eis wird sie langsam ihr Aroma verändern. So etwas kann ausgesprochen spannend schmecken.

Es gibt beim Eis aber auch noch andere Möglichkeiten, die Konsistenz mehr oder weniger schmelzend zu gestalten. Neben der Temperatur ist dafür auch der Fettanteil zuständig (von den diversen Chemikalien bei der Herstellung des industriellen Eises einmal ganz abgesehen). Man kann in unser Eis zum Beispiel zusammen mit der Sahne auch 25 Gramm ungesalzene Butter (oder auch mehr) einarbeiten. Bei einer normalen Festigkeit des Eises wird es dann deutlich schmelzender wirken.

Weiches Speck-Gelee

Vorbemerkung: Ein Speck-Gelee kann verschiedene Funktionen haben, je nachdem wie fest es ist und in welcher Temperatur es serviert wird. Wenn es zum Beispiel sehr kalt serviert wird, gilt für das Gelee Ähnliches wie das oben zum Eis Gesagte. Das weiche Speck-Gelee, um das es hier geht, hat aber eine andere Funktion. Es soll besonders leicht aromatisieren, im Mund schnell schmelzen und dabei das begleitende Produkt sensibel aromatisieren.

Zutaten:
je 10 g Schalotte, Karotte, Lauch, Staudensellerie
75 g Speck
je 100 ml Kalbsfond, Gemüsefond
und Geflügelfond (aus dem Glas)
2 g Gelatinepulver

Zubereitung: Das Gemüse und den Speck klein schneiden bzw. würfeln. Zusammen mit den Fonds erhitzen und 20 Minuten leicht köchelnd reduzieren. Es soll eine Menge von etwa 225 ml Flüssigkeit übrig bleiben.
Das Gelatinepulver mit einigen Tropfen Wasser aufquellen lassen und in der noch warmen, aber nicht mehr köchelnden Flüssigkeit sorgfältig auflösen, bis keine Spuren der Gelatinekörner mehr zu sehen sind. Die Flüssigkeit in eine Schale füllen und kalt stellen.
Vor der Verwendung die Konsistenz prüfen. Sie ist richtig, wenn sich das Gelee ohne Weiteres mit einem Löffel entnehmen lässt, aber eine deutliche Tendenz zum Verlaufen festzustellen ist. Ist das Gelee – was bei der Dosierung der Gelatine immer passieren kann – zu fest, kann man es bei Zimmertemperatur kurz etwas anschmelzen lassen.

Sensorische Erläuterungen zum weichen Speck-Gelee: Das weiche Speck-Gelee wird immer dann eingesetzt, wenn ein leichter Hauch von Speck-Aroma erwünscht ist. Man gibt es zum Beispiel auf Fisch oder ein Carpaccio von Fleisch, Fisch oder Gemüse, auf ein Stück Fleisch oder in Flüssigkeiten von Saucen bis zu Trinkfonds.
Natürlich kann man es auch in einem Extra-Gefäß mit einem Löffel an der Seite des Tellers servieren und es zwischen den Bissen essen.
Wie das Eis parfümiert das Gelee die Elemente in einem bestimmten zeitlichen Verlauf. Anders als das Eis ist es thermisch nicht so auffällig und somit für besonders dezente Verwendungen geeignet.

Weitere Versionen vom Speck-Gelee:

Durch die Dosierung des Geliermittels kann man ein Gelee erheblich verändern. Besonders effektiv ist dabei **Agar-Agar**, das von weichen bis zu schnittfesten Gelees eine ganze Reihe von Abstufungen ermöglicht.
Als Basis für entsprechende Versuche kann folgende, leicht vereinfachte Mischung dienen:

100 ml Gemüsefond (aus dem Glas)
100 ml Geflügelfond (aus dem Glas)
100 ml Kalbsfond (aus dem Glas)
75 g gewürfelter Speck
Agar-Agar

Die Fonds und der Speck werden in einem kleinen Topf erhitzt und leicht köchelnd auf etwa 200 ml Flüssigkeit reduziert. Dazu kommt nun eine Gabe Agar-Agar von 0,3 bis etwa 1,5 Gramm, oder einem Drittel bis zu einem gehäuften Teelöffel. Alles zusammen wird unter ständigem Rühren kurz und kräftig aufgekocht und dann in ein entsprechendes Gefäß gefüllt. Ein „entsprechendes" Gefäß meint hier: ein Gefäß, in dem sich die Flüssigkeit in der gewünschten Dicke absetzen kann.

Ein Spezialrezept:

Ein Spezialeffekt in diesem Sektor wären zum Beispiel Geleewürfel, die mit kleinen Chorizo- und Serrano-Stückchen gefüllt sind. Dazu nimmt man für die oben genannte Mischung eine Agar-Agar-Menge von 1 Gramm und gießt die Flüssigkeit in eine Schale, die etwa 1,5 bis 2 cm Dicke ergibt. Während das Gelee nun langsam anzieht (was je nach Umgebungstemperatur und Temperatur des Gefäßes nicht sehr lange dauert), schneidet man die Chorizo und den Serrano-Schinken in kleine Schnipsel. Man gibt diese Schnipsel (je 10 g sollten bei einer Flüssigkeitsmenge von 200 ml ausreichen) dann in das Gelee, wenn es deutlich beginnt anzuziehen. Die Schnipsel sinken nicht auf den Boden, sondern bleiben „in der Schwebe". Zum Servieren schneidet man Würfel aus dem festen Gelee.

Sensorische Anmerkung zu festen Gelees: Der Hauptgrund für den Einsatz fester Gelees ist die präzise Dosierbarkeit einer Flüssigkeit, wenn sie feste Formen angenommen hat. Man kann auf diese Weise zum Beispiel winzige Assemblagen zusammenstellen, also etwa einen Würfel rohen Lachs mit einem Mini-Blättchen Basilikum, einer Johannisbeere und einem winzigen Streifen Speck-Gelee kombinieren und hat auf diese Weise einen ganz leichten, genau zu definierenden, aromatischen Hintergrund.

Kreative Ansätze: Warmes Carpaccio vom Schweinefilet mit Bohnengemüse

Allgemeine Überlegungen: Wenn man beim Schweinefleisch über kreative Lösungen nachdenkt, kommt es automatisch wieder zum Abgleich mit dem, was wir vom Schwein kennen. Wir werden uns fragen, ob angesichts der vielen traditionellen Zubereitungen überhaupt kreative Ansätze nötig oder sinnvoll sind. Aus diesem Grund befasst sich die sechste Stufe auch zunächst eher mit einer Form der **Kreativität**, die geeignet ist nachzuweisen, welche hervorragenden Ergebnisse man mit diesem „rustikalen" Produkt erzielen kann. Bei sensibler und/oder origineller Form der Zubereitung steht das Schweinefleisch weder dem Kalbsfleisch noch anderem Fleisch in irgendeiner Weise nach. Fast möchte man sagen: im Gegenteil. So wie es sich hier in diesem ein wenig vom italienischen „Vitello Tonnato" beeinflussten Rezept zeigt, ist es eine reine Delikatesse – allerdings erst nach einem gewissen Aufwand und mit einer schon etwas entwickelten Küchentechnik. Die Bezeichnung „Warmes Carpaccio" ist natürlich nicht ganz richtig, hat sich aber durchaus eingebürgert. „Carpaccio" steht in erster Linie für dünne, rohe Fleischscheiben (meist vom Rind, aber auch Lamm oder Lachs), die auf einem Teller flach ausgelegt werden und mit verschiedenen Zutaten – darunter oft Zitronensaft und **Olivenöl** – beträufelt bzw. gewürzt werden. In der Spitzenküche hat sich die Bezeichnung zuerst auf andere rohe Produkte ausgeweitet, die nach Art eines Carpaccios behandelt werden, also zum Beispiel sämtliche rohe Fischsorten oder auch Gemüse. Dann aber auch auf gegarte Produkte, die in der gleichen Anrichtetechnik präsentiert werden. Insofern signalisiert das „Warme Carpaccio vom Schweinefilet" also dünne Scheiben vom Schweinefilet, die flach ausgelegt und mit weiteren Aromen kombiniert werden. Es wird sich bei diesem Rezept zeigen, dass eine solche Technik ganz hervorragend zum Schweinefilet passt, das auf diese Weise eine ausgesprochen feine und subtile Würze bekommt.

Anmerkung: Der Verzehr von rohem Schweinefleisch ist natürlich im Prinzip durchaus möglich, auch wenn die Hygienevorschriften bei gegartem Schweinefleisch grundsätzlich Durchgaren vorschreiben. Andererseits gibt es rohes Schweinemett oder **Hackfleisch**, das traditionell immer noch (häufig) roh gegessen wird. Aromatisch ist rohes Schweinefleisch allerdings ziemlich uninteressant. In gegartem Zustand und in der Technik eines Carpaccios verarbeitet ist das vollkommen anders.

Warmes Carpaccio vom Schweinefilet mit Bohnengemüse

Für 4 Personen

Zutaten Garung Schweinefilet:
20 g Butter
230 g gleichmäßig dickes Schweinefilet
1 EL Olivenöl
20 g Schalottenwürfel
je 15 g gewürfelter Staudensellerie, Karotte und Lauch
50 ml Gemüsefond (aus dem Glas)
3 EL trockener Weißwein

Material:
eine kleine Pfanne

Zubereitung Schweinefilet: In einer kleinen Pfanne bei mittlerer Hitze die **Butter** aufschäumen lassen. Wenn die Butter beginnt eine ganz leicht braune Farbe anzunehmen, das Fleisch dazugeben und rundum leicht **kolorieren**. Das Fleisch entnehmen und zur Seite legen. Olivenöl in die Pfanne geben und in der **Butter-Öl-Mischung** die Gemüse anschwitzen. Danach das Fleisch wieder in die Pfanne legen und 20 Sekunden zusammen mit dem Gemüse weitergaren. **Fond** und **Wein** angießen und leicht köchelnd und immer wieder wendend garen, bis das Fleisch auf Druck deutlichen Widerstand zeigt (oder bis zu einer Kerntemperatur von 75 Grad). Das Fleisch entnehmen und etwas abkühlen lassen. Es sollte aber ganz leicht handwarm bleiben. Den Fond durch ein feines **Sieb passieren** und bereithalten.

Erläuterungen zur Garung des Schweinefilets: *Die gleichmäßige Dicke des Fleischs ist notwendig, um eine gleichmäßige Garung zu erzielen. Ist das Filet-*

▶▶

stück (stark) unterschiedlich dick (wie dies bei Endstücken der Fall ist), empfiehlt sich eine Aufteilung in zwei Stücke, die dann jeweils einen annähernd ähnlichen Querschnitt haben. Man muss dann allerdings beide individuell beim Garen überwachen. Das Anbraten sollte bei Filetstücken (anders als bei großen Bratenstücken) immer eher leicht, aber konzentriert und systematisch in der Kolorierung sein. Es geht hier um die Aromen vom Anbraten, nicht aber um ein schnelles Garen durch eine möglichst starke Hitzezufuhr. Die Verwendung des ***Bratfetts*** *zum anschließenden Anschwitzen von Gemüse ist bei einem mageren Filet und dieser Gartechnik durchaus sinnvoll. Voraussetzung ist, dass man die Butter nicht zu hoch erhitzt hat und sich noch keine zu kräftigen Röstaromen entwickelt haben. Um das Risiko des zu starken Erhitzens der Butter zu minimieren, gleichzeitig aber das nussige Aroma der angebräunten Butter zu behalten (siehe unter Nummer 5, Stufe II), „verlängert" man die Butter mit etwas Olivenöl, das einen höheren „Rauchpunkt" hat und die Fettmischung zum Anschwitzen der Gemüse auf diese Weise stabilisiert. Zur perfekten Garung sollte man am Herd stehen bleiben und das Fleisch häufig bewegen. Auf diese Weise gart es von allen Seiten gleichmäßig. Für die Verwendung als Carpaccio muss das Fleisch durchgegart sein. Das gilt natürlich allgemein für Schweinefleisch, wobei aber ein Unterschied zwischen einer à point-Garung mit noch einem winzigen Hauch von rosa Schimmer oder einem weit darüber hinausgehenden Garen besteht. Die à point-Garung sorgt für Zartheit. Bei deutlich höherer Hitze wird das Fleisch sehr fest. Wenn man das Fleisch bei 75 Grad entnimmt und abkühlen lässt, erhöht sich in der Regel die* ***Kerntemperatur*** *noch um etwa 3 Grad.*

Das Fleisch ist also nun gegart und soll weiter aromatisiert werden. Würde man es sofort in dünne Scheiben schneiden und wie ein Carpaccio anrichten, so würde es recht trocken und wenig aromatisch schmecken. Aus diesem Grund folgt die zweite Stufe der Aromatisierung mithilfe einer Marinade.

Zutaten Marinade:
20 g ungesalzene Butter
15 g Schalottenwürfel
100 ml trockener Weißwein (z. B. Colombard)
200 ml Geflügelfond
passierter Garfond von der Fleischgarung
10 g Kapernbeeren in Scheiben
10 g entsteinte schwarze Oliven in Scheiben
etwa 80 ml Olivenöl plus etwas Olivenöl
zum Einpinseln der Schale

Zubereitung Marinade: Ofen auf 35 Grad (Ober- und Unterhitze) vorheizen. In einem kleinen Topf die Butter schmelzen lassen. **Schalotten** dazugeben und anschwitzen. Mit dem Weißwein ablöschen, den Geflügelfond und den passierten Garfond angießen. Die Flüssigkeit auf etwa 4 EL reduzieren. Danach die Scheiben von **Kapernbeeren** und **Oliven** und das Olivenöl einrühren.
Eine geeignete, flache Schale, die die Fleischscheiben knapp aufnehmen kann, mit dem Olivenöl einpinseln. Das abgekühlte Filet in dünne Scheiben von etwa 2–3 mm Dicke aufschneiden und die Scheiben nebeneinander in die Schale legen. Mit der Marinade bedecken und für 20 Minuten in den Ofen geben.

Erläuterungen zur Marinade: *Die* ***Marinade*** *hat im Aufbau Ähnlichkeit mit der* ***warmen Vinaigrette*** *von Nummer 4. Auch hier ist es besser, die* ***Reduktion*** *nicht zu schnell und bei großer Hitze zu erreichen, sondern eher langsam. Auf diese Weise vermischen sich die Aromen besser. Die Temperatur spielt beim anschließenden Marinieren des Schweinefilets eine große Rolle. Wäre sie wesentlich höher, würde sich das Fleisch eventuell wieder leicht zusammenziehen, und seine Aufnahmefähigkeit für die Aromen der Marinade wäre deutlich geringer. In einem entspannten Zustand, wie er bei den 35 Grad vorhanden ist, kann das Fleisch hervorragend aromatisiert werden.*

Zutaten Bohnengemüse:
15 g ungesalzene Butter
30 g mild geräucherter Bauchspeck
in 3 Scheiben
je 1 gestrichener EL Würfel/Abschnitte von
Schalotte, Karotte, Lauch, Staudensellerie
300 g abgetropfte weiße Bohnen (aus dem Glas)
1 gehäufter EL grob gehacktes Bohnenkraut
200 ml Gemüsefond (aus dem Glas)

Zubereitung Bohnengemüse: In einem kleinen Topf bei **mittlerer Hitze** die Butter schmelzen lassen. Erst den Speck, etwas später auch das Gemüse dazugeben und anschwitzen. Die Bohnen und das **Bohnenkraut** dazugeben und einige Sekunden mit dem Gemüse vermischen. Den Fond angießen und alles zusammen nur minimal köchelnd etwa 20 Minuten vermischen lassen. Gegen Ende mit etwas mehr Hitze die eventuell noch vorhandene Flüssigkeit fast ganz reduzieren.

Erläuterungen Bohnengemüse: Weiße Bohnen *aus dem Glas sind in der Regel eine der besten Gemüsekonserven, weil sich die relativ festen Bohnen auch bei der Lagerung in einer Flüssigkeit recht gut halten. Die Bohnen sind im Glas zwar meistens schon mit winzigen Gemüsestückchen aromatisiert, diese Aromatisierung ist aber sehr schwach. Man sollte die Bohnen also abtropfen lassen oder unter Umständen sogar kurz abspülen, um sie wieder möglichst pur zu bekommen. Die Aromatisierung mit Speck und Gemüse bringt bei den Bohnen ein sehr gutes Ergebnis. Der Fond dient dem Hintergrund, das frische Gemüse und vor allem das Bohnenkraut konturieren die aromatische Oberfläche, und der mild geräucherte* ***Bauchspeck*** *sorgt für eine zusätzliche aromatische Breite. Die Reduktion von Garflüssigkeiten mit dem zu garenden Produkt sorgt dafür, dass keinerlei Aroma verloren geht, weil natürlich die Bohnen ihrerseits auch etwas Aroma an die umgebende Flüssigkeit abgeben. Die restliche Garflüssigkeit wird mit den Bohnen serviert. Die Menge ist so gering, dass sie nicht wie eine Sauce auf dem Teller auseinanderläuft.*

Anrichten: Die Filetscheiben entnehmen und pro Person drei Scheiben flach auf den Teller legen. Bohnengemüse daneben anrichten, dann etwas von der Marinade über das Fleisch geben. Es sollten alle Elemente aus der Marinade gleichmäßig vertreten sein.

Sensorische Erläuterungen: Die Elemente auf dem Teller sind von der Textur und der Temperatur her ziemlich ähnlich. Das führt schnell zu einem Mischgeschmack im Mund, bei dem nur ganz leichte Texturvarianten zu bemerken sind. Eine solche Konstellation deutet bei bewusster Anlage auf die gesteigerte Bedeutung aromatischer Aspekte hin. Besondere Funktionen haben dabei die kräftigen Aromen der Kapernbeeren und der Olivenstückchen. Beide sind deshalb von vorneherein so vorbehandelt, dass sie nicht zu dominant werden können. Dennoch sollte man es vermeiden, mehr als ein Stückchen Kapernbeere und/oder Olive zu einem Bissen Fleisch einzusetzen, weil sonst dessen fein entwickelte aromatische Struktur nicht durchkommt. Die Bohnen dienen mit ihrer dem Fleisch recht ähnlichen Textur als eine Art Verdünnung. Das Fleisch wird in die leicht mehlig wirkenden Bohnen wie eingepackt und ist auf diese Weise den kräftigen Aromen von Kapernbeeren und Oliven nicht „ungeschützt“ ausgesetzt. Aromatisch gesehen ergibt sich eine große Breite, die nicht nur dadurch entsteht, dass von sehr milden Aromen (z. B. dem Inneren der Bohnen) bis zu kräftig-salzigen Aromen (z. B. den Kapernbeeren) eine große Bandbreite vorhanden ist, sondern diese Bandbreite wegen der texturellen Ähnlichkeiten und der gleichen Texturen auch quasi gleichzeitig wirksam wird.

Lackiertes Schweinefilet

Allgemeine Überlegungen: Das Schweinefleisch hat in der asiatischen Küche einen festen Stellenwert – allerdings fast immer in Form von leicht süß-sauren Zubereitungen. Insofern gehört ein Rezept von lackiertem Schweinefilet nicht unbedingt zur Stufe VI mit den eher kreativen Zubereitungen. Andererseits ist uns gerade diese faszinierende Zubereitungsform, die uns ja auch die lackierten chinesischen Enten beschert, fast unbekannt. Der Effekt eines Gewürzlacks zum Schweinefilet ist jedenfalls hervorragend und schafft ein gänzlich neues Bild, das gegenüber dem rustikalen Aromenspektrum vieler Gerichte mit Schweinefleisch völlig anders ausfällt. Unter **„Lack"** soll hier ein stark konzentrierter Sud verstanden werden, der vor allem durch seinen Zuckeranteil eine lackähnliche Konsistenz bekommt. Diese ermöglicht bei Fertigstellung des Gerichts, dass die etwas zähe Flüssigkeit auf das Fleisch gegeben werden kann, ohne sofort wieder herunterzufließen. Tatsächlich wird das Fleisch dann mehrere Male mit dem Lack bepinselt, damit sich eine möglichst dichte Schicht bildet.

Schweinefilet mit Gewürzlack und Pilzgemüse

Für 4 Personen als Menügericht

Zutaten Gewürzlack:
200 g Zucker
100 ml Gemüsefond (aus dem Glas)
100 ml Kalbsfond (aus dem Glas)
15 g geschälter Ingwer
15 g Zitronengras in Scheiben
3 EL brauner **Reisessig**
1 EL Sojasauce
3 Kapseln weißer Kardamom
1 Stückchen Muskatblüte (Macis)
von etwa 2 cm Länge

Zubereitung Gewürzlack: In einem kleinen Topf bei mittlerer Hitze den Zucker schmelzen bzw. karamellisieren. In dem Moment, wo der gesamte Zucker verflüssigt ist, die **Fonds** angießen (Vorsicht, spritzt!). Dann auf **mittlerer Hitze** die entstandenen Zuckerklumpen wieder auflösen. Einmal kurz sprudelnd aufkochen, dann die weiteren Aromen dazugeben. Nochmals kurz aufkochen und die Flüssigkeit in etwa 20 Minuten bei ganz leicht geöffnetem Deckel köchelnd ein wenig reduzieren. Die Flüssigkeit wird dabei langsam dickflüssiger. Durch ein feines **Sieb passieren**. Die Hälfte des Sirups leicht warm bereithalten, die andere Hälfte mindestens 30 Minuten im Kühlschrank kühlen.

Erläuterungen zur Herstellung des Gewürzlacks:
Das ***Karamellisieren*** *von Zucker in seiner ursprünglichen Form ist eine etwas gewöhnungsbedürftige Technik, die aber, wenn man sie einmal verstanden hat, keine Probleme macht und äußerst vielseitig eingesetzt werden kann. Wenn man den Zucker in den Topf gibt und ihn erhitzt, wird er nach einiger Zeit erst an einer Stelle, dann insgesamt dickflüssig, wobei er von den weißen Kristallen zu einem zunächst leicht bernsteinfarbenen Sirup wird. Wenn der Zucker beginnt, sich an einer Stelle umzuwandeln, sollte man ihn sofort umrühren und anschließend immer wieder einmal rühren, bis er nach einigen Minuten (je nach Menge) vollständig karamellisiert ist. Ansonsten besteht die Gefahr, dass er anbrennt. Der karamellisierte Zucker ist am Anfang, wenn er noch eine vergleichs-*

weise helle Farbe hat, nur süß, entwickelt aber deutlich herbere Noten, wenn man ihn weiter erhitzt und er langsam dunkler wird. Diese herben Noten sind durchaus interessant, sodass man den Zucker je nach geplanter Verwendung zielgerichtet karamellisiert. Bei unserem Beispielrezept soll nur ein leichtes Karamell erzielt werden. Die Karamellisierung wird hier also in dem Moment durch Angießen des Fonds gestoppt, in dem der gesamte Zucker verflüssigt ist. Dieses Angießen von Flüssigkeiten ist immer ein dramatischer Effekt, weil es zum einen spritzen kann, zum anderen der Zucker danach durch den Temperaturschock wieder teilweise fest wird und es unbedingt so aussieht, als wäre etwas schiefgegangen. Man kann theoretisch diesen Effekt dadurch abmildern, dass man die zugefügten Flüssigkeiten erhitzt – was aber nicht nötig ist. Wenn man statt Fonds zum Beispiel **Sahne** hinzufügt, macht man sich sozusagen auf den Weg zu einem Sahne-Karamellbonbon. Aber zurück zu unserem Rezept, bei dem der fest gewordene Zucker nur wieder aufgelöst wird, damit erneut eine homogene Flüssigkeit mit einem dann recht deutlichen Zuckeranteil entsteht.

Die **Kardamomkapseln** sind in weiß eher selten zu bekommen. Alternativ lassen sich auch grüne Kapseln benutzen. Diese Kapseln sind wegen ihres sehr frischen Aromas durch ihren hohen Anteil an ätherischen Ölen allerdings sehr wichtig und sollten nur notfalls durch gemahlenes Kardamompulver ersetzt werden. Die **Muskatblüte** darf wegen ihres spezifischen Aromas allerdings nicht durch gemahlene Muskatnüsse ersetzt werden. Das Reduzieren der Flüssigkeit während der **Infusion** ist sehr wichtig und sollte nicht zu schnell erfolgen, damit sich die Aromen gut verteilen und verdichten können. Etwas schwierig ist das **Abschmecken** des Gewürzlacks – so wie bei allen Flüssigkeiten, mit denen man ein Stück Fleisch etc. ganz am Ende seiner Garzeit „lackiert". Der Lack ist in der Regel so intensiv im Aroma, dass man ihn nicht unbedingt allein essen sollte. Diese Intensität ist aber wichtig, weil von dem Lack nur eine ganz dünne Schicht auf dem Fleisch bleibt und diese dünne Schicht das ganze Stück Fleisch aromatisieren soll. Wenn also in diesem Fall die Reduktion etwas stärker ausfällt, ist das kein Problem. Das Kaltstellen eines Teils des Sirups hat zweierlei Gründe, die weiter unten erläutert werden.

►►

Zutaten Pilzgemüse:
250 g Champignons
75 g Lauch
20 g ungesalzene Butter
100 ml trockener Weißwein
150 ml Geflügelfond (aus dem Glas)
1 EL Steinpilzpulver
1 TL Zitronensaft
40 g Sojabohnensprossen

Zubereitung Pilzgemüse: Von den Champignons evtl. Erdspuren abbürsten bzw. abwischen, den Fuß einige Millimeter abschneiden und den Rest in etwa 8 mm dicke Scheiben schneiden. Den Lauch längs in dünne Streifen schneiden. In einem kleinen Topf bei mittlerer Hitze die **Butter** schmelzen lassen. Die Pilzscheiben dazugeben und unter gelegentlichem Rühren erhitzen, bis sie beginnen ihr Wasser abzugeben. Dabei eventuell nochmals etwas Butter nachgeben. Den **Wein** und den Fond angießen, das Steinpilzpulver und den Zitronensaft dazugeben, umrühren und einmal aufkochen. Ohne Deckel leicht **köchelnd** die Flüssigkeit auf etwa ein Viertel ihres Volumens reduzieren. Zwei Drittel der Lauchstreifen und die **Sprossen** dazugeben, dann den Deckel schließen und das Gemüse minimal köchelnd 5 Minuten weitergaren. Topf von der Kochstelle nehmen und warm halten. Kurz vor dem Servieren die restlichen Lauchstreifen zugeben und grob unterrühren, aber nicht mehr köcheln.

Erläuterungen zum Pilzgemüse: *Bei der Zubereitung von Pilzen kommt es immer darauf an, den Wasserverlust der Pilze in Grenzen zu halten und gleichzeitig eine schöne Aromatisierung zu erzielen. Brät man sie zu lange an, schrumpfen sie im Extremfall, bis von ihnen kaum noch etwas übrig ist. Es geht also darum, die Pilze zu garen, ohne dass sie wesentlich an Volumen verlieren. Das könnte man machen, indem man die Pilze einfach ganz lässt, langsam erhitzt und dabei vielleicht immer wieder mit Butter* ***überglänzt*** *(also immer wieder die mit den Pilzen zusammen aufgelöste Butter über die Pilze löffelt). Eine solche Technik wäre bei hochwertigen Pilzen wie Steinpilzen sicherlich nicht unlogisch. Bei den Champignons, die nicht so intensiv schmecken, ist es allerdings besser, Scheiben zu schneiden, um so das Verhältnis von Pilzmasse zu Aromatisierung günstiger zu gestalten. Wichtig ist es, den Punkt zu treffen, an dem die Pilze beginnen, ihr Wasser abzugeben. Man wird zuerst den Eindruck haben, es wäre zu wenig Butter im Topf und die Pilzscheiben würden gleich anbrennen. Die Beobachtung ist fast richtig, und man sollte in diesem Stadium die Pilze immer wieder umrühren, aber nur bei extremer Trockenheit im Topf etwas Butter zugeben. Wenig später wird sich dann etwas Flüssigkeit bilden. Die Pilze beginnen ihr Wasser abzugeben. Wenn man jetzt noch einige Minuten weiter erhitzen würde (was wir hier natürlich vermeiden), hätte man so viel Wasser im Topf, dass die Pilze bedeckt sind. Ein kleiner Spezialtrick zur Intensivierung des Pilzaromas ist die Beigabe von* ***Steinpilzpulver****. Bei Spitzenköchen ist diese Technik zwar verpönt, weil auf diese Weise das Aroma der Champignons extern verstärkt wird. Aber erstens handelt es sich hier nicht um einen künstlichen Geschmacksverstärker, und zweitens ist das Endergebnis bei der hier verwendeten Koppelung mit etwas Weißwein und Fond durchaus keine Mischung aus Champignons und Steinpilzen. Sie werden überrascht sein: Die Champignons wirken einfach sehr natürlich und schmecken wie gute Pilze und nicht „nach Steinpilzen". Der Grund ist: Das Steinpilzpulver wirkt wie ein konzentriertes Pilzaroma und schmeckt nicht unbedingt „nach Steinpilz". Es bewirkt also nur, dass die Champignons mehr „nach Pilzen" schmecken. Der Aufbau des Pilzgemüses erfolgt ein wenig nach der* ***Wok****-Logik. Auch hier werden die weiteren Bestandteile, also der Lauch und die Sprossen, erst später dazugegeben, im Fall des Lauchs eine kleine Partie sogar erst am Schluss. Das Ergebnis ist ein* ***Gemüse*** *mit Elementen in unterschiedlichem Garzustand, von den weichen, saftigen Pilzen und der ebenfalls eher weichen ersten Lauchpartie über die noch leicht bissfesten Sprossen bis zum fast rohen Lauch der zweiten Partie. Nach dieser letzten Beigabe sollte das Gemüse nicht mehr köcheln, weil sonst die zweite Lauch-Beigabe zu weit gegart würde.*

Zutaten Fertigstellung:
30 g ungesalzene Butter
2 Stücke Schweinefilet von ca. 130 g pro Stück möglichst gleichmäßig dick
Pfeffermix aus der Mühle

Fertigstellung: Den Ofen auf 95 Grad vorheizen. In einer Pfanne bei mittlerer Hitze die Butter **schmelzen** lassen. Die Filets sorgfältig von beiden Seiten mit dem **Pfeffermix** würzen, dann in der aufschäumenden Butter rundum leicht **kolorieren**. Die Filets mit dem bereitgehaltenen Lack ablöschen und alles zusammen in eine Gratinform geben. In den Ofen setzen und alle 5 Minuten mit dem Sud überglänzen. Nach 25 Minuten die Hitze auf 75 Grad reduzieren. Nach 45 Minuten die Schale entnehmen, nochmals mit dem Lack überglänzen und unter Aluminiumfolie, die nicht auf dem Fleisch aufliegt (also ein großes Stück Folie, das man über dem Fleisch zusammendrückt) 5 Minuten ruhen lassen.

Erläuterungen zur Fertigstellung: *Die Zubereitung des Filets hat die schon bekannte Grundtechnik beim Würzen und Anbraten, geht dann aber anders weiter, um eine möglichst schöne Lackierung herzustellen. Das Fleisch wird also nicht fertig gebraten bis es gar ist, sondern nach dem Kolorieren bei relativ niedrigen Temperaturen weiterbehandelt. Diese niedrigeren Temperaturen von zuerst 95 und später 75 Grad haben zweierlei Funktionen. Die 95 Grad dienen noch dazu, dass das Fleisch langsam weiter gart, bis es auf den Punkt gegart ist (**Kerntemperatur** beim Schwein 78 Grad für knapp durchgebratenes Fleisch). Die Reduzierung auf 75 Grad soll das Fleisch auf möglichst hohem Level warm halten, aber verhindern, dass es weitergart. Als Lack kommt dabei der Teil der Flüssigkeit zur Anwendung, den wir eigens warm gehalten haben. Er ist flüssiger als der kalt gestellte Lack, wird beim Kontakt mit dem warmen Fleisch noch etwas flüssiger und kann sich deshalb gut verteilen.*

Zutaten Anrichten:
kalt gestellter Gewürzlack
20 g Pekannüsse, in kleine Stückchen zerdrückt

Anrichten: Auf dem Teller etwas Gewürzlack anlegen. Das Gemüse seitlich anordnen, dann die Filetstücke halbieren und auf den Gewürzlack setzen. Im letzten Moment (am besten auf dem Tisch nach dem Servieren) das Fleisch mit dem kalten Gewürzlack überziehen. Zum Abschluss die **Nussstückchen** über allem verteilen.

Erläuterungen zum Anrichten: *Während der warme Teil des Gewürzlacks für eine gleichmäßige Imprägnierung des Fleischs sorgt und ein wenig in die Oberfläche eindringt, hat der kalt gestellte Gewürzlack die Funktion, möglichst an der Oberfläche erhalten zu bleiben. Er ist deutlich zähflüssiger und hält sich deshalb stärker an der Oberfläche des Fleischs. Durch den Temperaturkontrast schmilzt er auch nicht sofort, sondern ermöglicht eine Aromatisierung des Fleischs.*

►►

SENSORISCHE ANMERKUNGEN: Bei diesem Gericht kommen eine ganze Reihe von sensorisch aktiven Maßnahmen zur Anwendung, ohne dass man davon reden könnte, es handele sich um ein texturell auffälliges Gericht wie zum Beispiel ein warm-kalter Salat mit verschiedenen Texturen. Beim Pilzgemüse sorgt der Wok-ähnliche Aufbau für eine texturell „tiefe" Struktur. Der kalte Lack bringt nicht nur ein deutliches Aroma, sondern auch einen schnell eintretenden warm-kalt-Kontrast im Zusammenhang mit dem Fleisch. Da sich das Fleisch erst nach etwas Kauen aufschließt, sorgt erst die geringere Temperatur des Lacks und wenig später der Lack selbst für eine schnelle Aromenwahrnehmung, die sich dann anschließend mit dem Fleischgeschmack vermischt. Die Pilze wären ohne das weitere Gemüse lediglich ein schmelzender Hintergrund, weil ihre Textur zarter ist als die des Fleischs. Zusammen mit dem weiteren Gemüse ergibt sich dann aber kein eindimensionaler Hintergrund, sondern immer wieder etwas „Biss". Die gleiche Funktion haben die Nussstücke, mit ihrer eigenen Textur, welche besonders gut zu Fleisch passt, da sie sich – ähnlich wie das Fleisch – erst etwas später aromatisch aufschließen und längere Zeit gekaut werden.

VARIATIONSMÖGLICHKEITEN: Grundsätzlich eignet sich die Arbeit mit einem Gewürzlack für alle Fleischstücke. Sie kommt in der Regel in ähnlicher Form häufig bei Schmorgerichten vor, bei denen man etwa im letzten Fünftel der Garzeit das Fleisch systematisch mit einem bei der Garung entstandenen oder extra angelegten Sud überglänzt und ihm auf diese Weise eine Art Gewürzkruste verschafft. Auch die Zusammensetzung des Lacks kann deutlich variieren. Es empfehlen sich dabei vor allem Gewürzkombinationen oder auch spezielle **Honige** anstelle des Zuckers. Eine sehr puristische Form wäre zum Beispiel die Verwendung von verschiedenen Pfeffern anstelle der hier verwendeten, recht breiten Palette exotischer Aromen. Auch Konfitüren bzw. Marmeladen aller Art eignen sich als Element für einen Lack, wobei man aber immer darauf achten sollte, dass die Süße nicht zu dominant wird, sondern immer einen Ausgleich von „herzhafteren" Aromen hat.

Gebackene Blutwurstterrine mit Kräuterinfusion und Aprikosenkompott

ALLGEMEINE ÜBERLEGUNGEN: Wir sind hier auf Stufe VI und damit bei den kreativeren Ansätzen. Trotzdem könnte das Rezept etwas entlegen und forciert klingen. Aber – auch das ist eben ein typisches Merkmal kreativer Ansätze, die die Möglichkeiten ausloten und sich nicht durch alle möglichen Regeln von Experimenten abhalten lassen. Für alle Fälle sollte man bei etwaigen eigenen Experimenten zumindest eine wichtige Grundregel der kreativen Arbeit beherzigen: Es macht wenig Sinn, einfach drauflos zu experimentieren. Wer so arbeitet, wird in kürzester Zeit eine Menge von Dingen ausprobiert haben, die letztlich in der Mehrzahl so ausfallen, dass man nicht besonders zufrieden mit ihnen ist. Wer sich aber vorher ein gewisses Konzept überlegt, das gute kulinarische Begründungen für das anstehende Experiment nennen kann, hat schon halb gewonnen.
Welche Überlegungen stecken also hinter diesem Gericht? Hier nur ein Beispiel für den ersten Schritt. Da ist zuerst die Überlegung, dass die Blutwurst meistens einen guten Grundgeschmack besitzt, dem aber etwas mehr Finesse durchaus guttun könnte. Wie aber kann man die **Blutwurst** anders aromatisieren? Indem man die Blutwurstmasse, die ja zusammenhält, weil sie abgekühlt ist, wieder erhitzt und dabei mit anderen Aromen zusammenbringt. Anschließend kann man die Masse abkühlen und damit wieder verfestigen. Auf diese Weise hat man dann wieder eine Blutwurst, aber eben eine „umgearbeitete". Der Grund für die Terrinenform hat etwas mit dem Ausbacken am Schluss zu tun: Eine Scheibe lässt sich leicht panieren und backen. Warum aber überhaupt **Panieren**? Weil die **Panade** eine sehr schöne, leicht krosse Textur liefert, die ausgesprochen gut zu Fleisch passt und nicht zu dominant wird.

Gebackene Blutwurstterrine mit Kräuterinfusion und Aprikosenkompott

Für 6 Personen

ZUTATEN BLUTWURSTTERRINE:
400 g Blutwurst (mit wenig Speckwürfeln)
15 g ungesalzene Butter
25 g Karottenwürfel
15 g Staudenselleriewürfel
15 g Lauchabschnitte
15 g fein gewürfelte Schalotten
200 ml Kalbsfond (aus dem Fond)
100 ml trockener Weißwein
5 Pimentkörner
5 Körner schwarzer Pfeffer
(am besten: Sarawak)
2 Stückchen Muskatblüte
1 Nelke
1 mittleres Lorbeerblatt
2 Zweige Thymian
1 Zweig Rosmarin (à 10 cm Länge)

MATERIAL:
1 Teefilter
1 Terrinenform von etwa 8 cm Breite und rund 6 cm Höhe

ZUBEREITUNG BLUTWURSTTERRINE: Die Blutwurst grob würfeln. Die **Butter** bei **mittlerer Hitze** schmelzen lassen, das **Gemüse** dazugeben und leicht anschwitzen. Dann die Wurstwürfel dazugeben und bei kurzzeitig etwas höherer Temperatur die Würfel unter Rühren ebenfalls so anschwitzen, dass die Oberfläche minimal schmilzt, die Würfel aber noch stabil bleiben. Mit **Fond** und **Wein** ablöschen, die Kochstelle auf mittlere Hitze zurückschalten. Die Gewürze in den Teefilter füllen, in die Sauce geben, **Thymian** und Rosmarin hinzufügen und alles zusammen etwa 20 Minuten leicht **köchelnd** ein wenig **reduzieren**. Den Teefilter

▶▶

entfernen. Dann den Topfinhalt durch ein normales Sieb in einen kleinen Topf **passieren**. Dabei die Blutwurstmasse nur leicht ausdrücken, sodass sich im Topf Flüssigkeit und im **Sieb** die aromatisierte Blutwurstmasse befindet. Anschließend die Masse in die Form füllen. Die Masse kurz im Kühlschrank etwas auskühlen lassen. Dann die Terrine in Aluminiumfolie einpacken und für 90 Minuten in den Tiefkühlschrank stellen.

Erläuterungen zur Herstellung der Blutwurstterrine: *Die Blutwurst sollte deshalb wenig Speckwürfel haben, weil sie eine homogenere Masse ergibt, die besser zu bearbeiten ist. Der Teefilter dient der Herstellung eines kleinen Säckchens zur Aufnahme der* ***Gewürze*** *für die Gewürz-Infusion. Die Gewürze müssen deshalb in ein Säckchen, weil sie sonst nicht mehr aus der Masse entfernt werden können. Die Terrinenform darf auch etwas kleiner oder größer sein. Die Größe spielt insofern eine Rolle, als durch die Scheibengröße die* ***Proportion*** *zwischen Panade und Blutwurstmasse bestimmt wird. Sind die Scheiben zu klein, ist der Panade-Anteil proportional zu hoch und umgekehrt.*
Bei der Zubereitung sollte man die Blutwurstwürfel nicht zu klein schneiden, da sonst die Gefahr besteht, dass die Blutwurstmasse durch das Anschwitzen zu stark aromatisiert wird. Die Blutwurst verändert (siehe unter Nummer 3) ihr Aroma beim Anbraten bzw. Anschwitzen sehr deutlich. Diese Veränderung ist hier nur so weit erwünscht, wie sie nötig ist, um die Würfel anzuschmelzen. Die Blutwurst wird sich wenig später in der heißen Flüssigkeit problemlos auflösen. Die Reduktion sollte nur ganz leicht sein, um die Aromen ein wenig weiter zu vertiefen. Bei der normalerweise kräftigen Würze der Blutwurst wäre eine stärkere Reduktion mit einer weiteren Verdichtung der Aromen zu viel des Guten. Der Topfinhalt bleibt also recht flüssig und muss deshalb abpassiert werden, um wieder eine formbare Masse zu erhalten. Die entstehende Flüssigkeit ist allerdings sehr interessant und wird folglich weiter verwendet. Die leichte Vor-Auskühlung der Terrine im Kühlschrank ist nur dann notwendig, wenn die Gefahr besteht, dass man durch den hohen Temperaturgegensatz im Tiefkühler andere Produkte anschmilzt.

ZUTATEN KRÄUTERINFUSION:
die passierte Flüssigkeit von der Aromatisierung der Blutwurstmasse
2 Zweige Thymian
je 1 Zweig Oregano, Lavendel und Rosmarin von etwa 6–8 cm Länge
evtl. weitere 50 ml Kalbsfond (aus dem Glas)
einige Tropfen Madeira und Portwein

ZUBEREITUNG KRÄUTERINFUSION: Die passierte Flüssigkeit leicht erhitzen. Die **Kräuter** hineingeben und etwa 20 Minuten ohne zu köcheln ziehen lassen. Wenn die Flüssigkeit zu dickflüssig ist, vor der **Infusion** weiteren Fond hinzugeben und einmal kurz aufkochen. Nach 20 Minuten die Kräuter entnehmen (oder die Flüssigkeit durch ein normales Sieb passieren). Bis zu einer dickflüssigen Konsistenz reduzieren. Kurz vor dem Servieren tröpfchenweise mit Madeira und Portwein abschmecken.

Erläuterungen zur Kräuterinfusion: *Die passierte Flüssigkeit von der Blutwurstmasse hat ein sehr schön komplexes Aroma aus Gemüse, Fond, Wein und kleinen Partikeln der Blutwurstmasse und wäre viel zu schade, um nun weggeschüttet zu werden. Was sich anbietet ist die Verwendung in einer* ***Sauce****, die einen aromatischen Grundzusammenhang mit der Terrine hat und darüber hinaus deren Aroma ergänzt und abrundet. Für die Infusion wird hier ein klassischer Kräuter-Aromen-Mix benutzt, der das etwas rustikale Aroma der Blutwurst ein wenig eleganter macht. Diese gewisse* ***Eleganz*** *– ein natürlich nicht besonders präziser Ausdruck – entsteht dadurch, dass man nicht mit sehr auffälligen Aromen arbeitet, sondern einen vielschichtigen aromatischen Hintergrund schafft, bei dem man nie genau sagen kann, was denn da eigentlich womit aromatisch zusammenarbeitet. Diese zurückhaltende Komplexität in den Aromen gilt weithin als ein Merkmal der avancierteren Küche. Weil die Blutwurstmasse aber aromatisch recht kräftig ist, muss auch der Hintergrund angepasst werden, also so weit verdichtet werden, dass er gegenüber der Terrine bemerkbar wird. Deshalb ist hier eine starke Reduzierung der Flüssigkeit notwendig. Beim* ***Abschmecken*** *mit Madeira und Portwein sollte man ausgesprochen vorsichtig sein, da durch die späte Beigabe in die schon* *fertig reduzierte Sauce ihr Aroma sehr präsent bleibt. Es sollte vorhanden sein, aber nicht plakativ und sofort erkennbar durchschmecken.*

Zutaten Aprikosenkompott:

8 frische Aprikosen
15 g Butter
3 EL Zucker
1 Msp. Lebkuchengewürz („Pain d'épices")
1 gehäufter EL Korinthen
1 Msp. Kardamompulver
Pfeffermix aus der Mühle

Zubereitung Aprikosenkompott: Die Aprikosen entsteinen und in Achtel schneiden. In einem kleinen Topf bei mittlerer Hitze die Butter schmelzen. Die Aprikosen und alle Zutaten hinzugeben. Unter ständigem, aber langsamen, Rühren die Aprikosen **schmelzen**, bis sie beginnen ihr Wasser abzugeben. Danach einmal kurz aufkochen, noch einmal umrühren und neben dem Herd bei geschlossenem Deckel 30 Minuten ziehen lassen.

Erläuterungen Aprikosenkompott: *Gewürze und Früchte eignen sich vorzüglich als Begleitung zur Blutwurst, die dadurch ein hochinteressantes und für viele Leute wohl auch ziemlich neuartiges Aroma bekommen kann. Tatsächlich sind auch je nach Region bei der Herstellung der Blutwurst sehr unterschiedliche Gewürzmischungen im Gebrauch. Für den Einsatz bestimmter Kombinationen sollte es allerdings auch eine kulinarische Begründung geben, wie eigentlich für alle Produkte, die man zusammenbringt. Sie sieht beim Aprikosenkompott so aus: Die frischen Aprikosen sind nicht nur wegen des Fruchtaromas, sondern auch wegen der Fruchtsäure passend. Im Zweifelsfall sollte man deshalb auch nicht unbedingt auf die oft extrem süßen Aprikosenkonserven zurückgreifen, sondern – wenn frische Früchte nicht greifbar sind – ersatzweise* ***getrocknete Früchte*** *mit einer Zugabe von* ***Zitronensaft*** *oder nicht zu süßen Weintrauben benutzen. Die Frische und Säure wird von den ätherischen Ölen im Kardamom weiter verstärkt, und*

►►

auch der ***Pfeffer*** *unterstützt – vorausgesetzt, er ist wirklich frisch – diese Funktion. Das Lebkuchengewürz ist ein wenig ein „Psycho-Gewürz", das neben dem zweifellos guten Akkord mit der Blutwurst auch über unsere Assoziationen zu diesem Gewürz wirkt. In die gleiche Richtung gehen dann übrigens auch die Korinthen. Wir haben also in einem gut ausgewogenen Kompott eine sehr komplexe Begleitung, die das Aroma der Blutwurst sozusagen uminterpretiert. Die Technik des Aufkochens und Ziehenlassens ist typisch für eine Kompottierung, bei der die Textur der Elemente (in diesem Fall die der Aprikosen) noch teilweise erhalten werden soll.*

ZUTATEN FERTIGSTELLUNG BLUTWURSTTERRINE:
2 EL Mehl
1 Eigelb
3 EL Paniermehl

MATERIAL:
Fritteuse oder Traubenkernöl in einer kleinen Pfanne

FERTIGSTELLUNG BLUTWURSTTERRINE: Öl auf 180 Grad vorheizen.
Die vorgekühlte Terrine in Scheiben von etwa 1,5 cm Dicke schneiden. Sorgfältig in **Mehl** wenden, überflüssiges Mehl abschütteln. Dann durch das aufgerührte Eigelb und zum Schluss durch das **Paniermehl** ziehen. Die Schicht muss sehr gleichmäßig sein. Kurz vor dem Servieren die Scheiben bei 180 Grad goldbraun ausbacken. Dann auf Küchenpapier abtropfen lassen.

ANRICHTEN: Pro Person eine Scheibe gebackene Blutwurstterrine, einen gehäuften Esslöffel Kompott und einen Esslöffel Kräuterinfusion getrennt auf einem Teller anrichten.

Erläuterungen zur Fertigstellung der Blutwurstterrine: *Die tiefgefrorene Scheibe sollte beim Anschnitt so fest sein, dass sie sich ohne Weiteres weiter behandeln lässt und nicht auseinanderbricht. In diesem Fall muss besonders sorgfältig paniert werden, weil sonst die Blutwurstmasse selbst aufgelöst werden könnte. Daran gehindert wird sie durch eine sorgfältige Panade, aber auch durch die Tiefkühlung. Bevor die Blutwurstmasse noch von der Hitze beim* ***Frittieren*** *wesentlich tangiert wird, ist in der Regel die Panade schon goldbraun und der Frittiervorgang abgeschlossen. Das „Goldbraun" kann man hier etwas mehr in Richtung einer klaren braunen Farbe, wie wir sie bei handelsüblichen Panaden finden, interpretieren. Das stärkere Aroma einer etwas dunkler ausgebackenen Panade passt gut zur Blutwurst und stört auch nicht den Akkord mit Sauce und Kompott.*
Zum Anrichten ist die Trennung der Elemente in diesem Fall besser, weil jedes Element für sich allein interessant ist und man mit einer konzentrierten Wahl der ***Proportionen*** *sehr interessante* ***Akkorde*** *erzielen kann.*

Variationen vom Schwein

Allgemeine Überlegungen: Die **Variationen** sind immer die große Schule der Kochkunst und für den Esser eine der interessantesten Arten zu essen. Normalerweise sind sie das Betätigungsfeld großer Restaurantbrigaden, bei denen die Arbeit auf verschiedene „Posten" aufgeteilt ist und die deshalb in kürzester Zeit „ihre" Zubereitungen zu einem größeren Gericht zusammenstellen können. Man sollte es aber auch als Privatkoch durchaus einmal versuchen und sich Organisationsformen überlegen, mit denen ein solch spektakuläres Gericht wie eine Variation vom Schwein möglich wird. Zuerst aber noch einige grundsätzliche Dinge. Für den Esser ist besonders eine Art von Variation interessant, die wirklich deutlich voneinander unterscheidbare Teile hat. Weniger interessant sind Variationen, die zwar ein paar Elemente auf dem Teller vereinen, aber keine wirkliche Trennschärfe zeigen. Normalerweise kann über die Variation auch ein Interesse an Dingen geweckt werden, die unter normalen Umständen vielleicht nie gegessen würden. Wenn zum Beispiel ein Stück Filet gut schmeckt, wird man sich dem für manche Leute etwas „gefährlich" klingenden geschmorten Schweinenacken vielleicht viel eher zuwenden. Wichtig ist neben den grundsätzlichen Qualitäten also vor allem eine gute und sinnvolle Abstimmung der Elemente untereinander. Im Fall des Schweinefleischs ist das kaum ein Problem – zumindest wenn man sich bis zu dieser Stelle der Kochuniversität vorgearbeitet hat. Das Problem liegt eher in der Arbeitsorganisation. Aus diesem Grund ist hier eine Zusammenstellung vorgeschlagen, die schon am Vortag eines Essens beginnen kann, sich im Laufe des Tages des Essens entwickelt und zum Schluss mit relativ wenig Aufwand beendet werden kann.

Die Elemente der Variationen vom Schwein sind:

› ein Stück **Schweinefilet mit Meersalz und Nussbutter**, etwa 5 cm lang, sodass ein Filetstück für 4 Personen ausreicht. Das Fleisch bekommt eine Marinade und kann also vorbereitet werden. Es wird erst kurz vor dem Servieren fertiggestellt und ruht noch 10 Minuten. Dieses Filetstück gibt einen Eindruck von einem kaum bearbeiteten, recht pur entwickelten Fleisch. Es ist auf dem Teller wie eine Art Bezugsgröße für den Grundgeschmack.

› ein nicht zu großes Stück **konfierter Schweinebauch**, nicht viel mehr als ein Streifen. Der konfierte Schweinebauch kann deutlich vorher hergestellt und ohne Probleme etwas warm gehalten werden. Er steht für die enormen Möglichkeiten einer langsamen Garung scheinbar weniger edler Teile des Schweins.

› eine **Bratwurstkrokette** in der mit **Bohnenkraut** und Walnuss angereicherten Form, nahe dazugelegt ein **Wiener Schnitzel** in Mini-Format. Beides sind Optimierungen von scheinbar bekannten Elementen. Die **Panade** zeigt die schöne traditionelle Wirkung dieses zurückhaltend-krossen Elements. Beide Elemente können vorbereitet werden und brauchen erst im letzten Moment (also während zum Beispiel das Filet noch seine **Ruhezeit** hat) ausgebacken zu werden.

› zwei Scheiben **warmes Carpaccio mit Bohnengemüse**. Dieses Element braucht zwar etwas Arbeit, kann aber für die Variation quasi komplett vorbereitet werden. Das Bohnengemüse und selbst die marinierten Filetscheiben lassen sich ohne Qualitätsverluste aufwärmen. Es steht für die sehr weit gehenden Optimierungen, die mit dem Schweinefleisch möglich sind.

› ein Stück vom **geschmorten Schweinenacken**, der zeigt, dass man vom Schwein auch ganz hervorragende Langzeitgarungen machen kann. Als Schmorgericht ist es ebenfalls lange vorher zuzubereiten, obwohl hier – anders als etwa beim Rind – eine Garung am Vortag nicht so sinnvoll ist.

▶▶

Diese Variation ist mehr oder weniger klassisch und verzichtet auf allzu große geschmackliche Gegensätze. In Nummer 21 wird zum Beispiel ein Gericht vorgestellt, das gleich mehrere sehr ungewöhnliche Elemente beinhaltet. Denkbar wären natürlich auch Variationen aus den etwas ungewöhnlicheren Elementen wie dem lackierten Schweinefilet, dem **Wok**-Gericht, dem Speck-Eis oder Schäumen und Gelees. Man sollte aber nie vergessen, dass die Variation eine Bezugsgröße braucht, um die Abweichungen präzise einschätzen zu können. Sie wirkt also dann besonders sinnvoll, wenn man das Fleisch auch in einer recht puren Form präsentiert. Diese Funktion wird hier zum Beispiel von dem zurückhaltend aromatisierten Schweinefilet mit Meersalz und Nussbutter erfüllt.

Geschmorter Schweinenacken

Menüelement für 8 Personen,
Hauptgericht für 4 Personen

ZUTATEN:
700 g Schweinenacken ohne Knochen
2 EL Olivenöl
Pfeffermix aus der Mühle
5 g fein gewürfelter Knoblauch
je 20 g Schalottenwürfel, dünne Lauchscheibchen, Staudenselleriewürfel, Petersilienwurzelwürfel
30 g Karottenwürfel
3 Zweige Thymian
75 ml Kalbsfond (aus dem Glas)
75 ml Gemüsefond (aus dem Glas)
Pfeffermix aus der Mühle
100 ml trockener Weißwein

MATERIAL:
Am besten eignet sich ein gusseiserner Schmortopf oder ein Topf mit schwerem Boden.

ZUBEREITUNG: Das Fleisch in möglichst gleichmäßige Stücke schneiden. Das **Olivenöl** erhitzen, dann die Stücke kräftig anbraten **(kolorieren)**. Topf vom Herd ziehen und das Fleisch sorgfältig pfeffern. Den Topf zurück auf den Herd stellen, das Gemüse und den **Thymian** dazugeben und anschwitzen. Mit den **Fonds** ablöschen. Dann den Deckel schließen und leicht köchelnd 45 Minuten schmoren. Dabei einmal umrühren. Nach dieser Zeit den **Wein** dazugeben, und den Deckel etwa einen Finger breit geöffnet lassen. Wieder darauf achten, dass die Flüssigkeit nur minimal **köchelt**. Etwa alle 30 Minuten einmal kurz überglänzen. Nach insgesamt 1 ¾ Stunden die Flüssigkeit in eine Schüssel abpassieren, das Fleisch entnehmen und unter Aluminiumfolie an einem warmen Platz warm halten. Den Sud in den Topf zurückgeben und stark reduzieren, bis er leicht dickflüssig wird. Einige Minuten vor dem Servieren die Fleischstücke wieder dazugeben und sie sorgfältig mit der Sauce überglänzen („glasieren").

Erläuterungen: *Geschmortes Schweinefleisch ist wesentlich seltener anzutreffen als etwa die süffigen, in Rotwein oder* ***Essig marinierten*** *und geschmorten Rinderstücke wie zum Beispiel der Sauerbraten. Der Grund liegt natürlich in der guten Kombination dieser Aromen mit dem Rindfleisch, aber auch in einer etwas anderen Fleisch-Textur beim Schwein, die nicht ganz so einfach funktioniert wie die des Rindfleischs. Mit der Schweineschulter, die immer einen recht hohen Fettanteil hat, gibt es aber kaum technische Probleme. Eine andere Frage ist die der Schmoraromen. Hier empfiehlt sich eine vielfältige Mischung aus Gemüse, dem wichtigen Knoblauch, aber auch Thymian und die Verwendung von gleich zweierlei Fonds zur Verstärkung und Vertiefung des aromatischen Spektrums. Die hier angegebenen Mengen sind zurückhaltend dimensioniert, um das Fleischaroma nicht zu überlagern. Man kann aber durchaus etwas mehr nehmen. Bei den Zutaten sollte man sich angewöhnen, exakt die angegebenen Mengen zu benutzen. Das ist nicht etwa deshalb notwendig, weil diese Mengen unbedingt so sein müssten, sondern aus einem ganz anderen Grund. Wer sich langsam, aber sicher angewöhnt, alles immer freihändig „auszumessen", wird mit der Zeit vielleicht einige Routine entwickeln, wird aber Schwierigkeiten mit wirklich präzisem Arbeiten bekommen.*
Die Verwendung eines echten Schmortopfs (in der Regel aus Gusseisen, bei den besten Fabrikaten oft innen emailliert, um eine möglichst große Geschmacksneutralität zu erhalten) ist langfristig immer die beste Wahl. Der Schmortopf sorgt durch seine große Hitzespeicherfähigkeit für eine sehr gleichmäßige Hitze und damit für einen optimalen Schmorvorgang.
Das Fleisch sollte deshalb in möglichst gleichgroße Stücke geschnitten werden, damit die Aromatisierung ebenmäßig erfolgt. Ein einzelnes, großes Stück kann natürlich auch benutzt werden, es hat allerdings im Vergleich zu mehreren kleineren Stücken nicht so viel Oberfläche zur Aufnahme der Aromen. Gleiches gilt für das Gegenteil: Wenn die Stücke zu klein sind, hat man relativ wenig Eigengeschmack des Fleischs. Der Unterschied zwischen ***Schmoren*** *und* ***Braten*** *liegt vor allem darin, dass man beim Braten eine optimale* ***Kerntemperatur*** *anstrebt, also à point gart und bei*

▶▶

deren Erreichen das Braten stoppt. Beim Braten wird das Fleisch gegart und erhält sein Aroma vor allem über die äußere Hülle – also über die Bratenkruste. Beim Schmoren soll das ganze Fleisch von den zum Schmoren verwendeten Aromen durchzogen werden. Ein geschmortes Stück ist dann fertig (man benutzt auch den Begriff „reif"), wenn es völlig weich ist. Es gilt als besonders gut, wenn die Aromen das komplette Fleisch aromatisiert haben und nicht etwa der Kern noch gar nicht richtig durchzogen ist. So weit die klassische Auslegung. Man kann allerdings durchaus die Meinung vertreten, es gäbe eine Art à point-Schmoren, bei dem die Aromatisierung zwar vorhanden ist, das Fleischaroma aber noch deutlich zu schmecken ist. Merkwürdigerweise gibt es in der Spitzengastronomie, ebenso wie in der schwächeren, die Tendenz, das Schmoren zu übertreiben. In der Spitzenküche bekommt man manchmal geschmorte Rinderbäckchen oder Ähnliches, dem man so mit teurem Barolo zugesetzt hat, dass quasi kein Fleischgeschmack mehr zu identifizieren ist. Die hier geschmorte Schweineschulter ist eine Mischung mit einem noch identifizierbaren Eigengeschmack.

Das Schmoren ist an sich kein schwieriger Prozess. Man sollte für optimale Ergebnisse aber einige Dinge wissen. So ist zum Beispiel der Grund für das Pfeffern nach dem Anbraten der, dass beim Anbraten ansonsten der Pfeffer anbrennen könnte. ***Salz*** *gehört sowieso nicht in den Beginn des Bratens, sondern – wenn überhaupt nötig – an den Schluss, also erst auf dem Teller auf das Fleisch gestreut. Das Fleisch selbst geht während des Schmorprozesses durch einige Stadien. Zum Beispiel wird es eine ganze Zeit lang immer fester, und es gibt viele Leute, die schon entnervt das Braten eingestellt haben, weil sie meinten, der Braten würde nicht weich. Dem ist nicht so. Vorausgesetzt, man hat ein geeignetes Stück Fleisch und einen gut funktionierenden Feuchtigkeitskreislauf, wird das Stück früher oder später weich. Wenn es also nach einer meist nicht sehr genau angegebenen Zeit noch zu fest ist, muss man es einfach noch etwas weitergaren.*

Es gibt übrigens auch noch detaillierte Überlegungen, die über das normale Schmoren bei geschlossenem Deckel hinausgehen. Bei genauer Betrachtung bildet sich nämlich am Deckel Kondenswasser, das immer wieder auf den Braten tropft und ihm – wie es einmal ein Spitzenkoch ausdrückte – immer etwas von einem Kochfleisch mitgibt. Um diesen Effekt zu vermeiden, lässt man den Deckel einen Spalt offen, damit der Dampf so weit abziehen kann, dass die Kondenswasserbildung minimiert wird. Ebenfalls umstritten ist das ständige ***Überglänzen*** *des Bratens während des Schmorvorganges. Auch das ist nicht nötig bzw. sinnlos. Während des größten Teils der Zeit ist das Fleisch noch so angespannt, dass es kaum Flüssigkeit von außen aufnehmen kann. Das Überglänzen, das man ja schließlich macht, um dem Fleisch eine schön aromatisierte äußere Hülle zu geben, ist erst dann sinnvoll, wenn sich das Fleisch bei niedriger Temperatur langsam wieder entspannt. Deshalb wird hier das Fleisch nur feucht gehalten und erst am Ende bei niedriger Temperatur mit dem zusätzlich noch durch* ***Reduzieren*** *verstärkten Jus glasiert. Unter „niedriger Temperatur" ist hier keine ganz spezielle Temperatur zu verstehen, sondern lediglich eine Temperatur, bei der das mittlerweile wieder entspannte, zarte Fleisch nicht wieder unnötig weitergart und dabei eventuell wieder – durch Flüssigkeitsverlust – trockener und fester wird.*

Wenn man den abgeschlossenen Vorgang noch einmal betrachtet, kann man feststellen, dass alle Aromen, die zum Fleisch gegeben wurden, und die Aromen, die das Fleisch selbst an die Flüssigkeit abgegeben hat, immer noch mit im Spiel sind und nichts verloren gegangen ist.

Sensorische Erläuterungen zur Variation vom Schwein: Bei einer Variation wie dieser wird mit Absicht auf diverse – unter Umständen sensorisch sehr wirksame – Beilagen verzichtet, weil im Mittelpunkt vor allem das Fleisch und seine verschiedenen Formen stehen (Ausnahme ist das warme Carpaccio mit Bohnengemüse). Es wird also darauf verzichtet, etwa das Filet in Nussbutter noch mit **Nüssen** oder krossem Kartoffelstroh anzureichern (was zweifellos interessant wäre ...). Die Qualität der einzelnen Elemente ist aber ohnehin so, dass man sie ohne Weiteres auch allein essen kann. Außerdem ist ja meistens auch noch etwas **Sauce** im Spiel.
Die Sensorik soll sich hier auch – anders als bei einem „normalen" Gericht – so entwickeln, dass man die Elemente untereinander kreuz und quer kombiniert, also probiert, wie etwa ein Stück Bratwurstkrokette mit einem geschmorten Stück Fleisch zusammen schmeckt. Die ganze Konzentration geht auf die Unterschiede zwischen den Zubereitungen, auf den unterschiedlichen „Biss", den das Fleisch bekommt und auf die breit gefächerte Entwicklung der Aromen.
Dennoch gibt es einen Effekt, den man unbedingt beim Essen ausprobieren sollte. Man sollte einmal etwas damit spielen, wie unterschiedlich die einzelnen Elemente schmecken, wenn man sie in unterschiedlicher Reihenfolge isst. Jedes gegessene Element hinterlässt im Mund aromatische Spuren (also den schon genannten **„Gewürzraum"**) und wirkt damit auf das nächste Element, das man isst, mehr oder weniger ein. Darüber hinaus hinterlässt es aber auch die Erinnerung an die Festigkeit von Texturen. Wenn man gerade etwas Krosses oder Festes gegessen hat, wirken zum Beispiel ein Stück zartes Filet oder die **mürbe** geschmorten Elemente besonders zart. Das wichtigste Ergebnis beim Essen einer solchen Variation sollte aber die Erkenntnis sein, wie vielfältig das Schwein schmecken kann.

Warm mariniertes, dann mit gerösteten Rippchen nachgebratenes Schweinefilet mit Linsengemüse und Speck-Rosmarin-Vinaigrette mit Salbei

Allgemeine Vorüberlegungen: Unter den komplexen Konstruktionen auf Stufe VII hat dieses Rezept die Funktion, eine mögliche Vertiefung der Arbeit an Elementen zu demonstrieren, die man auch schon aus einfacheren Zubereitungen her kennt. So wird hier etwa das Schweinekotelett in einem doppelten Verfahren gegart und von einem uns schon bekannten Linsengemüse begleitet, das aber in diesem Fall mit einer deutlich verfeinerten Vinaigrette angerichtet wird.

Die Grundüberlegung zu diesem Gericht geht davon aus, dass das beliebte **Schweinefilet** zwar sehr vielfältig parfümiert werden kann, aber dann dabei oft sehr stark vom eigentlichen Geschmack des Schweinefleischs abgewichen wird. Es sollte aber möglich sein, die Behandlung des Fleischs so zu optimieren, dass man näher an seinem Aroma bleibt und gleichzeitig das Gefühl bekommt, eine echte Delikatesse zu haben, die gegenüber anderem Fleisch wie Kalb oder Rind nicht zurückstehen muss. Dabei spielt zum Beispiel eine Rolle, dass man das Filet nicht so stark anbraten kann wie etwa das Schweinekotelett am Stück unter Nummer 11 oder einen Schweinebraten, weil das Fleisch sonst sehr schnell im Kern überhitzt und folglich zu fest wäre. Das wiederum bedeutet, dass man die für das Braten von Fleisch so wichtigen Röstaromen nie so intensiv bekommt, wie man das vielleicht gerne hätte.

In unserem Rezept findet sich nun eine Lösung, wie man das Fleisch im Aroma recht natürlich parfümiert (durch die warme Marinade) und erst danach mit einem speziellen „Trick" die Röstaromen hinzufügt. Wenn man so will, ist hier das Verfahren also umgekehrt: Es wird nicht angebraten, sondern nachgebraten, und das sozusagen zum Schutze des Fleischs in einem Verfahren, das verhindert, dass es zu fest wird.

Warm mariniertes, dann nachgebratenes Schweinefilet, Linsengemüse und Speck-Rosmarin-Vinaigrette mit Salbei

Hauptgericht für 2 Personen,
Menüportion für 4 Personen

Zutaten Linsengemüse:
150 g Lentilles vertes de Puy (grüne Puy-Linsen)
15 g ungesalzene Butter
je 15 g kleine Würfel von Schalotten, Karotten, Lauch und Staudensellerie
etwa 150 ml Kalbsfond (aus dem Glas)

Zubereitung Linsengemüse: Die Linsen in ein Sieb geben, waschen und gut abtropfen lassen. In einem kleinen Topf bei **mittlerer Hitze** die **Butter schmelzen** lassen. Das Gemüse zugeben und kurz anschwitzen. Dann die Linsen hinzufügen und den Fond angießen, bis die Linsen und das **Gemüse** knapp mit Flüssigkeit bedeckt sind. Deckel auflegen und bei milder Hitze garen, bis die Linsen so weit gegart sind, dass man sie mit etwas Widerstand zerdrücken kann. Deckel entfernen und bei etwas höherer Hitze die Flüssigkeit komplett einkochen. Dabei regelmäßig umrühren.

Erläuterungen zum Linsengemüse: *Die Zubereitung lehnt sich eng an das Linsengemüse unter Nummer 4 an. In einem Stadium, in dem es um optimierte Zubereitungen geht, sollte man eine anerkannte Spitzensorte unter den Linsen wählen, also die* ***Lentilles vertes du Puy*** *(siehe Produktliste). Die Menge des* ***Fonds*** *richtet sich danach, ob er ausreicht, die Linsen zu bedecken.*

ZUTATEN SPECK-ROSMARIN-VINAIGRETTE MIT SALBEI:

20 g ungesalzene Butter
40 g leicht geräucherter Bauchspeck in 2–3 Stücken
100 ml trockener Weißwein (z. B. Colombard)
200 ml Gemüsefond (aus dem Glas)
1 Rosmarinzweig von 15 cm Länge
50 ml Olivenöl mit wenig Säure
(z. B. aus Ligurien)
1 EL fein geschnittene Salbeistreifen

ZUBEREITUNG SPECK-ROSMARIN-VINAIGRETTE MIT SALBEI: In einem kleinen Topf (am besten: Saucenpfanne mit schrägen Wänden) die Butter schmelzen lassen. Speck dazugeben und anschwitzen, bis die weißen Stellen deutlich glasig wirken. Mit **Wein** und Fond ablöschen. Einmal aufkochen, dann den Rosmarin dazugeben und leicht köchelnd bis auf etwa 4 EL Flüssigkeit reduzieren. Durch ein feines **Sieb** in einen weiteren kleinen Topf **passieren** und warm halten, ohne die Flüssigkeit weiter zu **reduzieren**. Kurz vor dem Servieren das Olivenöl einschwenken, aber die Flüssigkeit nicht emulgieren. Unmittelbar vor dem Servieren den Salbei unterrühren.

Erläuterungen zur Speck-Rosmarin-Vinaigrette mit Salbei: *Im Gegensatz zur Basis des Linsengemüses ist diese* ***Vinaigrette*** *wesentlich ausgefeilter und technisch weiter entwickelt. Bei der Vorbereitung der Zutaten ist lediglich darauf zu achten, dass die Salbeistreifen richtig hergestellt werden. Wichtig ist dazu das* ***Entgraten der Blätter****, das man auch bei kleineren Blättern praktizieren sollte. Dazu wird das Blatt entlang des mittleren Grates gefaltet, unterhalb des Grates festgehalten und der Grat vom Stiel her abgezogen. Man kann dann mehrere Blätter übereinander legen und mit möglichst wenig Druck quer in etwa 2 Millimeter breite Streifen schneiden. Das geht mit einer Schere oder einem sehr scharfen Messer, das man – ganz nach Art der Japaner – mehr zieht als drückt, um so ein Pressen der Blätter zu vermeiden.*

▶▶

Bei der Zubereitung geht es wesentlich um eine fein ausgewogene Handhabung der Infusion des Rosmarins. Der Vorteil von ***Infusionen*** *ist ja, dass man sie durch ständiges Probieren sehr gut überwachen kann. Von dieser Möglichkeit sollte man auch unbedingt Gebrauch machen und nicht die* ***Sauce*** *– was ohne größeres Risiko möglich wäre – einfach nur in der Ecke vor sich hin ziehen lassen. Da sich die Zeit der Infusion bei „leichtem Köcheln" nicht völlig präzisieren lässt, ist das* ***Abschmecken*** *unerlässlich. Was aber will man exakt mit dem Abschmecken erreichen? Die Frage scheint banal zu sein, ist sie aber nicht. „Abschmecken" bedeutet nicht nur, dass man probiert, ob etwas für den eigenen Geschmack „richtig" und „gut" schmeckt – was immer das bedeuten mag. Natürlich ist ein Teil des Abschmeckens damit befasst, eine gewisse Ausgewogenheit oder auch die Intensität der Reduktion im Auge zu behalten. Es kann aber durchaus sein, dass man – wie hier – eine Sauce abschmeckt, sie für gut befindet und trotzdem insgesamt kein gutes Ergebnis hat, weil die Sauce vielleicht gut schmeckt, der* ***Akkord*** *im Zusammenhang mit dieser Sauce aber gar nicht so gut ist. Man muss also so abschmecken, dass eine bestimmte Funktion, die man am besten vorher schon bedacht haben sollte, von der Sauce optimal erfüllt wird.*

Zurück zu unserem Rosmarin. Würde man eine Suppe abschmecken, so könnte es gut sein, dass man nur einen Hauch von Rosmarin im Gesamtgeschmack etablieren will, vielleicht sogar so, dass niemand genau weiß, was denn da eigentlich im Hintergrund so interessant schmeckt. Hier aber ist die Sauce eine Begleitung zu einem Stück Fleisch und zu Linsen, die einen recht kräftigen Geschmack haben. Wenn der Rosmarin also im Zusammenhang mit einem Stück Fleisch und dem Gemüse noch irgendwie wahrgenommen werden soll, muss er in der allein probierten Sauce deutlich zu schmecken sein. Die späte Zugabe von ***Olivenöl*** *hat klare kulinarische Gründe. Wenn Olivenöl erhitzt wird, ändert sich sein Aroma in den meisten Fällen so stark, dass vom eigentlichen Charakter des Öls nicht mehr viel zu erkennen ist. Die späte Zugabe ohne weiteres Erhitzen stellt also sicher, dass das Aroma des Öls weiter eine Rolle spielen kann. Der Verzicht auf das Emulgieren hat auf dem Teller die Wirkung, dass immer wieder das Aroma des Olivenöls deutlich zu schmecken ist.* ***Emulgieren*** *bedeutet in diesem Fall den Verzicht auf das Verrühren bzw. Verquirlen des Öls mit der Reduktion im Topf zu einer homogenen Flüssigkeit. Die sehr späte Zugabe der Salbei-Streifen hat im Prinzip einen ähnlichen Grund: Würde man das Kraut früher zugeben, würde es zwar Aroma an die Flüssigkeit abgeben (also quasi wie bei einer Infusion), selber aber an Aroma verlieren. Die späte Zugabe stellt sicher, dass man – wenn man beim Essen ein Stück Salbei im Mund hat – dieses auch deutlich wahrnimmt.*

Zutaten warme Marinade:
25 g ungesalzene Butter
25 g Schalottenwürfel
je 30 g gewürfelten Lauch, Staudensellerie und Karotte
1 großes Lorbeerblatt
6 Pimentkörner
50 ml trockener Weißwein (z. B. Colombard)
ca. 100 ml Gemüsefond (aus dem Glas)
2 Stücke Schweinefilet von ca. 15 cm Länge und gleichbleibender Dicke

Zubereitung warme Marinade: Den Ofen auf knapp unter 100 Grad vorheizen. In einer Pfanne mit Deckel bei mittlerer Hitze die Butter schmelzen lassen. Das Gemüse dazugeben und sorgfältig anschwitzen. Die Aromen hinzufügen, dann mit dem Wein ablöschen und so viel Fond angießen, dass der Boden der Pfanne etwa 3 mm hoch mit Flüssigkeit bedeckt ist. Einmal kurz aufkochen. Das Fleisch in den Sud legen und sorgfältig mithilfe eines Löffels mit dem Sud **überglänzen**. Den Deckel schließen und für 20 Minuten in den Ofen geben. Dabei alle 5 Minuten das Fleisch wenden und mit dem Sud überglänzen. Während dieser Zeit den Röstansatz (siehe rechts) vorbereiten.

Erläuterungen zur warmen Marinade: *Der Begriff „warme Marinade" ist für diese Technik zwar mittlerweile hier und da schon im Gebrauch, entspricht aber nicht ganz der ursprünglichen Bedeutung, die ja bei warmen Zubereitungen in der Regel ein Einwirken auf das Material vor dem Garen meint. Der Begriff* ***„Marinade"*** *(oder auch* ***„Beize"****) hat mittlerweile eine Ausweitung erfahren, die oft nur noch wenig mit der ursprünglichen Bedeutung, nämlich der Aromatisierung in einer aromatischen Flüssigkeit vor dem Garen, zu tun hat. Heute wird er bisweilen schon verwendet, wenn man – wie unter Nummer 5 – überhaupt keine Flüssigkeit einsetzt, sondern das Produkt nur mit Salz einreibt. Die Grenzen sind also fließend, wie auch ein weiteres Beispiel zeigen könnte. Wenn man den Prozess umkehrt und dünne Scheiben Schweinefleisch (oder zum Beispiel auch Fisch) nicht vorher mariniert sondern mit einem heißen Sud übergießt und dadurch gart, hat man im Prinzip einen ganz ähnlichen Effekt. Im Fall unseres Rezepts geht es darum, dem Fleisch sozusagen eine erste, aromatische Schicht zu geben, die dann später durch eine zweite Schicht (durch das Nachbraten mit den gerösteten Rippchen) ergänzt wird. Mit diesen zwei Aromatisierungen soll das von Natur aus eher wenig aromatische Schweinefilet trotzdem zu einem komplexen Aroma kommen. Durch die moderate Temperatur gart das Fleisch zwar, aber eben nicht so schnell, als wenn man es kräftig in der Pfanne braten würde. Es bleibt also Zeit für die Aromen, die bei geschlossenem Deckel einen Dampf-Kreislauf bilden und zusammen mit dem häufigen Überglänzen dafür sorgen, dass die Außenhülle des Fleischs eine gute Aromatisierung abbekommt. Die Garzeit ist nun so bemessen, dass das Fleisch noch nicht ganz fertig gegart ist. Die endgültige Temperatur bekommt es erst nach weiteren zwei Stufen, nämlich dem Braten mit dem Röstansatz und dem Nachziehen während der* ***Ruhezeit****.*

ZUTATEN RÖSTANSATZ:
ca. 3 EL Olivenöl
400 g Schweinerippchen

ZUBEREITUNG RÖSTANSATZ: In einer zweiten Pfanne das Olivenöl erhitzen. Bei mittlerer Hitze die ungesalzenen Rippchen in ca. 10 Minuten rundum anbraten. Die Rippchen sollen eine gleichmäßige **Kolorierung** bekommen und dürfen auf keinen Fall zu dunkel geröstet werden.

FERTIGSTELLUNG: Die Filets aus der warmen Marinade nehmen und mit einem Küchentuch abtupfen. Zusammen mit den gerösteten Rippchen ca. 10 Minuten sorgfältig bei mittlerer Hitze braten. Dabei die Rippchen rundum und über das Fleisch legen. Das Filet häufig wenden, damit es gleichmäßig koloriert wird. Dann das Fleisch entnehmen und in Aluminiumfolie eingewickelt 10 Minuten an einem warmen Platz ruhen lassen.

Erläuterungen zum Röstansatz und zur Fertigstellung: *Die Rippchen benötigen nicht viel anhängendes Fleisch, weil hier nur eine klare Kolorierung (also die* ***Maillard-Reaktion****) gefragt ist, die übrigens auch die sichtbaren Knochenteile betreffen soll. Das Wichtigste ist dabei eine sorgfältige Rundum-Kolorierung, bei der unbedingt schwarze, verbrannte Stellen vermieden werden müssen. Unabhängig davon, dass sie ungesund sind, haben solche Stellen ein bitteres Aroma, das störend wäre.*

Bei der Fertigstellung des Filets geht es dann darum, möglichst viel von diesen Röstaromen auf das Filet zu übertragen. Deshalb soll das Fleisch regelrecht zwischen den Rippchen „versteckt" und häufig bewegt werden. Würde man das Fleisch nach dem warmen Marinieren direkt braten wollen, so würde man sehr schnell die Innentemperatur in die Höhe treiben, und das Fleisch würde zu fest. Die Wirkung dieses doppelten Verfahrens ist verblüffend und sorgt beim Schweinefilet einerseits für Zartheit, andererseits aber auch für ein komplexes und herzhaftes Aroma.

ANRICHTEN: Die Filets in Scheiben schneiden und mit etwas Gemüse aus dem Sud bedecken. Das Linsengemüse anrichten und die Vinaigrette um alles geben. ▶▶

Sensorische Erläuterungen: Die Zusammenstellung von kulinarischen Kreationen unter sensorischen Gesichtspunkten kann ebenso wesentlich dazu beitragen, dass das Essen ein interessantes Erlebnis wird, wie die Fähigkeit der Esser, ein Gericht sensorisch sinnvoll zu essen. Im Fall unseres Rezepts sind durch die spezielle Garung des Fleischs ganz klare Vorgaben vorhanden. Wenn man schon das Fleisch so aufwendig gart, um ein ganz spezielles Aroma zu erzeugen, wäre es unsinnig, eine Begleitung dazu zu wählen, die die Wahrnehmung dieses Effekts behindert. Dabei muss man durchaus subtil denken. Eine sinnvolle Regel bei der Fleischbegleitung ist zum Beispiel, dass man für den Beginn das Fleisch durch etwas überlagert, was interessant zu essen ist, bis man das Aroma des Fleischs nach etwas Kauen aufgeschlossen hat. Das könnte hier etwas Krosses oder auch ein weiches und/oder schmelzendes Element sein. Beides ist aber hier nicht in auffälliger Form vorhanden. Warum? Der Grund ist, dass das Fleisch durch seine aufwendig aromatisierte Außenhülle von Anfang an deutlich Aroma abgibt und zwar ein Aroma, das man auch unbedingt wahrnehmen sollte und das sich im weiteren Verlauf mit dem durch das Kauen aufgeschlossene Fleischaroma mischt.

Da dieses Fleischaroma aber als solches relativ dezent ist, hat man – im Gegensatz zu anderen Fleischsorten – bei unserem Rezept eher den Verlauf, dass das Fleisch zu Beginn und nach einigen Sekunden am aromatischsten schmeckt. Die Begleitung sollte also von der Intensität her im Hintergrund bleiben bzw. höchstens mit kleinen „Aromenblitzen" deutlicher eingreifen. Diese kleinen Aromenblitze kommen zum Beispiel dann vor, wenn man auf einen der Salbei-Streifen beißt oder wenn man einen kurzen Moment lang das Olivenöl deutlicher herausschmeckt. Die Linsen ähneln in ihrer Textur ein wenig dem Fleisch, überlagern es also nicht und packen es eher ein wenig ein. Die Aromen in der Vinaigrette haben die Funktion, das Aroma des Fleischs noch etwas komplexer zu machen. Dabei wird das Brat- und Fleischaroma von der Speckinfusion verstärkt und die Gemüsenoten der warmen Marinade durch die Kräuter und eine gewisse Frische von der leichten Säure der Vinaigrette.

Schweinefleisch geräuchert, souffliert, mit Zitronen-Air auf Geleeplatte, Rosenkohl-Air und Soja-Brösel

Allgemeine Vorbemerkungen: Es ist ein sehr gutes Gefühl, wenn man ein Rezept nachkocht und merkt, dass es einfach hervorragend und/oder besonders interessant schmeckt. Ein noch besseres Gefühl ist es aber, wenn man selbst Ideen entwickelt, damit experimentiert und merkt, dass kreative Küche nicht unbedingt ein Privileg der Superköche ist. Aber Vorsicht! In fast allen kreativen Bereichen erlebt man, dass der neue „Kreative" restlos von seiner Leistung überzeugt ist, der Rest der Welt das aber gar nicht so recht nachvollziehen kann. Deshalb hier – sozusagen als Vorsichtsmaßnahme – ein paar Vorbemerkungen zu den Mechanismen und Möglichkeiten der **Kreativität** beim Kochen.

Es hat keinen Zweck, ein paar Sachen wild zusammenzuwürfeln oder gar – sehr beliebt – mal eben ganz spontan noch etwas in die Suppe zu werfen. Eine kreative Improvisation, also eine spontane Zusammenstellung von guter Qualität, ist tatsächlich eher etwas für talentierte Profis – ganz ähnlich übrigens wie bei der Jazz-Musik. Ein normal begabter Mensch sollte sich Dinge überlegen und dabei versuchen, sich den Ablauf seiner Arbeit und den möglichen Geschmack einigermaßen vorzustellen und sich dabei ernsthaft fragen, ob diese oder jene Zutaten wirklich zusammenpassen. Wenn man diesen Weg nicht geht, ergibt sich in der Regel schon nach ein paar Versuchen und egal, ob sie gelungen sind oder nicht, ein typischer Effekt, den viele Kreative sehr genau kennen. Man findet nicht etwa alles genial und wird auch nicht grundsätzlich frustriert, sondern immer waghalsiger in seinen Planungen. Was kulinarisch dabei herauskommt, ist oft der blanke Unsinn wie etwa Algen mit **Senf** und Erdbeerkonfitüre zu einem Lammrücken. Natürlich schmeckt selbst so etwas unter Umständen noch irgendwie nach irgendwas. Die Begeisterung aller Beteiligten wird sich aber sehr in Grenzen halten. Die beste Wirkung entfaltet Kreativität bei fast allen Menschen dann, wenn sie sich als eine überraschende, aber wegen ihrer offensichtlichen Qualität sofort einleuchtende Sache herausstellt. Das heißt auf die Küche übertragen fast immer, dass etwas einigermaßen „Normales" eine gewisse Veränderung erfährt, dabei aber nicht grundsätzlich infrage gestellt wird. Der oben genannte Lammrücken verträgt vielleicht keine Algen, aber ein Gelee von Meersalz, und die Konfitüre hätte eine ganz andere Akzeptanz, wenn sie eine Tomatenkonfitüre wäre.

Wenn man die möglichen Ansatzpunkte für Kreativität etwas systematischer erfasst, werden manche Dinge noch klarer. Die Veränderungen von Grundlagen wie Koch- und Gartechniken sollte man den wenigen Spezialisten überlassen, die zu so etwas fähig sind. Interessanter wird es aber schon bei den **Gewürzen**. Hier gibt es tatsächlich noch sehr viele Möglichkeiten, weil die klassische Küche in Europa eben noch nicht erschöpfend mit den Gewürzen der Welt gearbeitet hat. „Neue" **Kräuter**, ungewöhnliche Früchte oder exotische Gemüse in die Küche einzubauen ist dagegen schon etwas schwieriger. Quasi alle deutlich unterscheidbaren und in der allgemeinen Beurteilung gut schmeckenden Exemplare sind bereits im Einsatz. Die anderen bieten oft wenig mehr als Nuancen, die man nur in einer sehr ausgetüftelten Küche herausarbeiten kann.

Ganz modern und noch immer mit ziemlich vielen Möglichkeiten versehen ist die Variation der **Aggregatzustände** der Produkte, also zum Beispiel deren Einsatz als Eis, in getrockneter Form, als Schaum oder als Gelee. Und noch etwas bietet einen ziemlich großen Freiraum: Eine ungewöhnliche **kulinarische Konstruktion**, die vom üblichen Schema „Hauptprodukt und Beilagen" deutlich abweicht und zum Beispiel sensorisch besonders interessant angelegt ist.

▶▶

Das Rezept hat hier die Funktion, gleich eine ganze Reihe von unterschiedlichen Ansatzpunkten in einem Gericht zusammenzufassen. Das Schweinefleisch wird ausgefallen aromatisiert, in ungewöhnlichen Aggregatzuständen präsentiert, in den Zusammenhang mit verschiedenen Texturen gebracht und von originellen Beilagen/Aromen begleitet. So erzielt ein einziges Gericht hohe Kontraste.

Törtchen von geräuchertem Schweinefilet

Zutaten geräuchertes Schweinefilet:
8 dünne Scheiben Schweinefilet von 2–3 mm Dicke
1 EL Butter
Fleur de Sel
handelsüblicher Pfeffermix

Material:
eine rechteckige Standard-Räucherbox
Räuchermehl

Zubereitung geräuchertes Schweinefilet:
Die Räucherbox aufheizen, aber noch kein Räuchermehl zugeben. In der Zwischenzeit die Filetscheiben zuschneiden und in einer Pfanne mit wenig aufschäumender **Butter** ganz leicht beidseitig anbraten. Das Fleisch ist fertig, wenn es eine minimale Bräunung zeigt. Entnehmen und bereithalten. Das Räuchermehl in die Räucherbox geben, etwas Gewürz darüber streuen und den Rost so einstellen, dass er sich knapp oberhalb der Schutzplatte befindet. Wenn die Räucherbox dicht mit Rauch gefüllt ist, das Fleisch leicht salzen und pfeffern und auf den Rost legen. Den Deckel wieder schließen und für etwa 4 Minuten im Ofen belassen. Entnehmen und bei rund 50 Grad warm halten.

Erläuterungen zum geräucherten Schweinefilet: *Da es sehr viele verschiedene Räucheröfen und -boxen gibt, ist hier die Arbeit mit einem Typ beschrieben, der relativ weit verbreitet ist, nämlich eine Edelstahl-Räucherbox in der Größe von etwa 1 GN (= Gastronorm). Die Angaben zu den Garzeiten sind natürlich ebenfalls nur auf diese Box zu beziehen, sodass hier weitere Erläuterungen zum Ergebnis des Räucherns notwendig werden. Trotz der erheblichen Rauchentwicklung braucht man beim* ***Räuchern*** *selbst so zarter Stücke, wie es das* ***Schweinefilet*** *ist, eine gewisse Einwirkungszeit. Da gleichzeitig bei so dünnen Scheiben die Gefahr besteht, dass das Fleisch durch die Hitze im Räucherofen schnell zu stark gart, muss auch in dieser Hinsicht das Verfahren geregelt werden. Die Temperatur im Inneren einer solchen Räucherbox ändert sich nämlich recht schnell, je nachdem, ob sich der Qualm schon längere Zeit oder erst kurze Zeit entwickeln konnte. Es kann dort richtig heiß werden. Wissen muss man auch, dass eine zu kurze Räucherung von etwa einer Minute kaum etwas nützt. In einem solchen Fall wird eine Aromatisierung erreicht, die nur im ersten Moment eine Räuchernote hat, die aber dann sehr schnell verfliegt. Eine echte Mischung aus Räuchernote und Fleischgeschmack ergibt sich auf diese Weise nicht. Natürlich ist auch eine solche Mini-Räucherung unter Umständen in anderen Zusammenhängen sinnvoll – zum Beispiel wenn man Jakobsmuscheln mit einem Hauch von Räuchernote versehen will. Bei unserem Schwein sind die Ergebnisse bei 2–4 Minuten Räucherung brauchbar bis gut. Man muss im Prinzip erst einen Testdurchgang machen, um bei seinem eigenen Räucherofen/-box ein Gefühl für die richtigen Räucherzeiten zu bekommen. Das Wunschergebnis ist jedenfalls so: Das Fleisch sollte sehr schön zart sein, noch einen minimal rosafarbenen Hauch im Inneren besitzen und beim Probieren eine klare aber nicht alles übertünchende Räuchernote haben.*

Zutaten Füllung:
150 g Schweinefilet
150 g gesäuberte Champignons
15 g Schalottenwürfel
je 10 g Lauchringe, Karottenwürfel, Staudenselleriewürfel
2 EL Olivenöl
100 ml Geflügelfond (aus dem Glas)
30 g frisch geriebener Parmesan
3 gehäufte EL gemahlene Haselnüsse

Zubereitung Füllung: Das Fleisch in kleine Würfel von etwa 6–8 mm Kantenlänge schneiden, Pilze ebenfalls würfeln, Gemüse vorbereiten. Das **Olivenöl** in einer Pfanne erhitzen. Bei etwas mehr als mittlerer Hitze das Fleisch zugeben und leicht **kolorieren**. Danach das Gemüse zugeben und leicht glasig anbraten, dann auch die Pilze zugeben und anschwitzen, bis sie beginnen, ihr Wasser abzugeben. Geflügelfond angießen und ca. 10 Minuten unter regelmäßigem Rühren weiter garen, bis nur noch wenig Flüssigkeit vorhanden ist. Wenn das Gemüse noch leicht bissfest ist, den **Parmesan** und die gemahlenen **Nüsse** zur Bindung dazugeben. Noch einige Male gut umrühren, dann vom Herd nehmen und warm halten.

Erläuterungen zur Füllung des Törtchens: *Ziel ist es, eine Füllung zu erreichen, die nicht zu einer einzigen Masse zusammenpappt, sondern noch etwas Struktur hat. Die Pilze werden natürlich weich, das Gemüse soll aber etwas Biss haben, damit es beim Essen für eine größere sensorische Breite sorgen kann. Nach dem Binden mit dem Parmesan und den gemahlenen Haselnüssen sollte die Konsistenz der Füllung ganz leicht zäh sein. Beim abschließenden Überbacken in der Form löst sich der Käse unter der Hitze noch ein wenig auf, sodass die Füllung schließlich wieder etwas lockerer wird.*

▶▶

Zutaten zur Fertigstellung des Törtchens:
etwas Olivenöl
4 TL frisch geriebener Parmesan

Material: 4 Anrichteringe von 5–6 cm Durchmesser und etwa 5 cm Höhe

Fertigstellung des Törtchens: Den Ofen auf stärkste Oberhitze stellen. Die Ringe innen ganz leicht einölen und in eine Auflaufform oder eine andere, ausreichend große Schale stellen. Den Boden der Ringe sauber und ohne Lücken mit dem geräucherten Filet belegen, dabei je nach Lage das Fleisch zurechtschneiden. Die Füllung gleichmäßig auf die Ringe verteilen, gut andrücken. Obenauf je einen Teelöffel Parmesan ausstreuen. Auf dem höchsten Rost im vorgeheizten Ofen kurz gratinieren. Der Käse sollte schmelzen und leichte Bräunungsspuren zeigen.

Gebratene Filetwürfel mit Zitronen-Air auf Geleeplatte

Zutaten Gelee:
200 ml Geflügelfond (aus dem Glas)
Saft von 1 Zitrone
3 g Agar-Agar

Zubereitung Gelee: Fond und Zitronensaft erhitzen. Agar-Agar einrühren und zusammen aufkochen. In eine flache Schale (z. B. ⅓ GN) gießen. Das Gelee stockt in wenigen Minuten.

Zutaten Zitronen-Air:
100 ml Geflügelfond (aus dem Glas)
Saft von 1 Zitrone
1 gestrichener TL Lecithin

Zubereitung Zitronen-Air: Fond und **Zitronensaft** etwas erwärmen und das **Lecithin** darin auflösen. Abkühlen lassen.
Mit dem Mixer auf höchster Stufe zu einer Air aufschlagen.

Zutaten gebratene Filetwürfel:
12 Würfel Schweinefilet von 1,5 cm Kantenlänge
etwas Olivenöl

Zubereitung gebratene Filetwürfel: Die Würfel in sehr wenig Olivenöl rundum ganz leicht kolorieren. Auf einem Küchentuch abtropfen lassen.

Anrichten: Mit einem kleinen Anrichtering von etwa 4–5 cm Durchmesser Geleescheiben ausstechen. Auf dem Teller pro Scheibe 3 Stückchen Filet anrichten. Unmittelbar vor dem Servieren die Zitronen-Air dazugeben.

Rosenkohl-Air

Zutaten:
150 g Rosenkohl
150 ml Wasser
25 g ungesalzene Butter
1 TL Zitronensaft
Salz
Pfeffermix aus der Mühle
Muskatnuss
150 ml Gemüsefond (aus dem Glas)
1 gestrichener TL Lecithin

Zubereitung: Den **Rosenkohl parieren**, d. h. die äußeren Blätter entfernen, den Fuß ca. 3 mm dick abschneiden und dann kreuzweise einschneiden. Den Rosenkohl nebeneinander in einen flachen Topf mit Deckel legen. Wasser angießen, Butter, Zitronensaft, etwas **Salz**, **Pfeffer** und eine **Prise** frisch geriebenen Muskat dazugeben. Bei mittlerer Hitze und geschlossenem Deckel garen. Kurz vor Ende den Deckel entfernen und die vorhandene Flüssigkeit um etwa die Hälfte reduzieren. Dann den gegarten Rosenkohl mit seinem Garfond und dem Gemüsefond pürieren. Ohne Druck durch ein Sieb abtropfen lassen, bis etwa 100 ml Flüssigkeit gewonnen sind. Lecithin darin auflösen, abkühlen lassen und mit dem Stabmixer auf höchster Stufe zu Air aufschlagen.

Soja-Brösel

Zutaten:
65 g ungesalzene Butter
55 g Paniermehl
1 EL Sojasauce

Zubereitung: In einer antihaftbeschichteten Pfanne die Butter schmelzen und aufschäumen lassen. **Paniermehl** dazugeben, einrühren und bei mittlerer Hitze so lange weiterrühren, bis die Masse etwas dicker wird. Mit der **Sojasauce** ablöschen und schnell noch einmal durchrühren. Auf etwas Küchentuch gießen und bereithalten.

Bratwurst-Soufflé

Zutaten Bratwurst-Soufflé:
10 g ungesalzene Butter
150 g Bratwurst
200 g Kartoffelpüree
4 Eiweiß
2 Eigelb

Material:
ofenfeste Soufflé-Förmchen mit geraden Seitenwänden

Zubereitung Bratwurst-Soufflé: In einer Pfanne bei mittlerer Hitze die Butter schmelzen lassen und **Bratwurst** garen. Dabei mehrmals wenden und jeweils mit einer Messerspitze die Wurst mehrmals leicht anstechen. Den Ofen auf 175 Grad (Ober- und Unterhitze) vorheizen. Die Bratwurst aufschneiden und 100 g der Bratwurstmasse mit 200 g Kartoffelpüree sorgfältig vermischen. Eiweiß sehr steif schlagen, die beiden Eigelbe mit einer Gabel zu einer homogenen Masse verrühren. Zuerst das Eigelb in die Püree-Bratwurst-Mischung einrühren. Dann sehr vorsichtig und sorgfältig etwa die Hälfte des geschlagenen Eiweiß mit einem Holzlöffel unterheben. Danach den Rest ebenfalls sehr vorsichtig unterheben. Die fertige Soufflé-Masse so hoch in die Formen einfüllen, dass noch etwa 5 mm Platz ist. In den Ofen stellen und etwa 25 Minuten garen. Die Tür des Ofens dabei unbedingt verschlossen halten.
Das Soufflé ist fertig, wenn es etwa 2–3 cm über den Rand der Form gestiegen ist.

Erläuterung zur Zubereitung des Bratwurst-Soufflés: *Wichtig ist hier zuerst einmal die sorgfältige Vorbereitung der beiden Basis-Elemente (Kartoffelpüree und Bratwurst), damit eine Masse entsteht, die ohne Schwierigkeiten aufgeht („souffliert"). Dazu muss das Kartoffelpüree eine Konsistenz annehmen, in der ein Löffel nicht mehr stehen bleibt. Außerdem muss es in diesem Fall besonders gut mit einem Holzlöffel durchgerührt werden, um möglichst homogen zu werden. Wie immer wird das Püree aber nicht mit einer Maschine gerührt, weil es dann schnell zu einer eher*

▶▶

klebrigen Masse wird. Die Bratwurst wird durch das Einstechen entfettet. Sie wird beim Garen dadurch deutlich fester. Die Vermischung der beiden Elemente muss ebenfalls sehr sorgfältig erfolgen. In der fertigen Masse sollten keine zusammenhängenden Stücke der Wurst mehr sichtbar sein. Es heißt ja oft, dass ein Soufflé schwierig zu machen sei und vielleicht im Ofen schön aufgeht, dann aber schnell wieder zusammenfällt. Tatsächlich wird ein Soufflé immer mehr oder weniger schnell nach der Fertigstellung zusammenfallen, es ist wegen der Stabilisierung durch das Eiweiß einfach ein empfindliches Objekt. Deshalb stellt man es immer „auf den Punkt" her und serviert es sofort. Selbst in Spitzenrestaurants kommen Soufflés manchmal unstabil auf den Tisch – was uns aber nicht davon abhalten sollte es trotzdem zu versuchen. Ein wichtiger Trick ist – neben dem wirklichen Steifschlagen des Eiweiß – das Untermischen in zwei Partien. Der Grund ist: Wenn man das Eiweiß insgesamt unterhebt, hat es relativ viel Widerstand und verliert beim Einrühren viel von seiner Luftigkeit. Wenn man erst die Hälfte einrührt, wird die Grundmasse (also das Püree mit der Wurst) schon deutlich aufgelockert. In diese aufgelockerte Masse lässt sich die zweite Hälfte Eiweiß mit wesentlich besserem Erfolg einrühren, und das Ganze wird gleichmäßig leicht und locker und kann problemlos soufflieren.

Sensorische Erläuterungen zu Schweinefleisch geräuchert, souffliert, mit Zitronen-Air auf Geleeplatte, Rosenkohl-Air und Soja-Brösel: Bei diesem abschließenden Rezept geht es nicht nur um die Herstellung des Gerichts, sondern auch um das „richtige" Essen dieses Gerichts. Es zeigt, dass in der modernen Küche mit ihren oft sehr vielfältigen Gerichten ein viel wichtigerer Zusammenhang zwischen Kochen und Essen besteht, als dies jemals der Fall war. Das Rezept hat eine ganze Reihe von verschiedenen Zubereitungsformen mit verschiedenen Texturen und Aromen. Ein Gericht dieser Art mit seiner großen sensorischen Breite muss anders gegessen werden als zum Beispiel ein traditionelles Gericht mit einem Stück Fleisch, einer **„Sättigungsbeilage"** und etwas **Sauce** und bei der Herstellung eines solchen Gerichts muss man sich präzise vorstellen können, wie es am besten zu essen ist und sich bei der Zusammenstellung der Elemente daran orientieren. Dieses Rezept hat darüber hinaus die Funktion einmal zu zeigen, dass auch ein „ganz normales" Produkt wie das Schweinefleisch Ausgangsbasis für modern aufgefasste Gerichte werden kann, bei denen bekannte Aromen eine andere Form annehmen oder in andere Zusammenhänge gestellt werden. Beim Törtchen von geräuchertem Schweinefilet ist es in erster Linie die Räucherung, die hier nur ganz leicht ist, um einen präzisen Mischgeschmack zwischen Fleisch und Räuchernote zu erhalten. Die gebratenen Filetwürfel werden aromatisch mit der Zitrone in einem klassischen Zusammenhang präsentiert (wie beim Schnitzel „Wiener Art"), der dann durch die hauchfeine Zitronen-Air und das schmelzende Gelee aber völlig anders wirkt. Rosenkohl gehört für viele

Menschen nicht zu dem Lieblingsgemüse – ist aber ebenfalls eine klassische Begleitung zu Schwein. Bei der Rosenkohl-Air bleibt das klassische Aroma erhalten, aber in einer so abgemilderten, leichten Form, dass feinste Dosierungen möglich werden. Eine klassische Sauce fehlt auf diesem Teller. Sie wird in ihrer Funktion quasi durch die Soja-Brösel ersetzt, die nicht nur durch ihre Würze, sondern auch durch ihre Textur wirken. Weil dieser „Saucenersatz" nicht flüssig ist, kann er natürlich auch sehr viel besser dosiert werden. Das Soufflé schließlich ergänzt das Spektrum durch eine sehr klassische Textur, die in diesem Fall auch ein wenig spielerisch wirken soll: Man verwendet oft sehr edle Materialien für ein Soufflé oder benutzt es für zarte Aromen und Texturen im Dessert-Bereich. Hier also kommt es auch „zart" daher, stammt aber von der eher rustikalen Bratwurst. Ein Fazit dieses Rezepts soll sein: Mit einer sensorisch aktivierten Variation traditioneller Gerichte oder Produkte kann man ein völlig anderes Esserlebnis erreichen.
Wie aber isst man so etwas? Man muss sich angesichts eines solchen Tellers schon ein paar Gedanken machen und einmal genauer hinsehen. Wenn man die Elemente wahllos von links nach rechts isst und sich überhaupt nicht mit möglichen Zusammenhängen befasst, wird man viele Dinge gar nicht mitbekommen. Am wichtigsten ist die Registrierung der unterschiedlichen Aromen und Texturen durch eine winzige Kostprobe von allen Elementen.
Dabei werden ein paar wichtige Fragen beantwortet: Wie stark ist die Räuchernote? Wie deutlich schmecken die Zitronen-Air oder die Rosenkohl-Air? Wie schmelzend oder wie fest ist die Geleeplatte? Wie kräftig im Aroma und wie kross in der Textur sind die Soja-Brösel, und wie schmeckt überhaupt ein Bratwurst-Soufflé? Wenn man sich einen Überblick verschafft hat, kann man eben nicht nur die einzelnen Elemente angehen, sondern vor allem die möglicherweise interessanten Kombinationen. Dabei wird man zum Beispiel feststellen, dass sich bestimmte zeitliche Verläufe und eine Art Räumlichkeit der Geschmackswahrnehmung ergeben, die ich immer gerne mit einem Stereo-Panorama in der Musik vergleiche. Bestimmte Dinge schmeckt man im Vordergrund, andere im Hintergrund, es gibt Aromen, die sich langsam entwickeln (wie etwa die Räuchernote beim Fleisch) oder andere, die man sofort wahrnimmt. Je nachdem, wie man die Elemente auf Gabel oder Löffel zusammenstellt, ergibt sich ein ausgesprochen spannendes, vielfältiges Geschmacksbild. Und: Wer einmal im Kopf den Schalter umgelegt hat und das Essen, ob beim Verspeisen eines Gerichts oder beim Planen eigener Gerichte oder sogar bei der Umsetzung aller möglichen Rezepte, in dieser Form bewusster angeht, hat einen anderen und neuen Zugang zum Essen entwickelt.

Produktliste

Die folgende Produktliste soll in erster Linie als Einkaufsführer und als Orientierung für einige produktspezifische Details dienen. Von quasi allen Produkten gibt es sehr unterschiedliche Qualitäten. Hat man für ein Gericht ausschließlich gute Grundprodukte, kann es erheblich besser werden als mit schwachen Produkten. Schwache Produkte können andererseits verhindern, dass man – trotz guter Rezepte und präziser Arbeit – überhaupt eine nennenswerte Qualität bei der Zubereitung erzielt. Die folgende Liste ist keine hochspezielle Spitzenküchen-Liste mit den besten Produkten der Welt, sondern eine Orientierung für solide und ein paar etwas speziellere Produkte und Qualitäten, die im Prinzip aber ohne Schwierigkeiten zu beschaffen sind.

Agar-Agar Agar-Agar ist ein Binde- und Geliermittel, das im Prinzip wie Gelatine eingesetzt werden kann. Man findet es normalerweise in Asia-Läden, mittlerweile aber auch schon in etwas besser sortierten Supermärkten. Im Vergleich zur Gelatine ist Agar-Agar (ein Algenextrakt) weitaus vielfältiger einzusetzen. Die wichtigste Eigenschaft ist, dass Agar-Agar bis etwa 80 Grad hitzestabil bleibt, während normale Gelatine sehr empfindlich auf höhere Temperaturen reagiert und schon bei Zimmertemperatur mehr oder weniger schnell schmilzt. Außerdem kann man mit Agar-Agar ohne Probleme sehr feste Gelees erzeugen. Sie können schnittfest sein und ermöglichen dadurch spezielle kulinarische Verwendungen wie zum Beispiel kleine, feste Würfel.

Akazienhonig Der Akazienhonig gehört im Vergleich zu den markanteren Honigsorten (siehe unter „Honig") zu den vergleichsweise normal schmeckenden Sorten. Seine abgerundete, blumig-fruchtige Note eignet sich immer dann besonders gut, wenn eine feine Süße ohne zu viel eigenen Charakter gebraucht wird. Im Gegensatz zu der völlig neutralen Süße eines normalen Zuckers ist die Süße von Honig immer sehr „elegant" und verbindet sich sehr harmonisch mit anderen Aromen.

Balsamico Der berühmte italienische Aceto Balsamico existiert in allen möglichen Fassungen vom Billigprodukt beim Discounter bis zu Luxusversionen wie zum Beispiel 100 Jahre alte Essige, die nur in kleinsten Fläschchen zu Preisen von mehreren Hundert Euro angeboten werden. Der Unterschied ist in erster Linie die aromatische Komplexität und Dichte. Während die Billig-Balsamicos kaum anders sind als ein dunkler Weinessig, werden die besten Balsamicos quasi nur tröpfchenweise verwendet. Was die Verwendung in der Küche angeht, muss man differenziert denken. Für einen guten Salat braucht man durchaus nicht die recht süßen, konzentrierten Luxus-Balsamicos, sondern einen eher jungen Balsamico von guter Qualität. Solche Versionen sind etwa 5 bis 8 Jahre alt. Erst für einen Einsatz, bei dem man den Balsamico nicht so stark mit anderen Dingen vermischt, sondern ihn präzise allein wahrnehmen kann, lohnen sich dann die besseren Sorten. Um die Basis-Qualität zu ermitteln hilft nur eine Probe. Ein Balsamico, der mehr oder weniger wie ganz normaler Essig schmeckt, lohnt die Anschaffung nicht. Hat er dagegen eine etwas dickflüssigere Konsistenz, eine gewisse Süße und ein deutlich komplexeres Aroma, handelt es sich um einen gut verwendbaren Balsamico.

Bauchspeck In früheren Jahren wäre die Nennung von Bauchspeck in einer Produktliste fast unnötig gewesen, weil er einfach zum Kücheninventar gehörte und in allen möglichen Zubereitungen (vor allem in den früher oft vorkommenden Suppen und Eintöpfen) verwendet wurde. Heute hört sich für viele Leute schon das Wort unseriös nach Fett und Kalorien an. Tatsächlich ist der Bauchspeck, den man am besten in einer leicht geräucherten Version kauft, ein hervorragender Aromenspender. Wenn er in Saucen, Suppen oder anderen Zubereitungen, bei denen es um eine komplexe Aromatisierung geht, mitgekocht wird, liefert er einen wunderbaren, leicht nach Fleisch schmeckenden Hintergrund mit einer ebenso leichten Räuchernote. Er ist sehr gut zu dosieren, weil man ihn in Stücken oder Scheiben der Zubereitung beigeben und jederzeit entfernen kann, wenn man den Eindruck hat, er hätte genügend Aroma abgegeben.

Blutwurst Diese traditionelle Wurst gibt es in Deutschland quasi in jeder Metzgerei und in jeder Wursttheke. Für die Verwendung in der Küche sollte man allerdings von allzu individuellen Würsten Abstand nehmen, weil sie oft eine so markante Würze haben, dass man nur für jede spezielle Wurst ein eigenes Rezept entwickeln könnte. Für die Verwendung in den Beispielrezepten empfiehlt sich eine Wurst, die eher feinkörnig und fest ist und nicht zu viele Speckstücke hat. Die Festigkeit ist für die Stabilität beim Erwärmen notwendig, der gute Mix aus Blutwurstmasse und Speck für das Aroma.

Bohnen, weisse Die weißen Bohnen sind eines der wenigen Produkte, die auch in konservierter Form sehr gut zu verwenden sind. Man sollte allerdings darauf achten, ein gutes Produkt zu bekommen, bei dem die Bohnen noch Biss haben. Diese Qualität kann man natürlich von außen nur in Gläsern feststellen. Die Bohnen sind dann erkennbar stabil und nicht halb zerdrückt oder beschädigt. Wenn die Bohnen – wie oft in Dosen zu finden – schon sehr weich sind, kann man mit ihnen kaum noch weiterarbeiten. Die unter Umständen noch vorhandenen Gemüsestückchen kann man aussortieren, den Sud abschütten und die Bohnen unter fließendem Wasser kurz abspülen.

Bohnenkraut Es ist einigermaßen unerklärlich, warum dieses so intensive und markante Kraut so selten eingesetzt wird. Eine einzelne Pflanze in einem Topf reicht in der Küche übrigens für lange Zeit, weil die Blättchen sehr intensiv schmecken und in der Regel nur in geringer Dosierung gebraucht werden.

Bratwurst Die Bratwurst hat ein wenig das Image, aus irgendwelchen minderwertigen Bestandteilen zu bestehen und unter anderem deshalb so preiswert zu sein. Dabei spricht überhaupt nichts gegen die Verwendung von Reststücken aller Art, solange sie frisch zubereitet und ausgewogen zusammengestellt sind. In der Praxis ist die aromatische Qualität der handwerklich in Metzgereien hergestellten Würste meist zuverlässig gut, die der Industrieware allerdings nicht immer, weil erkennbar gestreckt wird. Entgegen der üblichen Meinung sind die groben Bratwürste meist besser als die feinen, weil sie mit den größeren Fleischstückchen deutlicher nach Fleisch schmecken. Insgesamt kann man mit den Bratwürsten oder der ausgelösten Füllung in der Küche eigentlich sehr viel mehr anfangen als das üblicherweise gemacht wird.

Butter Es gibt grundsätzlich drei Hauptsorten von Butter, unterschieden danach, ob sie nicht gesalzen (was der normale Zustand von Butter ist), leicht gesalzen oder deutlicher gesalzen ist. Für die Arbeit in der Küche kommt unter normalen Umständen nur ungesalzene Butter in Frage, weil ansonsten der Salzgehalt schwierig zu kontrollieren ist.
Es ist nie ein Problem, Salz irgendwo hinzuzufügen. Es ist aber unter Umständen ein großes Problem, ein versalzenes Element noch zu retten. Die Unterscheidung in pasteurisierte Butter (also eine Butter, die zum Abtöten möglicher Keime erhitzt wurde) und Rohmilchbutter ist für die meisten Verwendungen in der Küche nicht so wichtig. Unter Umständen kann eine sehr individuell schmeckende Rohmilchbutter sogar Schwierigkeiten machen, weil ihr Aroma zu speziell ist. Wenn man zum Beispiel eine klassisch aufgebaute Sauce mit einer abschließenden Butterbindung herstellen will, kann ein individueller Buttergeschmack das klassische Geschmacksbild völlig durcheinanderbringen. Eine gute, ungesalzene Butter ohne jede Zusatzeffekte (z. B. leichtere Streichfähigkeit) ist für die Küche optimal.
Mittlerweile ist auch ungesalzene Butter weit verbreitet. Rohmilchbutter findet sich eher im Fachhandel (Käsehandel) oder in gut sortierten Lebensmittelabteilungen.

Chorizo Die in den letzten Jahren bei uns sehr bekannt gewordene Paprikawurst sollte für die Verwendung in der Küche eher mild sein. Zu viel Schärfe überlagert schnell das eigentliche Aroma der Wurst und kann auch im Zusammenhang mit anderen Elementen eines Gerichts geschmacklich ein Problem werden. Zur Verwendung in Infusionen oder als kleine, eventuell getrocknete Schnipsel in Saucen, Pürees etc. sind im Prinzip die meisten handelsüblichen Produkte geeignet.

▶

Crème fraîche Bei diesem bekannten Grundprodukt der französischen Küche sollte man in jedem Fall die Sorte mit dem höchsten Fettgehalt kaufen, weil sie einfach den besten Geschmack hat. Von fettreduzierten Sorten ist in diesem Zusammenhang abzuraten. Die besten französischen Sorten haben über 30 % Fettgehalt, sind aber vor allem im Aroma den meisten deutschen Sorten vorzuziehen. Die französischen Sorten sind heute in besseren Supermärkten und Käsegeschäften weit verbreitet.

Ei Bei Eiern ist unbedingt auf Frische zu achten. Unabhängig von den Daten auf der Verpackung sollte man grundsätzlich einen Frischetest machen. Dazu legt man das Ei in eine mit Wasser gefüllte, durchsichtige Schüssel o. ä. (z. B. den Rührbecher eines Stabmixers). Ein frisches Ei bleibt auf der Seite auf dem Boden liegen. Hebt sich die Spitze deutlich an oder steht das Ei senkrecht, hat man eine mittlere Frische, die dann noch zu verwenden ist, wenn das Ei hoch genug erhitzt wird (also zum Beispiel nicht für eine Mayonnaise, bei der das Ei roh eingesetzt wird). Löst sich das Ei vom Boden und schwimmt, kann es nicht mehr verwendet werden und ist zu alt.

Essig Der „normale“ Essig (im Gegensatz zum Balsamico, siehe oben) findet am ehesten in einer Vinaigrette Verwendung. Unter den preiswerten Essigen ist ein Sherry-Essig normalerweise immer eine gute Empfehlung. Er schmeckt nicht so technisch-neutral wie manche Billig-Essige. An parfümierte Essige aus dem Supermarkt (zum Beispiel Estragon-Essig) sollte man sich nicht gewöhnen, weil es meist keine wirklichen Essige von dem entsprechenden Aroma sind. Es kommt sogar häufig vor, dass sie mit künstlichen Aromen behandelt werden und nur ein Stückchen Kraut etc. „als Alibi“ im Essig schwimmt. Die Kombination eines guten Wein- oder Sherry-Essigs mit dem natürlichen Kraut ist immer vorzuziehen.

Fonds Natürlich ist die eigene Herstellung von Fonds und deren möglichst frische Verwendung in der Regel besser als die Verwendung der handelsüblichen Versionen. Handelsübliche Fonds sind fast immer in irgendeiner Weise behandelt, also haltbar gemacht oder mit Aromenstoffen oder gar Geschmacksverstärkern angereichert. Wegen des Aufwands und der Schwierigkeit, in kleineren Haushalten ständig diverse Fonds zur Verfügung zu halten, wird in diesem Buch dennoch der Einsatz handelsüblicher Fonds vorgeschlagen. Man sollte aber darauf achten, Fonds ohne Geschmacksverstärker zu kaufen und auch dort die Zutatenliste aufmerksam zu studieren. Fonds gibt es von verschiedenen Firmen – meist im Glas. Konzentrate (also auch zum Beispiel Brühwürfel) haben damit wenig zu tun. Für eine gute Küche braucht man diese Fonds in sehr vielen Fällen, wobei wichtig ist, dass sie flüssig sind, damit sie zusammen mit anderen Flüssigkeiten reduziert werden können.

Fünf-Gewürze-Pulver Dieses chinesische Pulver besteht normalerweise aus Nelke, Piment (Nelkenpfeffer), Fenchelsamen, Sternanis und Zimt. Es ist in Asia-Läden oder in gut sortierten Fachabteilungen zu bekommen.

Gelatine Die normale Gelatine wird als Blatt oder als Pulver angeboten. Beide müssen vor der Verwendung eingeweicht werden. Das Pulver ist dabei praktischer, dafür ist das Blatt besser zu dosieren. Die Gelatine wird als Geliermittel in letzter Zeit immer stärker von diversen anderen Mitteln (siehe unter Agar-Agar) abgelöst, die oft vielfältiger einzusetzen sind.

Gemüse Gemüse ist dann gut, wenn es sortentypisch schmeckt und in einem frischen, unbeschädigten Zustand ist. Bei manchen Gemüsesorten ist der Geschmack der einzelnen Sorten untereinander mehr oder weniger ähnlich, andere Sorten (darunter auch die Tomate) können extrem unterschiedlich ausfallen. Anders als beim Obst sind viele junge Gemüse besonders zart und fein im Geschmack. Der Gemüsekauf ist eine ziemliche Vertrauenssache, weil zum Beispiel eine lange Lagerung bei sehr niedriger Temperatur oft von außen nicht so ohne Weiteres zu erkennen ist. Viele Supermarktangebote sind oft in einem schlechten Zustand. Entscheidend ist ein kenntnisreicher Händler, der wirklich weiß, was ein gutes Produkt ist, es entsprechend im Großhandel sucht, findet und es dann sorgfältig behandelt.

Gewürze, allgemein Auch die Gewürze gibt es in völlig unterschiedlichen Qualitätsstufen, selbst da, wo man nicht damit rechnet, wie zum Beispiel bei den Nelken. Da der Gewürzfachhandel nicht mehr sehr weit verbreitet ist, sollte man dringend einmal versuchen, irgendwo gute Gewürze zu probieren. Je besser die Gewürze sind, umso mehr lohnt es sich, ihr Aroma ganz deutlich einzusetzen. Die Gewürze der großen Handelshäuser sind nicht pauschal zu empfehlen. Sie entsprechen normalerweise einer durchschnittlichen bis schwächeren Qualität.

Granny Smith Bei der Auswahl von Äpfeln kommt es darauf an, was man mit ihnen machen will. Für die Verwendung in der herzhaften Küche sind süße Äpfel meist nur dann interessant, wenn man sie – zum Beispiel bei Wildgerichten – weich gart und vielleicht sogar noch mit zusätzlichem Zucker karamellisiert. Oft möchte man aber auch entweder die frische Säure oder die knackige Textur eines festen Apfels haben. In diesen Fällen ist die Sorte Granny Smith quasi konkurrenzlos. Die Äpfel sollten beim Einkauf durchgehend fest sein und keinerlei Druckstellen aufweisen. Das Aroma sollte ganz deutlich von Fruchtsäure bestimmt sein.

Hackfleisch Dieses sehr weit verbreitete Produkt ist auch gleichzeitig eines der empfindlichsten, weil es sehr schnell verdirbt. Hackfleisch sollte am Tag des Kaufs verzehrt werden. Seriöse Geschäfte zeichnen ihr Fleisch entsprechend aus (Herstelldatum und Verfallsdatum müssen identisch sein) oder geben das Fleisch erst bei Bestellung ganz frisch in den Fleischwolf. Für die meisten Verwendungen ist das magere Rinderhack vorzuziehen.

Honig Der Honig ist eine weitgehend unterschätzte Zutat, die nicht nur einen sehr schönen Mischgeschmack mit allen möglichen Produkten erzeugt, sondern mit diversen speziellen Sorten auch sehr kreativ eingesetzt werden kann. Auffällige Sorten sind zum Beispiel der Kastanienhonig, der Lavendelhonig, der Buchweizenhonig oder der Eukalyptushonig. Eher unauffällig-fruchtig, aber dennoch mit einem schönen Aroma, wirkt im Zusammenhang zum Beispiel der Akazienhonig (siehe unter Akazienhonig). Die verschiedenen Honigsorten sind mittlerweile weit verbreitet. Am besten ist die Auswahl direkt beim Imker (wo sie natürlich – abhängig von der Vegetation – in der Sortenvielfalt begrenzt sein kann) oder bei entsprechenden Marktständen.

Honigkuchen Honigkuchen (manchmal auch „Gewürzbrot" genannt) gibt es in der Regel ohne Einlage und mit glatter Oberseite, ohne Einlagen und mit Früchten etc. auf der Oberseite oder aber auch mit kandierten Früchten etc. als Einlage. Für die Verwendung in der Küche empfiehlt sich die gleichmäßige Struktur eines Honigkuchens ohne Einlage. Die üblichen Qualitäten sind durchgehend brauchbar.

Ingwer, Ingwersirup, Ingwerkonfit Ingwer ist ein kulinarisch sehr vielfältig verwendbares Produkt, das außerdem noch in einigen ganz unterschiedlichen Formen verkauft wird. Als Gewürz braucht man in erster Linie ein Ingwerpulver. Dann gibt es die rohe Ingwerwurzel, aber auch eingelegten („konfierten") Ingwer in Form von etwas glasig wirkenden Kugeln (meist im Glas) oder den Ingwersirup.
Die beste Auswahl haben Asia-Läden, die Produktqualität ist beim Ingwer erstaunlicherweise immer relativ gleich.

Kapernbeeren Es gibt hier zwei wesentliche Unterscheidungen. Einmal die kleinen Beeren, die man meist in kleinen Gläsern angeboten bekommt und die z. B. regelmäßig im Zusammenhang mit der Sauce zu Königsberger Klopsen verwendet werden. Dann gibt es die großen Kapernbeeren, die ein wenig so aussehen wie Oliven mit Stiel. Diese großen Beeren sind milder im Aroma und kulinarisch deutlich vielfältiger einzusetzen. Die kleinen Beeren sind für viele Verwendungen oft zu stark und/oder zu salzig, die großen Beeren kann man sehr gut in Scheiben schneiden und damit das Kapernaroma präzise dosieren.

Kardamom, Kardamomkapseln Dieses Gewürz mit seinem hohen Anteil an ätherischen Ölen wirkt in vielen Zubereitungen „belüftend", fügt also etwas Frische hinzu. Es wird in erster Linie als Pulver, aber auch als (weiße oder grüne) Kapsel verkauft. Auch Kardamom ist eher in Asia-Läden zu bekommen als in unseren Supermärkten, wo es noch nicht überall zu finden ist. Die Kapseln werden allgemein eher selten eingesetzt, obwohl sie sich zum Beispiel für Infusionen in Flüssigkeiten (und damit auch Saucen) hervorragend eignen.

▶

Kartoffeln Entgegen allen anderslautenden Gerüchten gibt es keine Kartoffelsorte, von der man blind behaupten könnte, sie wäre hervorragend. Auch die angeblich besten Sorten variieren je nach Herkunft und Erzeuger ganz erheblich. Will man eine Sorte mit einer etwas höheren Wahrscheinlichkeit von Qualität kaufen, empfehlen sich zum Beispiel die Sorten „La Ratte" (auch als „Drillinge" oder „Bamberger Hörnchen" im Handel) oder „Charlotte". Es gibt aber auch sehr viele andere Sorten, die brauchbar sind, wenn sie das wichtigste Kriterium der guten Kartoffel erfüllen: Sie müssen „nach Kartoffel" schmecken. Das klingt banal, ist aber heutzutage sehr schwierig einzulösen. Für den Einkauf gilt: Man braucht einen Händler des Vertrauens und eine gute „Lage" des Kartoffelfelds (ganz ähnlich wie beim Wein). Außerdem sollte man davon abkommen, die Kartoffel als etwas irgendwie Minderwertiges zu betrachten. Eine richtig gute Kartoffel in präziser Zubereitung, mit einer hervorragenden Butter kombiniert und mit etwas Fleur de Sel bestreut, kann eine reine Delikatesse sein.

Knoblauchzehe Knoblauch ist ein für viele Leute verführerisches Produkt, das ein wenig die Funktion eines Geschmacksverstärkers übernehmen kann. In einer intelligent aufgebauten Küche wird natürlich nie automatisch alles mit Knoblauch gewürzt. Der junge Knoblauch, den es bei uns meist im Frühling gibt, ist sehr viel milder und damit auch vielseitiger zu verwenden. Grundsätzlich sollte man eher junge Knollen kaufen und nicht die alten, schon teilweise ausgetrockneten. Bei den etwas älteren Exemplaren muss man darauf achten, ob in der Mitte der Zehen bereits ein grüner Kern sichtbar wird. Dieser Kern sollte in jedem Fall vor Gebrauch entfernt werden, weil er sehr bitter ist.

Koriander Koriander wird in zwei sehr unterschiedlichen Formen und Aromen verkauft. Die hocharomatischen Korianderblätter sind mittlerweile häufig frisch zu bekommen.
Ganz anders schmeckt der Koriandersamen, der am besten grob zerstoßen eingesetzt wird. Koriander gehört zu den Gewürzen, mit denen man geniale Dinge machen kann, die aber auch wegen ihrer Intensität schnell alles andere überlagern können. Zu bekommen ist Koriander in allen asiatischen oder vorderasiatischen Geschäften, bisweilen aber auch auf dem Markt oder in gut sortierten Supermärkten.

Kräuter, allgemein Im Allgemeinen sind frische Kräuter den getrockneten bei weitem vorzuziehen. Eine kleine Sammlung von Kräutern kann eine ganz wesentliche Bereicherung für die Küche sein, die man immer und überall in irgendeiner Form – ob direkt oder zum Beispiel als Infusionen – einsetzen kann. Selbst schon abgeschnittene Kräuter halten sich gut, wenn man sie wie einen Blumenstrauß in Wasser stellt. In manchen Verwendungen sind aber auch getrocknete Kräuter gut zu gebrauchen. Dazu zählen zum Beispiel die getrockneten provenzalischen Kräuter, die vom Salat bis zu Saucen nützlich sein können, oder ganz allgemeine Kräuter, die man zur Infusion in Flüssigkeiten gibt. Die Wirkung ist oft hervorragend.

Lecithin Lecithin ist ein Pulver, das in den letzten Jahren vor allem als Stabilisator von Schäumen bekannt geworden ist. Man bekommt es in Apotheken oder klassischen Drogerien. Urheber des Booms ist die Arbeit des spanischen Avantgarde-Kochs Ferran Adrià, der seine „Air" genannten, sehr luftigen Schäume mit Lecithin stabilisiert. Adrià verkauft eine eigene Produktlinie mit chemischen Zutaten („Texturas"), darunter auch „Lecite".

Linsen, Lentilles vertes de Puy Bei den Linsen scheint die Produktqualität ziemlich egal zu sein – bis man einmal die hervorragenden französischen „Lentilles vertes de Puy" ausprobiert hat. Neben den aromatischen Vorteilen haben sie auch den Vorzug, nicht lange eingeweicht werden zu müssen. Ein Linsengemüse mit diesen Linsen kann ausgesprochen fein werden und hat mit unserem klassischen Linseneintopf oder ähnlichen Zubereitungen wenig gemein.

Mehl Trotz der vielen Sorten Mehl kommt in diesem Band nur das normale Weizenauszugsmehl der Type 405 zum Einsatz. (Die Lage würde völlig anders aussehen, wenn man sich zum Beispiel mit der Pasta-Herstellung befasst.)

Milch Die Qualitätsunterschiede bei Milch sind den meisten Kunden heute schon gar nicht mehr bekannt, weil sie mit H-Vollmilch oder gar mit entfetteter H-Milch groß geworden sind. Für die kulinarische Verwendung empfiehlt sich grundsätzlich Vollmilch. Darüber hinaus sollte man, wenn möglich, einmal Rohmilch frisch von einem guten Milchbauern (also ein Bauer, dessen Kühe ein möglichst vielfältiges Futter in der Natur bekommen) probieren, um sich einen Eindruck von der Komplexität des Milcharomas zu machen.

MUNGOBOHNENSPROSSEN, SPROSSEN ALLGEMEIN Durch die Bio-Bewegung hat sich das Angebot an Sprossen erheblich ausgeweitet und ist bis in die Regale der Supermärkte vorgedrungen. Sprossen haben aber nicht nur als gesundes Element in Salaten ihre Berechtigung, sondern können auch in anderen Zusammenhängen ausgesprochen spannend eingesetzt werden. Sie ermöglichen schöne Kontraste zwischen roh und gekocht und liefern durch ihre geringen Ausmaße sehr schöne kleine, aromatische und texturelle Farbtupfer. Man sollte sie möglichst frisch einkaufen und darauf achten, dass keine verfaulten Stücke dabei sind. Wenn die Sprossen anfangen, zu alt zu werden, entwickeln sie sofort ein unangenehmes Aroma. Die Mungobohnensprossen stehen hier nur als Beispiel. Auch die beliebten Sojabohnensprossen haben die gleichen, positiven Einsatzmöglichkeiten.

MUSKATBLÜTE Die orangefarbenen Muskatblüten werden leider viel zu selten eingesetzt und haben es noch nicht in das „normale" Gewürzsortiment geschafft. Anders als die geriebene Muskatnuss eignen sie sich vorzüglich zum kontrollierten Aromatisieren von Flüssigkeiten. Man gibt etwas Muskatblüte zur Infusion in einen Saucenansatz und kann dann ganz präzise die Abgabe des Aromas überwachen. Qualitativ gibt es zwischen den angebotenen Produkten kaum Unterschiede. Man sollte allerdings darauf achten, dass sie nicht zu blass sind. Farbschwäche signalisiert zu hohes Alter und/oder Oxidation. Das Aroma ist dann deutlich schwächer.

NÜSSE In der moderneren Küche sind Nüsse längst nicht mehr nur ein Fall für diverse Desserts. Speziell unter texturellen Aspekten sind Nüsse wie die Walnuss oder die Pekannuss mit ihrer nur leicht festen, aber nicht harten Textur ein sehr interessantes Mittel. Nüsse können in vielen Zusammenhängen vom Salat bis zu Fleischstücken eine hervorragende Ergänzung und Auflockerung sein. Die etwas teurere und seltener zu bekommende Pekannuss ist die kulinarisch vielleicht am besten einzusetzende Nusssorte (neben den fast schon obligatorischen Pinienkernen).

OLIVEN Das Angebot an Oliven ist bei uns von einer Unzahl von Gläsern und Plastiktüten mit unüberschaubaren Qualitäten bestimmt. Von diesen Produkten sind die meisten weitaus schwächer als es nötig wäre. Die hier empfohlenen schwarzen Oliven der Sorte „Taggiasche" sind dunkel, weil sie reif sind, während die meisten schwarzen Oliven lediglich gefärbt wurden. Eine gute schwarze Olive schmeckt intensiv „nach Olive" und hat das typisch volle Aroma der reifen Olive. Die grünen, nicht so reif geernteten Sorten, haben wesentlich mehr fruchtige, eher leichter wirkende Aromen, die sich dezenter in die jeweilige Umgebung eines Gerichts einpassen. Bei den meisten Produkten aus Glas oder Dose ist die Flüssigkeit, in der sie gelagert sind, ein mehr oder weniger großes Problem. Diese Flüssigkeiten sind oft sehr sauer (aufgrund eines hohen Essiganteiles) oder sehr salzig. Je länger die Oliven in der Flüssigkeit liegen, desto salziger und säuerlicher werden sie. Es wäre also gut, wenn man wüsste, wie alt die jeweiligen Konserven sind. Das allerdings wird so gut wie nie auf der Verpackung vermerkt.

OLIVENÖL Es gibt mittlerweile reihenweise Bücher über Olivenöl und fast ebenso viele Untersuchungen und Reportagen zu den Betrügereien, die bei der Produktion und im Handel ablaufen. Im Moment ist der sicherste Weg der Einkauf im Fachhandel, also in den mittlerweile überall zu findenden italienisch, spanisch oder französisch orientierten Weingeschäften. Diese Weingeschäfte haben fast alle auch Olivenöle in einer guten Qualität. Gute Öle sind allerdings nicht unbedingt billig (Faustregel ist ein Literpreis ab etwa 15 Euro). Deshalb muss man sich überlegen, was man eigentlich damit machen will. Für manche Funktionen, wie etwa das Anbraten, reicht ein einigermaßen gutes, nicht besonders individuell oder fein schmeckendes Öl ohne Weiteres aus, weil man eventuelle Finessen in keinem Fall bemerken würde. Anders ist die Sache bei Verwendungen, in denen das Olivenöl deutlich herauszuschmecken oder vielleicht sogar ein sehr wichtiges Element ist (u. a. bei Salaten oder allgemein bei späten Zugaben zu

▶

Gerichten, bei denen es nicht erwärmt wird). Die Grundausstattung sollte also ein Basis-Olivenöl und zusätzlich ein gutes Olivenöl sein. Unter den unübersehbar vielen aromatisierten Ölen (die oft mit künstlichen Aromen behandelt sind) ist das natürlich aromatisierte Limettenöl am interessantesten und kann vielseitig verwendet werden.

PANIERMEHL Bei panierten und dann in Fett schwimmend ausgebackenen Elementen ist die Qualität des Paniermehls viel wichtiger als man meint. Am besten sind getrocknete Brötchen, die man mit einer Reibe zerkleinert und dann durch ein normales Sieb passiert. Ein solches, frisches Paniermehl schmeckt wesentlich besser als die meisten handelsüblichen Sorten. Bei handelsüblichen Sorten sollte man vor allem darauf achten, dass man sie nicht zu lange aufbewahrt – was gerade bei Paniermehl häufig passiert.

PARMA-SCHINKEN Natürlich gibt es auch den Parmaschinken in jeder erdenklichen Qualität. Für die Verwendung in der Küche – vor allem als Element, das getrocknet werden oder im Zusammenhang mit einem anderen Produkt seine Würze abgeben soll – geht es nicht allein um das Fleischaroma, sondern vor allem um den Salzgehalt des Schinkens. Der wiederum hängt bei gekauften, bereits vorgeschnittenen Scheiben von zwei Faktoren ab: Von der Dicke der Scheiben und ihrem Salzgehalt. Da beim Trocknen das Aroma intensiviert wird, sollte der Schinken nur sehr wenig nach Salz schmecken, und die Scheiben sollten so dünn wie möglich sein.

PARMESAN Zu empfehlen ist die Investition in Parmigiano Reggiano (den echten Parmesan) am Stück und zwar ruhig etwas älter (2 Jahre wären gut). Dieser Parmesan wird grundsätzlich erst im letzten Moment gerieben oder in Spänen aufgeschnitten. Ein guter Parmesan ist ein ganz wesentliches Element in der modernen Küche. Speziell die mit einem feinen Hobel gewonnenen Späne sind ein „Würzmittel", das man in allen möglichen (und nicht nur italienischen) Gerichten verwenden kann. Die fertig geriebenen Käse in Beuteln sind von keiner entsprechend guten Qualität gewonnen – wenn sie denn überhaupt von echtem Parmesan stammen. Außerdem trocknet der Käse in angebrochenen Tütchen sehr schnell und verliert viel von seinem Aroma.

PIMENT Piment ist ein Gewürz, das man auch unter dem Namen „Nelkenpfeffer" kennt. Das vielfältige Aroma eignet sich hervorragend für Saucen und Fonds. Etwas Verwirrung gibt es mit dem französischen Wort gleichen Namens, das für alle möglichen Paprika- und Pfefferschoten benutzt wird.

PFEFFER, PFEFFERMIX Erst in den letzten Jahren wird so langsam bekannt, dass es neben den üblichen Pfeffersorten (weiß, schwarz, grün, rosa) noch eine Unzahl weiterer Pfeffersorten mit teilweise ganz speziellem Aroma gibt, und dass die Qualität der Pfeffer sehr unterschiedlich ausfallen kann. Natürlich kann man die Grundsorten im Supermarkt kaufen und für die meisten normalen Verwendungen (z. B. in Salaten) auch problemlos gebrauchen. Für speziellere Verwendungen sollte man sich nach und nach eine kleine Sammlung guter Pfeffersorten anlegen, die man üblicherweise nach wie vor nur in guten Feinkostgeschäften oder im Spezialversand bekommt. Zu den aromatisch interessantesten Pfeffern zählen der Szechuan-Pfeffer, der lange Pfeffer (manchmal auch „Himalaja-Pfeffer" genannt), der Kubeben-Pfeffer und der japanische Sancho-Pfeffer. Für die Küche interessant sind aber auch die Gewürzgläschen mit eingebauter Mühle und einem Pfeffermix aus verschiedenen Pfeffersorten, wie schwarzer Pfeffer, weißer Pfeffer, grüner Pfeffer und/oder Rosa Beeren. Der daraus frisch gemahlene Pfeffer (man sollte Pfeffer natürlich immer frisch mahlen) erzeugt einen vielfältigeren Geschmack, den man auch bei einem Salat schon gut mitverfolgen kann.

PICODON Der Picodon ist ein französischer Ziegenkäse, den es wie die meisten Ziegenkäse in sehr unterschiedlichen Reifezuständen gibt. Für die Verwendung in der Küche ist am besten eine sehr frische Version geeignet. Sie ist im Käsehandel recht weit verbreitet. Diese frische Version schmeckt nicht „nach Ziege", sondern hat ein mild-säuerliches Aroma, das sich ganz vorzüglich mit verschiedenen Elementen kombinieren lässt – sowohl im kalten als auch im warmen Bereich. Ein solcher Ziegenkäse in seiner frischen Version kann ohne Weiteres zur Grundausstattung der Küche gezählt werden. Er ist dem allseits beliebten, aber qualitativ oft sehr unterschiedlichen, Mozzarella meist deutlich vorzuziehen.

Reisessig Der Reisessig ist eine Standard-Zutat der asiatischen Küche, die bei uns mittlerweile schon in normalen Supermärkten mit Asien-Abteilung zu finden ist. Kulinarisch interessant ist vor allem der braune Reisessig mit seinem ganz charakteristischen Aroma. Es ist bei uns weitgehend unbekannt, dass es von diesem Essig fast so viele unterschiedliche Qualitäten gibt wie beim europäischen Weinessig. Die besseren Essige sind viel komplexer im Aroma und eignen sich auch für sehr sorgfältigen Einsatz in feinsten Kreationen. Für einfachere Verwendungen reicht eine Grundqualität, die einen kräftigen Braunton haben sollte. Die besseren Essige bekommt man in guten japanischen Lebensmittelgeschäften, mittlerweile aber auch in guten Feinkostgeschäften und -abteilungen.

Rosenkohl Der Rosenkohl ist eines der am meisten missverstandenen Gemüse. Speziell wenn er kräftig angebraten wird und dabei Bratspuren bekommt, hat er ein sehr schönes Aroma, das zu den verschiedensten Gerichten hervorragend passt. Im Einkauf ist er eines der zuverlässigsten Gemüse, weil es kaum Qualitätsunterschiede gibt. Er sollte fest sein und keine braunen Stellen aufweisen. Wenn das so ist, funktioniert er selbst dann, wenn man ihn beim Discounter kauft. Feinere Verwendungen wie in unserem Rezept sind leider immer noch sehr selten.

Sahne Wie bei der Crème fraîche hat Sahne nur Sinn, wenn man sie möglichst wenig fettreduziert kauft. Nur eine Sahne mit einem hohen Fettgehalt (30 % und mehr) schmeckt wirklich wie Sahne und kann in Saucen, aber auch beim Eis oder bei der aromatisierten Schlagsahne, zur perfekten Balance der Aromen beitragen.

Salami „Salami" ist in der Praxis ein schwammiger Begriff, weil er nur eine bestimmte Art von Wurst bezeichnet, aber nicht – wie der Parma-Schinken – zumindest einigermaßen gewissen Regeln der Herstellung unterworfen ist. Eine Salami kann aus jeder Metzgerei kommen, kann aber auch eine hervorragende italienische oder französische Qualität sein. Für die Verwendung in der Küche (wie hier unter Nummer 1 als Element eines Salats) kann man auch bessere Qualitäten benutzen, die allerdings nicht zu stark getrocknet sein sollten. Würfel von einer allzu trockenen Wurst machen jeden Akkord zunichte, weil man einfach zu lange auf ihnen kauen muss. Eine gute Salami hat einen kräftigen Fleischgeschmack, der aber nicht zu sehr vom Salzanteil her bestimmt sein sollte.

Salz Man sollte von dem Gedanken Abschied nehmen, dass jedes Essen gesalzen und gepfeffert werden muss. Salz zum Beispiel kann man wie jedes andere Gewürz sehen, das nie automatisch eingesetzt wird, sondern immer eine klare kulinarische Bedeutung haben sollte. Eine typische Verwendung wäre etwa, ein Stück Filet nicht etwa vor dem Braten kräftig zu salzen, sondern erst am Schluss auf dem angerichteten Teller ein paar Körner „Fleur de Sel" dazu zu benutzen. Normale Industriesalze haben in der Küche kaum noch eine Verwendung. Selbst für Salzwasser zum Garen von Kartoffeln empfiehlt sich der Einsatz von grobem Meersalz. Für die Schlusswürze ist das „Fleur de Sel" (die „Salzblume", also die oberste Schicht bei der Gewinnung von Meersalz, besonders rein und aromenstark) verschiedener Herkunft eine der wichtigsten Küchenzutaten. Der Unterschied zu „normalem" Salz ist gravierend. Neben dem französischen „Fleur de Sel de Guérande" gibt es zum Beispiel auch solches aus der Camargue, aus Portugal („Flor da Sal") oder auch aus England („Maldon Sea Salt"). Die Anschaffung lohnt sich wirklich.

Schalotten In diesem Buch werden grundsätzlich Schalotten und nicht Zwiebeln eingesetzt. Sie haben eine mildere, aber komplexere Würze. Im Einkauf sollten sie durchgehend fest sein. Sind sie schon leicht weich, verändert sich auch ihr Aroma ungünstig. Es wird zunächst etwas intensiver und bekommt schnell leicht faulige Untertöne.

Schinken, gekochter Dieses weit verbreitete Produkt scheint problemlos zu sein. Tatsächlich gibt es riesige Unterschiede, zum Beispiel zwischen dem Pressschinken, der aus verschiedenen Fleischstücken zusammengepresst wird und dem Schinken, der „wie gewachsen" gekocht wird. Außerdem gibt es extreme Unterschiede zwischen einer fast aromenfreien, industriell wirkenden Masse und den gut gewürzten Meisterstücken aus handwerklicher Herstellung.
Leider scheinen diese Unterschiede den meisten Kunden nicht bewusst zu sein. Selbst traditionelle

▶

Metzger verkaufen oft in einer Woche gutes Material und in einer anderen Woche neutrales Kaumaterial. In vielen Fällen ist der gekochte Schinken besser, wenn er leicht geräuchert ist. Man hat dann noch keine deutliche Räuchernote, aber ein ungleich komplexeres Aroma. Beim Einkauf sollte man dringend darauf achten, dass der Schinken nicht nass wirkt.

Schinken, San Daniele Für den zweiten berühmten italienischen Schinken gelten im Zusammenhang mit den hier eingesetzten Verwendungen ähnliche Merkmale wie für den bekannten Parma-Schinken (siehe unter Parma-Schinken).

Schnittkäse Das Angebot an Schnittkäse ist mittlerweile riesig. Leider finden sich dabei auch eine Menge Sorten, die als Handelsmarken erfunden worden sind und auf keinerlei traditionelle Herstellung verweisen können. Diese Käse entsprechen aromatisch so gut wie nie dem Bild einer „richtigen" Käsesorte, die nach handwerklicher Herstellung und Reifung in den Verkauf kommt. Normalerweise kommen für eine bessere Küche also nur gute, präzise gereifte Käse in Betracht, die ein typisches und ausgewogenes Aroma haben. Ein guter Schweizer Emmentaler gehört dazu, der Comté, Beaufort, Abondance usw., wobei die kräftigeren Sorten natürlich für bestimmte kulinarische Verwendungen ein zu auffälliges Aroma haben können. Dann empfehlen sich junge Ausgaben der Käse, die noch nicht durch längere Reife an Kräftigkeit zugelegt haben.

Schweinefilet Qualitätskriterien für die Auswahl von Schweinefleisch finden sich im Kapitel „Produktvorstellung" am Anfang des Buchs.

Senf, Dijonsenf, Moutarde à l'ancienne Die Vorstellungen von einem guten Senf sind anscheinend sehr unterschiedlich – vor allem in Richtung Schärfe. Im kulinarischen Sektor ist das Maß aller Dinge der berühmte Senf aus Dijon, der sich in der Regel durch ein komplexeres Aroma und etwas weniger Schärfe als der durchschnittlich mittelscharfe Senf deutscher Herkunft auszeichnet. Dijon-Senf ist mittlerweile auch in Deutschland weit verbreitet. Eine Spezialität ist der „Moutarde à l'ancienne", ein Senf, in dem sich Senfkörner befinden. Dieser Senf, der von vielen Spitzenküchen zum Beispiel für „Senfsaat-Saucen" benutzt wird, hat ein ausgesprochen volles Aroma und ist mit einem einfachen Senf nicht mehr vergleichbar.

Sesamöl Was für die Sojasauce gilt, gilt weitgehend auch für das Sesamöl. Zwischen billiger Massenware und feinsten Produkten japanischer Spitzenproduzenten liegen Welten. Das Sesamöl sollte – wie fast alle Nussöle – sehr sparsam eingesetzt werden, weil es schnell penetrant wirkt. Die Spitzenqualitäten haben ein wunderbar feines, nussiges Aroma.

Sojasauce Die normal im Handel befindlichen Sojasaucen sind sich alle vergleichsweise ähnlich, wobei allgemein die Sojasaucen von Kikkoman als die besten unter den handelsüblichen Sorten bezeichnet werden. Tatsächlich gibt es aus kleinen japanischen Soja-Brauereien ganz hervorragende Sojasaucen, die sich zu den normalen Saucen verhalten wie ein guter Balsamico zu einem einfachen Weinessig. Diese Sorten sind allerdings so gut wie nie zu bekommen und außerdem recht teuer.

Sojabohnensprossen Die Sojabohnensprossen und andere Sprossen werden in ihrer Bedeutung für die Küche leider noch stark unterschätzt. Diese liegt vor allem in der leicht knackigen Textur der Sprossen und ihrer zurückhaltenden Hintergrundwürze. Sie sind ideal als kleines, interessantes Zusatzelement, und das nicht nur in asiatischen Gerichten. Mit „Bio" (wo die Sprossen immer schon eine große Rolle spielen) muss das gar nichts zu tun haben.

Steinpilzpulver Steinpilzpulver ist bei Spitzenköchen etwas verpönt, weil man mit den pulverisierten Pilzen vor allem in allen möglichen Saucen schnell und ohne großen Aufwand ein sattes Aroma erzeugen kann. Das meist nur im Feinkosthandel erhältliche Pulver wirkt besonders dann gut, wenn es z. B. Champignons verstärkt oder eine cremige Pastasauce intensiviert.

Toastbrot Für die kulinarische Verwendung am besten geeignet ist ein gutes Weizenmehl-Toastbrot, das ein sehr vielfältig verwendbares, krosses Element sein kann – vor allem in Form getrockneter Würfel. Weder das Trocknen im Ofen noch das Rösten in der Pfanne ist schwierig.

Thymian In der Regel ist mit „Thymian" immer ein ganz normaler, frischer Thymian der Grundsorte (Thymus vulgaris) gemeint. In letzter Zeit entsteht schon einmal etwas Verwirrung durch diverse speziellere Sorten wie den Zitronenthymian. Beim getrockneten Thymian hat man oft das Problem, dass er sich schnell in seine Bestandteile auflöst und diese Bestandteile dann schlecht aus Suppen, Saucen etc. herauszupassieren sind. So etwas löst man dann übrigens dadurch, dass man den Thymian in einen kleinen Beutel aus Gaze verpackt oder in ein Tee-Ei o. ä. steckt.

Traubenkernöl Das mittlerweile überall gut zu bekommende Öl hat den Vorteil, aromatisch ziemlich neutral zu sein und einen relativ hohen Rauchpunkt zu haben. Es ist für alle normalen Bratvorgänge eine gute Wahl.

Trockenfrüchte Hier reicht ausnahmsweise einmal das handelsübliche Angebot für fast alle Verwendungen aus. Die Trockenfrüchte gehören zu den ein wenig in Vergessenheit geratenen Zutaten, die bei weitem nicht nur in Saucen von Schmorgerichten oder winterlichen Desserts Verwendung finden sollten.
Mit wenig Aufwand verfügt man hier über eine ganze Reihe interessanter Aromen, die zum Beispiel klein gewürfelt den Geschmack von verschiedenen Saucen oder Füllungen verfeinern können.

Vitamin-C-Pulver Das in jeder Apotheke zu bekommende Pulver ist eigentlich Ascorbinsäure und wird als Zitronenersatz eingesetzt. Es wird normalerweise vor allem als Anti-Oxidationsmittel benutzt. Bestimmte Gemüse oder Früchte kommen nach dem Schälen in Wasser mit Vitamin-C-Pulver, um nicht anzulaufen.

Wein Der normalerweise in vielen Rezepten geforderte „trockene Weißwein" ist natürlich eine viel zu ungenaue Beschreibung. Es gibt so unterschiedliche Qualitäten, dass das Essen anschließend völlig unterschiedlich ausfallen kann. Unter den Weißweinen sind zunächst einmal die Sorten für die Küche gut, die eine ausgewogene Struktur haben, also nicht zu auffällig schmecken. Weiter sind eine gute Säure und eine nicht zu aufdringliche Fruchtigkeit von Vorteil. Zu empfehlen sind zum Beispiel ein „Colombard" (z. B. Domaine de Cassagnoles), ein trockener Riesling oder Pinot blanc oder auch ein nicht zu geschmacksstarker Sauvignon blanc aus Frankreich.

Wurzelgemüse Unter „Wurzelgemüse" versteht man mittlerweile nicht mehr nur Gemüse, das aus unter der Erde wächst, wie zum Beispiel die Karotten oder der Knollensellerie. Der Begriff hat sich für diejenigen Gemüsekombinationen eingeprägt, die man als Basis für die Herstellung von Saucen, Suppen oder als Würze für Fleisch usw. einsetzt. Die Zusammenstellung kann variieren und zum Beispiel statt des Knollenselleries Staudensellerie enthalten oder mit oder ohne Petersilienwurzel gemeint sein. Standard ist ein in der Menge meist ziemlich gleichwertiger Mix aus Karotte, Lauch, Sellerie, oft kombiniert mit Zwiebeln, Lorbeer und Petersilie. Im Handel sind bisweilen Zusammenstellungen unter dem Namen „Suppengrün" zu kaufen. Für Fortgeschrittene empfiehlt sich je nach Verwendung eine fein abgestimmte Dosierung der Elemente.

Zitrone Wie bei der Orange sollte die Zitrone ungespritzt und nicht gewachst sein. Bei der Zitrone spielt Frische eine große Rolle. Man kann sie daran erkennen, dass der Stielansatz noch grün ist. Ein weiteres Merkmal ist die Festigkeit. Wenn man Zitronen unter Druck auf einer glatten Oberfläche rollt, kann man bei älteren Exemplaren feststellen, dass die Schale nicht mehr fest am Fruchtfleisch anliegt.

Zitronengras Zitronengras hat in den letzten Jahren bei uns eine starke Verbreitung gefunden. Es ist eine unproblematische Zutat, die mittlerweile nicht mehr nur in Asia-Läden zu bekommen ist. Typisch ist die Verwendung als aromatisierendes Element, das Suppen, Saucen oder auch Schmorgerichte belebt, vor dem Servieren aber meist entfernt wird. Kleine Stückchen – meist quer geschnittene Ringe – kann man auch durchgaren und z. B. in einem Gemüseragout belassen. Es besteht aber immer die Gefahr, dass das Zitronengras wegen seiner faserigen Konsistenz noch nicht gar genug ist.

Stichwortregister

Die Verweise beziehen sich auf die Seiten der Rezepte

Über den Autor

Geboren in Oberhausen im Ruhrgebiet, Abitur, Militärzeit, Studien der Kunst, Musik und Philosophie an der Kunstakademie Düsseldorf und den Universitäten Köln und Düsseldorf. Von 1970 bis 1983 professioneller Rockmusiker, Aufnahmen für BASF, RCA, EMI. Weiter als Autor und Produzent. 1988 Rückkehr zur Malerei. Zunehmendes Interesse am Kochen seit etwa 1983. Nach einem Briefwechsel von Johannes Gross zum Schreiben über Essen aufgefordert. Seit 1999 Arbeit für die *F.A.Z.*, etwas später dann auch *F.A.S.* und *Der Feinschmecker*. Ab 2005 Autor von kulinarischen Büchern für den Tre Torri Verlag.

Kolumnen / Serien / feste Plätze:
„Geschmackssache“ samstags im Feuilleton der *F.A.Z.*
„Hier spricht der Gast“ *F.A.S.*
„Wiederbesucht“ *Der Feinschmecker*
„Küchengeheimnisse“ *Der Feinschmecker*
„Wein & Speisen“ *Fine Das Weinmagazin*
„Avantgarde“ *Port Culinaire*

Bücher:
„Geschmacksschule“ *Tre Torri Verlag*
„Kulinarische Intelligenz“ *Tre Torri Verlag*
Buchreihe „Kochuniversität“ *Tre Torri Verlag*
„Die F.A.Z.-Gourmetvision“ *Tre Torri Verlag*
„Die F.A.Z.-Geschmackssache“ *Tre Torri Verlag*

Jürgen Dollase ist Mitglied der Deutschen Akademie für Kulinaristik/German Academy for Culinary Studies. Informationen über das aktuelle Seminarprogramm finden Sie unter www.kulinaristik.de.

Danke

Jürgen Dollase dankt Bettina und Ralf Frenzel für ihre Weitsicht und ihr Engagement, allen beim Tre Torri Verlag und der CPA! für reibungslose Zusammenarbeit, Holger Gümbel für die Inszenierung der Rezepte, Marion Weinreich für die Assistenz in der Küche, Guido Bittner für das richtige graphische Auge, Patrick Bahners und Andreas Platthaus von der F.A.Z. sozusagen für die Öffnung der Schleusen.